航天型号质量

符志民　编著

中国宇航出版社
·北京·

图书在版编目（CIP）数据

航天型号质量 / 符志民编著. -- 北京 : 中国宇航出版社, 2021.11

ISBN 978-7-5159-2015-3

Ⅰ.①航… Ⅱ.①符… Ⅲ.①航天工业—质量管理—中国 Ⅳ.①F426.563

中国版本图书馆 CIP 数据核字(2021)第 247143 号

责任编辑　侯丽平　　**封面设计**　宇星文化

出版发行	中国宇航出版社
社　址	北京市阜成路 8 号　**邮　编**　100830
	(010)60286808　(010)68768548
网　址	www.caphbook.com
经　销	新华书店
发行部	(010)60286888　(010)68371900
	(010)60286887　(010)60286804(传真)
零售店	读者服务部　(010)68371105
承　印	天津画中画印刷有限公司

版　次	2021 年 11 月第 1 版
	2021 年 11 月第 1 次印刷
规　格	787×1092
开　本	1/16
印　张	18.25
字　数	444 千字
书　号	ISBN 978-7-5159-2015-3
定　价	99.00 元

前　言

中国航天培育了以“使命航天、价值航天、品质航天、创新航天”为核心的航天文化，成为中国航天事业发展的灵魂。中国航天在艰难困苦中坚持自力更生，在转折变化中坚持自主创新，在持续成长中坚持勇攀高峰，在创新发展中坚持跨越升级。使命航天是航天文化的灵魂，价值航天是航天文化的主题，品质航天是航天文化的核心，创新航天是航天文化的特质。

中国航天取得了举世瞩目的伟大成就。党中央的英明决策、正确领导是中国航天成长的动力之源；奋发图强、执着追梦是中国航天崛起的活力之源；坚持自力更生、立足自主创新是中国航天发展之本；实施系统工程科学管理是中国航天发展之基；举国体制、团队协作是中国航天腾飞之翼。

中国航天事业创造了一个又一个奇迹，众多大型复杂航天系统工程项目实施成功，推动着航天事业高质量发展。在中国航天大发展背后，让几代航天人萦绕梦怀的是“质量”。中国航天人经历了：从零起步的举步维艰，执着追梦的矢志不移，奉献终身的义无反顾，发射失利的痛定思痛，掌声响起的高光时刻，探索宇宙的不懈奋斗……中国航天在发展中创新、在创新中发展，在经历无数次挫折、失利之后，成功时铭记心中、想的最多的是“质量”。中国航天人在成功中寻找、发现可能导致不成功的因素、隐患，并极致工作努力找到治理方案，独创了质量问题技术归零与管理归零“双归零”“一次成功矩阵式质量保证模式”“航天零缺陷系统工程管理”等先进质量思想、理念、理论及质量保证技术、方法、手段。

本书旨在系统追溯、认真总结中国航天质量发展的历程，阐述航天质量发展的阶段、特征，全面阐述型号质量管理、质量保证的内涵、规律、技术、方法、工具，陈述航天质量实践的质量方法、质量创新，介绍主要质量基础技术、质量工具、质量法规、质量标准与规范等。

符志民是全书总设计，负责全书总体策划、系统构思、架构设计、撰著、修改和审定。本次改版工作在2017版《型号质量管理》的基础上，对内容进行了优化、丰富和完善，使之更加系统、完整、适宜，因此特更名为《航天型号质量》。本书共5篇29章，第1篇为“航天质量概论”，由符志民、李春雪、郝云峰、冯哲璇、王旭、赵崧成等撰写；

第2篇为“型号质量工作”，由符志民、李战军、乐安、杨治国、王旭、鲁扬等撰写；第3篇为“型号质量保证”，由符志民、李春雪、鲁扬、郑海静、陈少华、王平、冯哲璇等撰写；第4篇为“型号质量保证方法与质量创新”，由符志民、李春雪、陈少华、郝云峰、叶军玲等撰写；第5篇为“质量基础技术与质量工具”，由叶军玲、陈少华、李春雪、赵崧成、符志民等撰写。符志民、乐安、陈亚茹、郝云峰、叶军玲、袁建中、李艳君等对本书进行了审核。

《航天型号质量》得到了众多相关方的支持和质量工作热爱者、关注者、从业者等的帮助，在此一并表示感谢。此外，感谢中国宇航出版社、中国航天二院天剑学院等对本书出版给予的支持。

质量管理既是科学，也是艺术，更是文化。创造高质量，体系为基，根源在人，本在文化。质量即符合要求，质量的核心是预防，通过预防产生质量。实现预期质量，工作标准必须零缺陷，必须第一次、次次把工作做对做好。今天，质量工作必须权衡、关注质量成本（包括机会成本），让利益相关方满意。质量工作永远在路上，让质量成为一种习惯，让质量所有主体设计质量、制造质量、管理质量、创造质量、保护质量、享受质量。

由于作者水平所限，本书不当之处在所难免，敬请广大读者批评指正。

2021年7月5日

撰著人简介

符志民，研究员，教授，博士生导师。国际宇航科学院院士，世界生产力科学院院士。系统工程、系统总体设计、项目管理、风险评价与管理、质量保证和管理科学与工程专家。

符志民现任中央企业（中国兵器工业、中国商飞、新兴际华）专职外部董事。历任中国航天二院系统总体设计师、国家高技术研究发展计划（863计划）先进防御技术领域专家委员会副主任委员（首席专家）、国家重大专项副总设计师，中国航天二院总体设计部主任、研发部主任、系统试验部主任、科研生产部部长、发展计划部部长，北京仿真中心主任，中国航天二院副院长（管理者代表），中国航天科工集团科技与质量部部长，中国航天二院院长、中国航天二院研究生院院长，中国航天科工集团有限公司总工艺师、安全生产总监。兼任中国项目管理研究委员会副主任委员；中国首批国际项目管理专业资质（IPMP）认证评估师，中国首批国际项目管理专业资质（IPMP）认证高级项目经理；国际注册首席创新官（CCIO）；注册高级企业风险管理师（CSERM），亚洲风险与危机管理协会专业顾问；中国管理科学学会常务理事；中国优选法统筹法与经济数学研究会常务理事；中国宇航学会常务理事；国家注册质量工程师，中国质量协会学术委员会委员；北京大学研究员，哈尔滨工业大学兼职教授，中国科学院客座教授，大连理工大学兼职教授，南京理工大学兼职教授，桂林电子科技大学特聘教授。

符志民在中国航天多个领域、多个重要岗位工作并担任重要职务，在系统工程，系统总体设计，大型复杂项目系统工程总体设计、技术规划和控制、工程专业综合，项目组合管理和项目群管理，管理科学与工程，风险规划、识别、分析、评价、应对和监控，科技创新，质量保证，技术基础，文化建设等领域具有较深的造诣。负责、参与、领导实施了多个国家级重大项目的系统工程总体设计、技术规划和控制、工程专业综合等系统工程工作，完成了多类国家级大型复杂系统工程项目开发和多个系统级、综合类重大项目研究，为中国航天事业发展做出了贡献。

符志民享受国务院政府特殊津贴。荣获全国五一劳动奖章、中国首届十佳杰出国际项目经理、科学中国人年度人物、全国先进生产力杰出人物、国家高技术特殊重大贡献先进个人、质量技术突出贡献奖、国家创新能力建设先进工作者、管理创新突出贡献者、优秀经营管理者、知识产权推进工程先进个人等荣誉。获国家科学技术进步特等奖2项，国家科学技术进步二等奖1项，部级科学技术进步特等奖1项、一等奖1项、二等奖4项、三等奖2项，中国航天基金奖、国防科技重大突破专项奖特等奖1项、一等奖1项，管理科学奖2项，拉姆·查兰管理实践奖1项，国家企业管理现代化创新成果一等奖3项、二等奖2项，国防科技工业企业管理创新成果一等奖5项、二等奖1项，航天企业管理创新成果一等奖5项、二等奖1项。专著7部。在各类学术刊物和学术会议上发表近70篇学术论文。

目　录

第1篇　航天质量概论

第2篇 型号质量工作

第 4 篇　型号质量保证方法与质量创新

第5篇　质量基础技术与质量工具

第 1 篇　航天质量概论

第1章　航天质量发展

中国航天人励精图治、奋发图强、自力更生、艰苦奋斗、自主创新，构筑了系统完备的航天发展科技体系，奠定了中国航天事业崛起和腾飞的坚实基础。中国航天科技成果丰硕，跻身世界航天先进行列。航天科学技术转移和应用效果显著，带动了我国科技经济产业发展，极大增强了我国的科技实力、国防实力、经济实力、民族凝聚力，提升了我国的竞争力、影响力和国际地位；锻炼并造就了一支“特别能吃苦、特别能战斗、特别能攻关、特别能奉献”的航天科技队伍，成为中国科技发展的重要力量；孕育并形成了“自力更生、艰苦奋斗、大力协同、无私奉献、严谨务实、勇于攀登”的航天精神，“热爱祖国、无私奉献、自力更生、艰苦奋斗、大力协同、勇于登攀”的“两弹一星”精神，“特别能吃苦、特别能战斗、特别能攻关、特别能奉献”的载人航天精神，是中华伟大民族精神的承载、守望、融合和光大，是中华文明的宝贵精神财富。航天人培育了以“使命航天、价值航天、品质航天、创新航天”为核心的航天文化，成为中国航天事业发展的灵魂。

中国航天取得了举世瞩目的伟大成就。党中央的英明决策、正确领导是中国航天成长的动力之源；奋发图强、执着追梦是中国航天崛起的活力之源；坚持自力更生、立足自主创新是中国航天发展之本；实施系统工程科学管理是中国航天发展之基；举国体制、团队协同是中国航天腾飞之翼。

中国航天事业创造了一个又一个奇迹，众多大型复杂航天系统工程项目实施成功，推动着航天事业高质量发展。在中国航天大发展背后，让几代航天人萦绕梦怀的是“质量”。中国航天人经历了：从零起步的举步维艰，执着追梦的矢志不移，奉献终身的义无反顾，发射失利的痛定思痛，掌声响起的高光时刻，探索宇宙的不懈奋斗……中国航天在发展中创新、在创新中发展，在经历无数次挫折、失利之后，成功时铭记心中、想的最多的是“质量”。中国航天人在成功中寻找、发现可能导致不成功的因素、隐患，并极致工作努力找到治理方案，独创了质量问题技术归零与管理归零“双归零”“一次成功矩阵式质量保证模式”“航天零缺陷系统工程管理”等先进质量思想、理念、理论及质量保证技术、方法、手段。

1.1　世界质量发展

随着经济社会的发展和科学技术的进步，质量管理不断发展并日渐成熟。目前世界上比较公认的是，质量管理经历了三个发展阶段。

第一阶段是20世纪40年代（第二次世界大战）以前，称为质量检验阶段。质量检验思想源远流长，作为一种科学的管理方式，形成于20世纪30年代。20世纪初，科学管理创始人——美国工程师泰勒提出了“科学管理理论”，创立了“泰勒制度”，泰勒主张计划与执行分开，为“专职检验”设立奠定了理论基础和制度保证。质量检验是指组织依靠质量检验人员进行产品检验，通过检验来控制和保证出厂或转入下道工序的产品质量，检查产品的符合性。质量检验阶段大致经历了三个时期：第一个时期，操作者的质量管理，由操作者、生产者担负加工制造整个产品的责任，每名工人都对本人的工作质量实行全面控制，直到19世纪末，这种操作者的质量管理一直是制造工作质量管理的特点；第二个时期，工长的质量管理，20世纪初，出现了大量现代工厂，执行相同任务的人被划归为一组，以便于工长的统一指挥，这样工长就对工人的工作质量负责，质量管理演变为工长的质量管理；第三个时期，检验员的质量管理，第一次世界大战期间，制造体系日益复杂，在工人数量大量增加的情况下，出现了专职的检验员，这一阶段在20世纪20—30年代达到了顶峰，从生产组织中单独分离出来的大型检验组织出现并风行。基于检验的质量管理是针对产品质量的事后把关，缺乏系统观念，尽管可以防止不合格品流出，但不能预先发现并有效防止不合格品造成的损失，而且随着产品规模的增加，全数检验所造成的产品质量鉴定的符合性成本加大，大批量生产情况下往往难以实现。

第二阶段是从第二次世界大战开始到20世纪50年代，称为统计质量控制阶段。统计质量控制形成于20世纪30年代。1924年，美国贝尔电话实验室的休哈特提出了统计过程控制理论；1929年，贝尔电话实验室的道奇和罗米格提出了统计抽样原理和抽检表，把数理统计引入质量管理领域。第二次世界大战时期，大量生产的需求，使质量管理需要在检验阶段基础上进一步拓展，于是组织运用数理统计方法，采用质量控制图、预防缺陷、抽样检验等质量控制工具，针对产品生产过程开展产品监视分析和抽样检查，把对产品的质量管理从事后把关延伸到生产过程的诊断和纠偏，提高了产品质量和生产效率。抽样检验（不是100%检验）的提出，是统计质量控制的最有价值和意义的贡献。但强调数理统计方法的作用，影响了生产者、管理者能动作用的发挥，制约了其他方法的应用。此时期，质量管理局限于生产领域多，发展相对缓慢。

第三阶段是从20世纪60年代开始持续至今，称为全面质量管理阶段。20世纪50年代，“系统工程”“系统分析”的应用，20世纪60年代出现的“行为科学理论”，突出重视人的因素，强调“人参与管理”的作用；1961年菲根堡姆出版的《全面质量控制：制造和管理》一书为企业推行全面质量管理奠定了基础。全面质量管理业已成为全世界各级各类组织广为推崇并倡行的质量管理体系，且一直在深化发展和演化，是组织成功、保证产品质量的重要抓手和成功模式。全面质量管理成为管理的一个新而重要的领域，已超越其原有范围，进入新的发展阶段。质量成为企业经营发展主要战略。全面质量管理是组织以质量为中心，以全员参与为基础，旨在通过让顾客满意和本组织所有成员及社会受益而达到长期成功的管理途径。全面质量管理是一种能够在最经济的水平上和考虑使顾客充分满意的条件下，进行市场研究、设计、制造和售后服务，把企业各部门的质量开发、质量维持和质量提高的活动构成一体的有效体系。1951年，朱兰主编的《质量控制手册》（第1版，1999年第5版改为《朱兰质量手册》）明确提出必须关注除了统计质量控制以外的许多其他重要的质量职能；1956 年，菲根堡姆首先提出全面质量管理（TQC）概念，他认为质量问题解决不能只局限于制造过程，解决问题的手段也不能局限于统计方法。20 世纪 70 年代，日本逐渐将全面质量管理发展成为全公司的质量管理（CWQC），开发出许多有效的质量方法和工具；1987 年，国际标准化组织首次颁布 ISO 9000 系列标准，并持续改版（1994 年、2000 年、2008 年、2015 年四次改版）和完善；1987 年，美国设立国家质量奖（马尔科姆·波多里奇奖，1998 年国家质量奖准则改为卓越绩效准则），把全面质量管理的理念、目标和方法融入美国国家质量奖评价标准中，鼓励企业走质量经营发展之路。目前，世界上 80 多个国家和地区参照卓越绩效模式设立了国际和地区质量奖，成为一种潮流和发展趋势；1978 年，中国开始学习、借鉴美国、日本等发达国家全面质量管理的经验和做法，提出具有中国特色的全面质量管理要求和做法，强调“全员、全过程、全组织”的“三全”质量管理和“多种多样的工具方法”的“一多样”质量管理，即“三全一多样”的质量观点和做法，有机融合了质量管理理念、管理目标和管理方法。ISO 9000 族标准、波多里奇奖评价准则及其借鉴者设立的各国质量奖，总结和发展了全面质量管理，波多里奇奖评价准则成为关于 TQM 内容的最广为接受的定义，卓越绩效模式成为战略质量时代一个组织实施全面质量管理的系统框架和有效模式，是组织高质量发展、确保获得长期成功的关键。

1.2　中国航天发展历程

自 1956 年 10 月 8 日国防部第五研究院成立至今，中国航天已经走过了 65 年的辉煌历程。在这不平凡岁月中，中国航天事业从研制导弹开始起步，仅用了 4 年时间，就成功地自主研制出第一枚国产导弹东风一号，之后经过艰苦卓绝的努力，陆续研制出中国第一型防空导弹、第一颗人造卫星（东方红一号），不断在战略导弹、战术导弹、运载火箭、卫星、载人航天、月球探测、火星探测等航天领域取得了一个又一个成就，为国防建设、国家安全、国民经济建设、世界和平与发展做出了重大贡献。

航天事业是一个国家综合国力的重要组成部分和国防实力的象征，以毛泽东为核心的党的第一代中央领导集体高瞻远瞩，在朝鲜战争结束后不久，深刻反思：装备落后使我国付出的代价远远大于对手；没有强大的战略核威慑力量保障的国防，就没有国家真正的和平发展。中央领导审时度势，决定在极其困难的条件下，发展我国原子弹、导弹事业。

60 多年来，中国航天事业起步于新中国成立伊始，当时一穷二白、百废待兴，中国航天筚路蓝缕、披荆斩棘，自力更生、艰苦奋斗，历经了创建成长期（1956—1965 年，自力更生，奋发图强）、动乱徘徊期（1966—1976 年，艰难前行，曲折前进）、改革振兴期（1977—1987 年，发展壮大，跻身世界）、创新发展期（1988—1999 年，艰难突破，砥砺改革）、全面发展期（2000—2010 年，继往开来，再创辉煌）、航天强国建设期（2011 年至今，航天强国，高质发展）等六个主要阶段，航天事业从无到有、从小到大、从弱到强，逐步构筑起体系完整、专业齐全、功能配套、基础完备的航天科技工业体系，掌握了一大批具有自主知识产权的核心技术，造就了一支技术精湛、作风优良的航天人才队伍，孕育了底蕴深厚、宽广博大的航天精神。积累了独具特色的航天工业管理经验和方法，取得了举世瞩目的辉煌成就。

1.3 中国航天质量发展

航天型号具有科技含量高、独创性强、系统复杂、投资大、研发周期紧、不确定性大、研制失利的损失大、政治影响大、利益相关方多等特征，航天型号研制是一个跨专业、跨领域、跨组织、跨区域的复杂系统工程，中国航天从仿制（全仿、沿仿、功能仿）到自主研制，走出了一条自力更生、系统创新、跨越发展的道路。航天质量工作是复杂航天系统工程的重要内容，质量管理是复杂航天系统工程项目管理的核心支撑，经历了质量检验、全面质量管理、零缺陷质量管理三个阶段。

1.3.1 质量检验阶段（1956—1978 年）

中国航天工业组建初期并没有系统的、完整的质量保证系统和质量管理体系，质量保证主要依靠设计师、工艺师、技能人员、管理者等的自我保证，实行的是编写、校对、审核、批准的技术责任体系，制造过程的质量主要靠检验系统。1965 年，第七机械工业部成立“可靠性与质量控制研究所”（705 所，1973 年重组编入航天 708 所），是新中国最早的质量控制专业研究所，主要研究型号研制可靠性保证和产品质量控制等事项。

国防部第五研究院一分院、二分院成立之初，院机关设立技术保障机构，分管质量、标准化、计量等工作，随着各专业研究所、试制厂的成立，建立了相应的质量检验与管理部门。在初创的岁月里，质量工作主要以质量组织建设、建构质量流程为主线，建立了质量工作队伍，实施了产品的检验、复验制度，初步实现了质量工作的制度化。

1960 年，中央、中央军委、国防工业委员会相继提出：在国防科技工业中应该确立、认真贯彻执行“军工产品质量第一”，即在确保质量的基础上求数量的方针。

1964 年 4 月，在我国第一颗原子弹研制工作的最后阶段，周恩来总理在主持中央专委第八次会议时，要求原子弹试爆要“保响、保测、保安全、一次成功”，首次提出了“严肃认真、周到细致、稳妥可靠、万无一失”十六字方针。1966 年 3 月，在研究“两弹”结合的第十五次会议上，周总理进一步强调：“要以对党和人民高度负责的精神发动群众，确保质量；要绝对可靠，绝对安全，出了乱子就是犯罪，因此要做到万无一失。”这一时期，航天工业以周总理提出的十六字方针作为科研生产和质量工作的指导思想，制定发布了《国防部第五研究院暂行条例（草案）》，强调总体设计、遵循研制程序、充分做好地面试验，提倡“敢想、敢说、敢干”的“三敢”风格，树立“严肃的态度、严格的要求、严密的方法”的“三严”作风。“复查制”“留名制”“双岗制”“三检制”等机制应运而生，电子元器件定点、元器件筛选、整机老炼、系统稳定运行交付、失效分析、设计鉴定等方法逐步推广应用。

1.3.2　全面质量管理阶段（1979—1999 年）

1976—1977 年，在中国质量专家刘源张教授等人的帮助、指导下，全面质量管理已在北京清河毛纺织厂、北京内燃机厂开展起来，它们取得的成功引起了全国的关注。1978 年 7 月，国家经济委员会确立北京清河毛纺织厂、北京内燃机厂为全面质量管理试点企业。1978 年 8 月，日本著名质量管理专家、东京大学石川馨教授率领日本质量管理技术交流团访问中国，讲授全面质量管理和日本质量管理模式，对中国质量管理工作提出 14 条建议，世界著名的日本制造业公司小松制作所的质量专家来到北京内燃机厂指导质量工作，这给中国的全面质量管理工作以巨大的推动作用。1979 年 8 月，中国质量管理协会成立和全国第一次质量管理小组代表会议召开成为中国推行全面质量管理的标志，全面质量管理在中国经历了：1）引进推广期（1979—1988 年），政府主导，计划推进，唤醒质量意识；2）普及提高期（1989—2000 年），市场推动，国际接轨，以质量求效益；3）实践深化期（2001—2009 年），全球视野，学习改进，提高综合竞争力；4）繁荣发展期（2010 年至今），转型升级，融合创新，高质量发展。中国航天系统从 1979 年开始实施全面质量管理，20 世纪 80 年代，航天系统各单位逐步建立、完善质量管理组织，加强质量系统工作队伍建设，制定、实施质量工作规章制度和流程。20 世纪 70 年代后期，为满足"三抓"重点任务需要，开展了"七专"电子元器件产品（"七专"产品是指专人、专机、专料、专批、专检、专技、专卡或专线制成的产品）的鉴定和研发工作；在 70 年代末期制定的电子元器件"七专"7905 技术协议和 80 年代初期制定的"七专"8406 技术条件，以及后来的 8406A"七专加严"技术条件，成为我国军用元器件标准的基础。"三抓"（抓洲际导弹、潜地导弹、通信卫星）任务不断推进航天夯实质量基础。

1980 年，国家颁发《工业企业全面质量管理暂行办法》。1983 年，国家颁发《军工产品质量控制暂行条例》《质量管理小组暂行条例》。1987 年，国际标准化组织（ISO）发布《质量管理和质量保证标准》国际系列标准（ISO 9000 系列，1994 年、2000 年、2008 年、2015 年进行了四次改版）。1987 年，国务院、中央军委颁发《军工产品质量管理条例》，提出了"一次成功、系统管理、预防为主、实行法治"的军工产品质量管理的指导思想，航天工业开始贯彻实施条例，实行质量保证体系考核并验收，颁发军工产品生产许可证，航天工业进入全面质量管理新阶段。从 1993 年起，在国防科技工业主管部门推动下，航天企业开始了从质量保证体系考核向质量管理体系认证的转变，强化质量主体责任的落实，实现了与国际质量管理模式的接轨。1993 年 9 月 1 日，国家颁发实施《中华人民共和国产品质量法》。1994 年，国家发布《质量管理和质量保证标准》国家系列标准（GB/T 19000～19004—1994，2001 年、2008 年、2016 年进行了三次改版）。1996 年 12 月 24 日，国务院颁发《质量振兴纲要（1996—2010 年）》。1996 年，中国人民解放军总装备部发布《质量管理和质量保证标准》国家军用系列标准（GJB/Z 9000～9004—1996，2001 年、2010 年、2017 年（中央军委装备发展部发布）进行了三次改版）。在国际标准、国家标准、国家军用标准的指引下，航天系统各单位适应要求，逐步建立了完整的质量管理体系并不断完善，1996 年 10 月，航天二院 283 厂以质量责任制为中心的综合管理体系率先通过国军标 GJB/Z 9002—1996 质量管理体系认证，成为中国航天系统首家通过认证的军工单位。

1992 年 3 月 22 日，航空航天工业部在用长征二号捆绑式运载火箭发射澳大利亚 B1 通信卫星时，第三助推器的点火触点因一块 2 厘米左右的铝屑多余物产生的电弧接通了关机触点，造成了助推器在点火后随即关机，进而发动机实施了紧急关机，发射失败，澳星发射失败给中国航天带来了较大的负面影响（影响了航天声誉、航天任务完成和国际市场拓展）。为了牢记这一沉痛教训，1994 年 3 月 22 日，中国航天工业总公司决定将每年的 3 月 22 日定为航天质量日，航天系统各单位在“3 · 22”航天质量日前后都要举行形式多样的质量日活动，以烘托、营造浓郁的抓好质量、做好质量的氛围。

中国航天工业总公司在认真贯彻执行国家、军队/用户质量工作要求的基础上，结合用户需求、环境和竞争形势变化、航天型号特征、航天质量形势、航天单位特点，于 1995 年提出了“单位抓质量体系建设，型号抓产品保证，质量专业抓基础建设”的质量工作总体思路。1996 年，中国航天出现了“2 · 15”（长征三号乙运载火箭在西昌发射国际 708 通信卫星，电子元器件失效使得火箭惯性基准倾斜，火箭发射后在空中倾斜失控，撞山爆炸，星箭俱毁，发射失败，造成人员 6 死 57 伤）、“8 · 18”［长征三号运载火箭在西昌发射中星 7 号通信卫星（美国休斯公司制造），三级发动机二次点火发生故障，卫星未进入预定轨道，发射失败］两起重大质量事故，质量形势十分严峻，处于“失败不起，没有退路，只能成功”的境地，中国航天深刻反思、认真总结航天 40 年的成功经验和失败教训，实施质量专项技改，强化质量技术验证支撑，组建了四个元器件可靠性保证中心、一个软件评测中心、两个软件检测站、一个可靠性与安全性研究中心和一个工艺技术研究所等专业质量保证机构，向各研究院派驻总公司质量监督代表。

1995 年，中法合作研制鑫诺卫星，让中国航天知道了欧洲航天产品的“产品保证”模式，之后，中国航天工业总公司派人前往欧空局（欧洲空间局，European Space Agency）学习产品保证的内容和方法，并由 708 所牵头翻译和引进系列相关标准和管理制度，为航天后来的型号质量管理工作和产品保证的推进与实施提供了支撑。

1995 年，中国航天工业总公司颁发《关于振兴航天工艺的规定》（天质〔1995〕0951 号），旨在大力加强航天工艺工作，加速发展航天工艺技术，强化工艺过程控制，加强型号产品研制、生产全过程的工艺质量管理和控制，提高型号工艺工作质量，提升工艺保证能力，提高设计工艺性、工艺可行性，确保型号产品质量。2003 年，中国航天科工集团公司颁发《关于加强新时期工艺工作的决定》（天工技〔2003〕151 号），旨在加强工业队伍建设，推动工艺技术进步和工艺创新，加大工艺投入，强化工艺管理，提高工艺工作水平和工艺保证能力，确保完成航天装备研制生产和高新工程任务。

1995 年，航天型号研制生产任务异常繁重，型号质量问题频发、质量形势极为严峻，航天质量管理面临前所未有的挑战。1995 年 1 月，中国航天工业总公司首次提出实施独立的质量监督要求，建立并试行质量监督代表制度。1995 年 10 月，中国航天工业总公司正式向有关单位派驻第一批质量监督代表，在各研究院设立质量监督代表室并按权限派驻质量监督代表，代表总公司对派驻单位型号研制生产开展质量监督。质量监督代表制度是独立于型号研制生产系统的外部监督，形成了质量管理工作立法、实施、监督、评价的良性循环，是航天质量管理体系的重要组成部分。质量监督业务工作实行中国航天工业总公司统一管理并与各研究院共同负责的管理体制。

中国航天科技集团有限公司一直沿袭、持续推行并不断完善发展中国航天工业总公司时期质量监督代表制度；2017 年年底，中国航天科技集团有限公司在运载火箭领域试行质量监理制度，向中国航天科技集团有限公司有关单位派驻了质量监理，对型号研制生产全过程技术和管理活动开展独立的质量监理，旨在采用更加严格的手段加强航天型号设计、生产、试验、交付验收全过程关键环节的质量把关，通过更加科学有效的质量监督方式，确保各项质量要求传递、落实到位。质量监理人员主要采用见证、日常巡视检查等方式实施质量监理。中国航天科工集团公司成立后，中止了质量监督代表制度；2021 年，重新建立并开始实施质量监督代表制度。

1995 年 8 月，中国航天工业总公司下发了《关于印发中国航天工业总公司〈质量问题归零管理办法〉的通知》（天质〔1995〕0611 号），第一次明确地提出“质量问题归零”的概念，要求通过失效分析、分析计算、故障复现试验等方法查明问题原因，查到准确的失效部位，弄清失效机理；分清问题性质和责任，分清是人为责任还是非人为责任；针对问题原因采取切实可行的处理办法、措施，并进行充分的验证试验，以证明其有效、可行，对一时难以查清确切原因的，需采取有针对性的综合治理办法、措施，防止问题重复发生；已确定采取的办法、措施要切实落实到图样、技术文件、工艺文件及规章制度上。上述几点要求是质量问题“归零五条”的最初模型。1996 年 4 月，中国航天工业总公司下发了《关于进一步做好质量归零监督检查工作的通知》（天质〔1996〕0324 号），概括性地提出了“定位要准确，机理要清楚，故障要复现，问题的性质和责任要清查，措施要可行、有效，举一反三”等内容，勾画出了质量问题“归零五条”的基本内容。1996 年 10 月 24—25 日，中国航天工业总公司在廊坊召开“圆满完成‘两箭两星’任务暨 1997 年卫星发射计划动员会”，刘纪原总经理在讲话中要求广大航天科研人员树立严谨科学的工作作风，检查的标准是要确保所有质量问题真正归零，符合“定位准确、机理清楚、问题复现、措施有效、举一反三、杜绝重复故障发生”的要求，这是第一次系统、明确地提出质量问题“归零五条”。1997 年 10 月，中国航天工业总公司编制下发了《质量问题归零五条标准宣传手册》，栾恩杰副总经理在序言中就归零工作管理问题提出了“管理归零五条”标准，至此航天质量问题“双五条”归零方法全面呈世。1997 年 10 月，在“技术归零五条”的基础上，中国航天工业总公司下发了《关于认真做好质量问题在管理上归零工作的通知》（天质〔1997〕0743 号），提出了“管理归零五条”，至此，中国航天质量问题技术、管理“双五条归零”管理制度和方法正式建立。

1997 年 3 月 8 日，中国航天工业总公司颁发《关于印发中国航天工业总公司强化科研生产管理的若干意见》（天质〔1997〕025 号，业内简称“72 条”）。1997 年 4 月 9 日，中国航天工业总公司颁发《关于印发强化质量管理的若干要求的通知》（天质〔1997〕247号，业内简称“28条”），合称航天100条，这些与航天质量问题归零标准“双五条”一道（又称航天“110条”），成为中国航天质量工作的指导意见和规范，推动了航天质量工作提能力、上台阶。1998年，中国航天工业总公司颁发《航天工业质量管理和质量保证要求》，规范了航天行业各单位质量体系建设和运行。

1998年，在航天五院（1988年起）实施元器件统一采购、统一筛选的基础上，借鉴欧空局产品保证模式，中国航天工业总公司正式发布QJ3058、QJ3065等行业标准，将元器件“五统一”管理即统一选用、统一采购、统一监制验收、统一筛选复验、统一失效分析正式纳入航天科研生产过程并严格管理。在元器件“五统一”管理实施一年多后，中国航天工业总公司增加了破坏性物理分析（DPA）内容，完善了对元器件的质量控制内容。2000年，国防科工委将元器件“五统一”管理推广至整个国防科技工业，在《关于加强国防科技工业质量工作若干问题的决定》中要求各单位对元器件（含进口元器件）要实行“统一选用、统一采购、统一监制验收、统一筛选复验、统一失效分析”的“五统一”管理。严格元器件质量控制和可靠性试验，重点型号的关键元器件应做好破坏性物理分析（DPA）、颗粒碰撞噪声检测试验（PIND），确保型号产品元器件质量满足要求。

1.3.3 零缺陷质量管理阶段（2000年至今）

1999年7月，中国航天工业总公司一分为二，分成中国航天科技集团公司、中国航天科工集团公司（2001年7月前称为中国航天机电集团公司）两大集团，按职责分工实施航天业务并适度竞争。航天两大集团在原中国航天质量工作体系基础上，开始建立适应本集团特点的质量工作模式，两个集团总部建立质量管理机构，制修订本集团质量工作制度、流程，建立、完善质量技术支撑机构。2000年，中国航天科技集团公司制定《型号科研生产管理80条》。

2002年，中国航天发布《航天产品质量问题归零实施要求》（Q/QJA 10—2002）航天行业标准。2003年，中国航天发布《航天产品质量问题归零实施指南》（QJ 3183—2003）航天行业标准。2012年，国家发布《航天产品质量问题归零实施要求》（GB/T 29076—2012）国家标准。2015年，ISO发布《航天系统——质量问题归零管理》（ISO 18238，Space Systems - Closed Loop Problem Solving Management）国际标准，这是中国首次将具有中国航天特色的最佳航天质量成功实践和管理成果推向国际。2019年，国家发布《一次成功矩阵式质量管理模式》（GB/T 38355—2019）国家标准。

2003年，中国航天科技集团公司、中国航天科工集团公司分别颁发《质量文化手册》（2009年航天科工改版、2012年航天科技改版）。2005年，航天二院（本部）建立了融文化建设、机制建设和质量管理体系要求、产品保证体系要求、标准体系要求于一体并追求卓越绩效的质量体系，成为国防科技工业第一家、中国航天系统首家通过质量体系认证的总体研究院。2009年，中国航天科技集团公司发布《航天型号精细化质量管理要求》［简称“航天科技新28条”（2011年、2017年进行了两次改版）］，创造了航天精细化质量管理模式。2010年，中国航天科工集团公司制定《中国航天科工质量制胜战略》（2018年、2020年修订）。2015年，中国航天科工集团公司发布《中国航天科工集团公司科研生产“四个两”工作若干要求》的通知（“四个两”包括：两深入，设计优化要深入，工艺优化要深入；两充分，仿真、验证试验要充分，可靠性试验要充分；两彻底，质量问题技术归零要彻底，质量问题管理归零要彻底；两简化，工作形式要简化，工作流程要简化，又称“四个两”100条，2018年、2021年两次改版）。中国航天科工集团公司沿用中国航天工业总公司时期的传统，将每年3月22日定为航天质量日；2004年始，中国航天科技集团公司将每年的9月21日（航天科技负责的重大型号任务失利日）定为航天科技质量日。

2006年，为使具有中国航天特色的质量管理成果和先进经验能经常予以充分总结、展示和交流，推广先进质量管理理念、技术和方法，研讨航天质量管理模式、思路和途径，达到经验共享、共同提高的目的，经过充分协商，中国航天科技集团公司和中国航天科工集团公司联合发文决定：设立“中国航天质量论坛”，委托中国航天工业质量协会承办，由航天科技、航天科工两大集团公司轮流负责主办。

2010年，为贯彻中国航天两大集团公司追求卓越的理念和战略，引导和激励航天广大企事业单位学习和实践中国航天卓越绩效模式，中国航天科技集团公司和中国航天科工集团公司共同授权中国航天工业质量协会设立了“中国航天质量奖”（简称航天质量奖）。航天质量奖分为组织类和项目类两大类别。航天质量奖的相关标准以美国波多里奇奖为模板，借鉴“全国质量奖”的组织与管理，结合了航天工业经营管理的实践，增加了航天工业的特殊要求和特色质量管理内容，因此更加适合航天行业企事业单位和项目管理团队。组织类航天质量奖是对实施全面质量管理并取得卓越质量、经济和社会效益的航天企事业单位所授予的、在航天行业质量经营领域的最高奖项；项目类航天质量奖是对实施卓越的项目管理并取得显著的质量、经济和社会效益的项目团队授予的在航天工业质量领域的最高奖项。

中国航天积极实施卓越绩效模式，创造了许多享誉国内外的质量先进成果和经验，并在全社会推广应用。2013年，中国航天科技集团公司“基于质量问题‘双归零’的系统管理方法”荣获首届中国质量奖，航天二院“基于武器系统总承包的质量管理体系”荣获第一届中国质量奖提名奖；2016年，航天二院“追求一次成功的‘矩阵式’质量管理模式”荣获第二届中国质量奖，首都航天机械公司高凤林高级技师荣获第二届中国质量奖个人奖。2018年，航天二院创造的“追求卓越一次成功矩阵式质量保证模式”荣获中国管理科学奖。航天三院31所“追求零缺陷‘四个两’一体化质量管理模式”荣获第三届中国质量奖提名奖。航天四院7416厂特级技师徐立平、天津航天长征火箭制造有限公司车间生产主任崔蕴荣获第三届中国质量奖提名奖个人奖；2020年，《一次成功矩阵式质量保证模式》获2020拉姆·查兰管理实践奖；2021年，北京空间飞行器总体设计部创造的“复杂系统质量管理模式”荣获第四届中国质量奖。

中国航天在新时期创造了航天零缺陷系统工程管理模式，它是源于航天工程实践并不断创新的产物。航天零缺陷系统工程管理以追求零缺陷为理念，以系统工程管理为特征，以系统预防为重点，以过程控制为方法，以用户满意为标准。追求第一次就做对做好，确保各个环节符合要求；力求全面优质、万无一失，确保各件产品优质可靠；要求各项任务圆满完成，确保各项操作准确无误。零缺陷系统工程管理既有源于大型复杂航天系统工程实践的质量工作理念、理论、技术和方法的原始创新，又有融合零缺陷理念、质量与可靠性技术、系统工程管理的集成创新，还有把产品保证技术成功应用于航天系统工程的引进—消化—吸收—再创新，包括：以人为本的航天质量文化建设、强化基础的产品保证能力建设、系统优化的产品实现过程控制。中国航天创造了一次成功矩阵式质量保证模式、精细化质量管理模式、一次成功技术保障分析、质量正向确认、质量问题交集分析、成功数据包络分析、质量监督审核、质量管理体系成熟度评价、型号产品保证量化评价等先进的质量思想、理念、模式和质量保证技术、方法、手段。

第 2 章　质量及其相关概念

2.1　质量

2.1.1　质量的定义及其内涵

GB/T 1900—2016/ISO 9000：2015 中对质量的定义是：一个关注质量的组织倡导一种通过满足顾客和其他有关相关方的需求和期望来实现其价值的文化，这种文化将反映在其行为、态度、活动和过程中。组织的产品和服务质量取决于满足顾客的能力，以及对有关相关方的有意和无意的影响。产品和服务的质量不仅包括其预期的功能和性能，而且还涉及顾客对其价值和受益的感知。

对于质量的这一定义及其内涵，可以从以下几方面予以理解：

（1）质量的主体包括产品、过程、体系、服务

在质量管理体系所涉及的范畴内，组织的相关方对组织的产品、过程、体系、服务都可能提出要求，而产品、过程、体系、服务又都具有各自的固有特性，因此，质量不仅指产品质量，也可指过程、体系、服务的质量。

（2）核心是满足要求

要求是指“明示的、通常隐含的或必须履行的需求或期望”。要求是需求或期望的反映，而需求或期望可能是明示的，可能已纳入了某项法规，也可能是共识的、不言而喻的。例如，顾客在合同中引用的规范、标准等可谓是明示的；安全生产法、机电产品安全标准等涉及人身及财产安全的强制性法规和标准，可谓是必须履行的；银行对顾客存款的保密性、化妆品对顾客皮肤的保护性等，组织一般应根据产品的用途和特性进行识别，这就是所谓的通常隐含的。

要求可以由不同的相关方提出，不同的相关方对同一产品的要求可能是不相同的，例如，对汽车来说，顾客要求美观、舒适、轻便、省油，但社会要求其对环境不产生污染。组织在确定产品要求时，应兼顾各相关方的要求。

（3）质量具有“动态性”

由于组织的顾客和其他相关方对组织和产品、过程、体系、服务的需求和期望是不断变化的，因而质量要求不是固定不变的。例如，原先被顾客认为质量优的产品，会因为顾客要求的提高而不再受到顾客的欢迎。因此，组织应不断地调整对质量的要求。

（4）衡量质量好坏的标准是固有特性，而不是赋予特性

特性是指“可区分的特征”。特性可以是固有的或赋予的。“固有的”就是指某事或某物中本来就有的，尤其是那种永久的特性，如螺栓的直径、机器的生产率或接通电话的时

间等技术特性。有的产品只具有一种类别的固有特性，有的产品可能具有多种类别的固有特性。对军工产品而言，可靠性、安全性、维修性、保障性、测试性等是很重要的固有特性。

赋予特性不是某事或某物本来就有的，而是产品实现后因不同的要求而对产品所增加的特性，如产品的价格、产品的供货时间和运输要求（如运输方式）、售后服务要求等特性。

不同产品的固有特性和赋予特性是不相同的，某些产品的赋予特性可能是另一些产品的固有特性，例如，供货时间及运输方式对硬件产品而言，属于赋予特性，但对运输服务而言，就属于固有特性。

在产品研制、生产中，产品特性还可根据其重要程度分为关键特性、重要特性和一般特性三类。关键特性是指如果不满足要求，将危及人身安全、导致产品不能完成主要任务的特性。重要特性是指虽然不是关键特性，但如果不满足要求，将导致产品不能完成主要任务的特性。对于关键和重要特性，要实施重点控制。

（5）“符合性”和“适用性”是产品质量的一部分

所谓符合性，是指生产的产品符合设计的程度，而适用性是指产品在使用时能成功地适合用户目的的程度。质量的概念最早是指生产要符合设计的“符合性”要求，随着社会生产的发展，质量的概念逐步扩展到了产品在使用时能成功地适合用户目的的“适用性”要求，发展到今天，“符合性”和“适用性”仅是质量的一部分。

（6）质量贯穿于产品形成的各个阶段

产品寿命周期包括产品形成和使用的全过程，产品质量是由产品寿命周期各过程的质量来保证的。因此，根据产品的寿命周期，产品质量主要基于以下四个方面：

1）与确定产品需要有关的质量（需求质量）；

2）与产品设计有关的质量（设计质量）；

3）与产品设计符合性有关的质量（制造与试验质量）；

4）与产品使用有关的质量（使用质量）。

2.1.2　质量观点

质量或许是一个令人十分困惑的概念，每个人的认知和定义不尽相同，一部分是由于个人在产品、服务等价值链上所扮演的角色不同而采用了不同的标准来认识质量，另一部分是由于质量专业的发展和成熟使质量的含义在不断地演变。一些专家、咨询者、从业者对“质量”的定义也尚未达成共识，乃至有数十种不同的说法。因此，为了全面理解质量在一个组织中所起的作用，有必要认真认知、领会关于质量的各种观点。

（1）评价观

基于评价的观点，关于质量的一种普遍认识，是将质量理解为优异、超凡或卓越的同义词。这种认识通常为消费者所采用，经常以好、坏、不好、差、高、低等来评判质量。1931 年，休哈特首次将质量定义为产品好的程度，也被称为是“超凡”的质量的定义

（超凡指显著高于或超出通常的水平）。从这种意义上说，质量是“绝对的和普遍认可的，标志着一个不可妥协的标准和高的成就”。因此，基于评价观的质量不可能被精确定义，或者说一睹就能辨别出来；通常显得主观、抽象，标准会因人而异，难以准确衡量、评估。所以，好、超凡等质量定义缺乏实际价值评价，难以提供精准的衡量、评估质量的手段来作为决策的根据。

（2）产品观

基于产品的观点，质量被定义为一组固有特性满足要求的程度，体现在产品属性的差异度上。质量是某个特定的、可测量的变量的一种功能，质量差异反映的是某些产品属性在量上的差异，此观点隐含着产品特性的较高水平或较高数量对应着就是较高的质量。因而质量经常被错误地认为与价格相关：价格越高，质量就越好。这种观点，允许差异、承认差异，因人而异，“量”“质”不合一 ，与评价观类似。

（3）顾客观

基于顾客的观点，质量被定义为相对于预期用途的适用性，此定义建立在“质量是由顾客的要求来决定的”认识的基础上，一切以顾客和用户为中心，以用户满意为最高原则，以富有竞争力的产品和服务去满足用户的质量要求，来赢得顾客、用户的满意和忠诚。顾客型质量观是竞争型质量观。顾客的需求和欲望不同，质量标准不同。顾客体验十分重要。

（4）价值观

基于价值的观点，产品有用性、满意度与价格匹配，追求质优价低或同价质优。优质产品意味着与竞争产品具有同样的有用性而价格更低，或者在同样价格下提供更好的有用性和满意度。基于价值的竞争已成为一些企业主要经营战略，基于价值的质量观体现了产品特性（质量在顾客方面的体现）和效率（质量在生产方面的体现）之间取得平衡的目标。

（5）生产观

基于生产的观点，是以生产为基础的，质量定义为工程和制造活动的预期产出，或符合规范。规范就是产品或服务的设计者所确定的目标或公差，目标是生产努力达到的理想值。服务性组织也应努力提供一致性的服务产品。符合规范是一种非常重要的质量定义，它提供了一种衡量质量的手段，规范要能真正反映出对顾客最重要的特性才更有意义。

（6）符合观

基于符合的观点，质量被定义为符合要求。符合要求，不仅要符合显性要求、硬要求，而且要符合隐性要求、软要求，还要符合未来的、潜在的需求。质量的最高境界是满足利益相关方需求，满足或超越顾客（内部顾客、外部顾客）的要求和期望。

质量对于在产品、服务价值链上的所有人都是重要的，但是，如何看待质量却取决于每个人在价值链上所处的位置，包括设计者、生产者、服务者、销售者、顾客等。从生产或制造的角度可更好地理解质量概念，顾客是生产产品和服务的驱动力，顾客通常是从超凡的或基于产品的角度来看待质量的。生产出来的产品和服务应当满足顾客的需要。企业的生存取决于其能否满足顾客的需要。确定顾客的需要是营销部门的任务。能够满足顾客需要的产品就是优质的产品。因此，对于营销部门而言，基于顾客的质量定义是适合的。

生产者必须把顾客的要求转化成具体的产品和过程规范，这一转化工作是研发、设计和工程部门的任务，产品设计者必须在性能和成本之间寻求平衡以满足营销目标。因此，基于价值的质量定义适合这一阶段；生产过程中会出现大量的变异，即使是在严格的过程控制中，产成品中的某种变异也是不可避免和难以预测的，生产部门的责任就是保证在生产中遵守设计规范，保证最终产品符合要求。因此，对于生产部门来说，质量的定义是基于生产的。

由于不同职能部门的人说着不同的质量语言，为了制造能够满足顾客需要的真正质量的产品，在组织内、外部各个环节上，需要有不同的但目标一致的质量视角。

顾客驱动的质量十分重要。质量是由顾客来判定的，而不是由工程师、营销部门或是最高管理层来确定的，顾客根据他对某种产品或某项服务的实际使用经验及其要求，已经表述的或未表述的，意识到的或仅是感觉到的，对质量做出判断，这种判断往往代表了竞争市场上的一种变动目标。产品和服务质量是产品和服务在营销、设计、制造、维修等过程中满足给定需要的能力的特征和各种特性的总和。

聚焦于顾客和利益相关方。顾客是质量的首要判断者，顾客在购买、拥有和接受服务过程中的许多因素，都会影响到他对价值和满意度的感知。企业必须能够设计真正让顾客欣喜的产品，必须能够快速应对市场和顾客需求的变化。贴近顾客的企业能够知道顾客需要什么，能够预测顾客尚未表述出来的需求。为了满足或超越顾客的期望，组织必须充分理解构成顾客价值并决定顾客满意和顾客忠诚的所有产品和服务特性。利益相关者包括内部利益相关方、外部利益相关方，内、外部顾客都是利益相关方，企业对顾客的理解一定要全面、系统，内部顾客、外部顾客同等重要，企业和其供方要互视为顾客，要把供方员工视为企业的员工，清楚自己的工作是如何与最终的产品相关联的。企业要积极地了解众多利益相关方需求、期望，主动沟通，管理好利益相关方，发挥好利益相关方的作用。

对质量的认知，一些学者、质量大师、知名人物、机构等也给出了自己的认知、理解、定义。

一般说，专家、学者们对质量的定义分为两类：第一类指质量符合要求，第二类指质量满足顾客的要求。

质量是使人、物品和想法等所具有的使其与众不同、特别、有趣的事物［麦克阿瑟（McArthur），1981］。质量具有一种特殊的或者可辨别的特征，表示适合的或有价值的程度［霍恩比（Hornby），1989］。质量既不是思想，也不是物质，而是独立于思想和物质的第三种存在……质量无法定义，但是你知道它是什么［皮尔西格（Pirsig），1974］。

质量即符合要求［克劳士比（Crosby），1980］。质量对于工厂经理来说，就是得出一些数据，并使这些数据满足规格要求［戴明，1997］。

质量是指适合使用［朱兰，1989］。质量必须根据客户的满意来定义［戴明，1997］。质量等同于客户满意，产品的价格或者服务是质量的重要组成部分［石川馨，1985］。

质量是指单位计价属性中包含的不计价属性的数量［莱弗勒（Leffler），1982］。

质量是指产品出厂后给社会造成的损失……而不是其固有的功能造成的损失［田口玄一，1979］。

质量是指满足客户特定条件的最好特性，这些特定条件为实际用途、成熟度。

质量是多维的，实际上不可能为某种产品或者服务的质量用单一的特性或者代表特性来定义［戴明，1997］。质量是一种多层次的复合体，它包括物体具有的属性、性能和特性等内容，这些内在品性可以满足明确的或隐含的需要［布鲁夫班德，1995］。

质量是客体的一组固有特性满足要求的程度［ISO 9000：2015］。质量是反映实体满足明确和隐含需要的能力的特性的总和［ANSI/ISO/ASQA 8402：1994］。

质量以性能、特征、可靠性、符合性、耐用性、可服务性、美观性、感知到的质量等八个维度表征［加文，1998］。

2.1.3　武器装备质量的内涵

武器装备系统的复杂性、技术先进性、军事安全应用特殊性等特点，决定了武器装备质量的重要性。

(1) 武器装备质量的特性

武器装备的质量，是指武器装备的一组固有特性满足要求的程度。除功能、性能外，还包括装备的可靠性、维修性、保障性、测试性、安全性、环境适应性等通用质量特性，这些是武器装备重要的固有特性，因此，武器装备除满足功能、性能要求外，还必须满足包括可靠性、维修性、保障性、测试性、安全性、环境适应性等通用质量特性的要求。

①可靠性

可靠性是指武器装备在规定的条件和规定的时间内，完成规定功能的能力。可靠性的概率度量亦称可靠度。可靠度的一种度量方法为：对可修复产品，是在规定的时间内，无故障持续时间区间长度等于或大于规定值的个数与无故障持续时间区间总个数之比。对不可修复产品，是在规定的时间内，能完成规定功能的产品数与投入工作的产品数之比。

②维修性

维修性是指武器装备在规定的条件下和规定的时间内，按规定的程序和方法进行维修时，保持或恢复到规定状态的能力。维修性的概率度量亦称维修度。维修性要求是对装备出故障后能尽快恢复到正常状态的一种能力要求，是对装备中断完成任务的一种限制要求。

③保障性

保障性是指系统的设计特性和计划的保障资源能满足平时战备及战时使用要求的能力。为了达到保障性要求，设计过程要考虑综合保障、规划资源要求和配置，以尽可能提高保障能力，降低保障费用。

④测试性

测试性是指产品能及时并准确地确定其状态（可工作、不可工作或性能下降），并隔离其内部故障的一种设计特性。

⑤安全性

安全性是指不导致人员伤亡、危害健康及环境，不给设备或财产造成破坏或损失的能力。安全性要求是对装备在使用中可能造成人身伤亡或设备损坏事故出现概率的限制要求。

提高装备的可靠性、维修性、保障性、测试性、安全性，将极大提高装备的作战能力，增强生存能力，提高部署机动性，减少维修人力，降低使用保障费用。

⑥环境适应性

环境适应性是指产品在其寿命期预计可能遇到的各种环境的作用下能实现其所有预定功能、性能和（或）不被破坏的能力，是装备的重要质量特性之一。

⑦电磁兼容性

电磁兼容性是指设备（分系统、系统）在共同的电磁环境中能一起执行各自功能的共存状态。即：该设备不会由于受到处于同一电磁环境中其他设备的电磁发射导致或遭受不允许的降级；它也不会使同一电磁环境中的其他设备因受其电磁发射而导致或遭受不允许的降级。

可见，一个好的装备不仅要具备所需要的性能（固有能力），而且要能长期保存这种性能，使用中无故障或少故障；发生故障要好修理，使功能迅速得到恢复；同时还要使用安全、易于保障等。

由于历史的原因，在相当长的一段时间内，人们只注重装备的性能，而忽视了装备的通用质量特性。树立现代质量观念就必须把通用质量特性视为与性能同等重要的特性，在研制装备过程中，必须把通用质量特性的要求和性能要求一样纳入装备的战术技术指标中。

另外，对于武器装备而言，不仅要重视其固有特性，也要重视其赋予特性，如产品的价格、交货期等，武器装备的这些经济特性、时间特性等对武器装备战斗力的形成会产生重大影响。

（2）武器装备的质量保证

武器装备的质量靠设计保证、制造保证、管理保证。要保证武器装备质量符合要求，须对武器装备使用过程中的各种要求进行全面分析、详细描述，制定出反映实际需要而又明确具体的设计要求。

设计要求取决于武器装备寿命周期要完成的任务和经历的各种使用条件。须在任务分析的基础上制定详细完整的任务剖面，对不同任务阶段所经历的所有事件、环境和持续时间加以具体描述，对什么是不期望的事件或状态给出明确的判据，针对各任务阶段系统所完成任务的特点，选择合适的参数，规定相应的定量和定性要求。

把使用要求转化为设计要求，再转化为制造要求，以确立产品的固有质量特性，是研制工作的主要任务。通过设计确立的固有质量特性，对使用要求必须全面考虑，采取相应的技术和管理措施，保证把各方面要求都综合到设计中去。武器装备真正的价值体现在产品使用阶段。因此，必须强调影响产品使用及使用效果的保障工作，包括物质资源、人力资源、组织和管理等。武器装备研制、生产和使用过程就是定义要求、转化要求、保证要求、实现和测定要求达到状况的过程。

2.2　质量管理

2.2.1　质量管理的定义及内涵

GB/T 1900—2016/ISO 9000：2015 中对质量管理的定义是：关于质量的管理。

注：质量管理可包括制定质量方针和质量目标，以及通过质量策划、质量保证、质量控制和质量改进实现这些质量目标的过程。

质量管理是一项系统性的活动，主要体现在建立和运行一个有效的质量管理体系上。根据不同的目的，质量管理活动包括：质量策划、质量控制、质量改进、质量保证。

（1）质量策划

质量管理的一部分，致力于制定质量目标并规定必要的运行过程和相关资源以实现质量目标。

注：编制质量计划可以是质量策划的一部分。

质量策划涉及质量管理体系的策划、产品实现的策划、设计和开发的策划、生产和服务提供的策划，以及测量、分析和改进的策划等，主要包括以下活动：

· 确定质量目标和要求；

· 针对质量目标和要求确定过程和所需资源；

· 明确职责权限；

· 规定质量控制活动及其接收准则。

必须注意质量策划与质量计划的差别，质量策划强调的是一系列活动，而质量计划是质量策划的结果之一，通常是一种书面的文件。

（2）质量控制

质量管理的一部分，致力于满足质量要求。

质量控制的目标就是确保产品的质量能满足顾客、法律法规等方面所提出的质量要求（如适用性、可靠性、安全性等）。质量控制的范围涉及产品质量形成全过程的各个环节，围绕着确保质量环每一阶段的作业技术和活动满足要求，应对影响其质量的人、机、料、法、环（4M1E）因素进行控制，并对质量活动的结果进行分阶段验证，以便及时发现问题，查明原因，采取相应纠正措施，防止不合格品重复发生。同时，为了使每项质量活动能够真正做好，质量控制必须对干什么，为何干，怎么干，谁来干，何时干，何地干（5W1H）做出规定，并对实际质量活动进行监控。

（3）质量改进

质量管理的一部分，致力于增强满足质量要求的能力。

注：要求可以是有关任何方面的，如有效性、效率或可追溯性。

质量改进是质量管理的一部分，质量改进的目的在于增强组织满足质量要求的能力，由于要求可以是任何方面的，因此，质量改进的对象会涉及质量管理体系、过程和产品。质量改进与组织质量管理体系覆盖范围内的所有人员、部门、活动、产品、场所等均有关系。

顾客、相关方以及组织自身都会对组织的质量管理体系、过程和产品提出各自不同的任何方面的要求，例如，有效性、效率、可追溯性、安全性、先进性、协调性、稳定性、可靠性、准时性、适宜性、充分性等。组织应能识别需改进的关键质量要求，考虑改进所需过程，以增强能力。

改进本身是一项活动，也可以理解为一个过程，因此，对改进过程也应按过程方法进行管理。在分析现状的基础上，确定改进的目标；针对目标，寻找并选择合适的解决方案；实施并评价其结果，以确保目标的实现。

(4) 质量保证

质量管理的一部分，致力于提供质量要求会得到满足的信任。

质量保证的核心是“提供信任”。即对达到预期质量要求的能力提供足够的信任。

质量保证是一种有目的、有计划、有系统的活动。通过质量保证活动的开展，有利于组织的质量方针和目标及长远效益的实现。

质量保证分为内部质量保证和外部质量保证。内部质量保证是在组织内部向各层次管理者提供足够的信任。外部质量保证是在合同或其他情况下，向顾客以及第三方、上级主管部门等其他各方提供足够的信任。显然，外部质量保证建立在内部质量保证的基础上。

只有当质量要求全面和正确地反映了顾客要求，质量保证才可能提供足够的信任。因此，质量要求是质量保证的前提和基础。

质量保证是在质量体系中实施的活动。也就是说，质量保证依赖于质量体系的建立和运行。因为质量体系将所有影响质量的因素，包括技术管理和人员管理，都采取了有效的控制措施，因而具有减少、消除，特别是预防不合格的机制，即具有持续稳定地满足规定质量要求的能力。

质量保证活动根据需要应进行证实，即重视验证工作，重视提供证据。

质量保证的某些活动是和质量控制相关联的，有效的质量控制才能达到质量保证的目的。

2.2.2 型号研制质量管理

(1) 型号特点

航天型号，是在一定的约束条件下，满足航天特定目标的一次性任务。航天型号除具有一次性、寿命周期性、独创性、约束性、目标的确定性、组织的临时性（相对）、实施的系统性、开发的渐进性、方法的开放性等特点外，还具有以下特征：

· 科技含量高、自主创新性强；

· （开放）复杂巨系统；

· 投资规模大、研制周期紧；
· 不确定性大、风险大；
· 政治性强。

与一般产品相比，型号产品的特点：一是技术密集、新技术比例高、研制风险大；二是系统复杂、综合性强，任何一个环节，甚至一个部件、一个零件、一个元器件出问题，都会影响整个系统的质量；三是研制周期紧，参加单位多，协作面广，需长时间保证各单位、各方面协调一致地开展工作，难度大。型号研制的这些特点，决定了其质量管理不同于一般产品。

（2）型号研制质量管理重点

型号研制的目标是在综合考虑性能、进度、成本和风险等因素下，确保研制出“寿命期保持良好性能”和“最佳的全寿命周期费用”，即最佳费用效能的武器装备。为实现型号研制的目标，一个型号的管理活动涉及多个方面，如技术管理、人力资源管理、时间管理、费用管理、质量管理等。型号研制质量管理就是以型号为对象，以提高装备的费用效能为目的，在质量方面进行控制和协调的活动。型号质量管理也是一项系统性的活动，包括制定型号质量目标，进行型号质量策划、质量控制、质量保证和质量改进活动。

根据型号研制的特点，型号质量管理应遵循预防为主、一次成功的原则，从源头抓起，全过程控制，实施零缺陷系统工程管理，确保型号成功。为此，应重点抓好以下工作：

①策划在先

包括确定装备的质量目标和型号研制的质量目标，建立责任制，根据研制程序制定研制计划，编制质量与可靠性等保证大纲，明确制度需求和资源需求。

②及时发现

加强“三件”（材料与机械零件、元器件、软件）和“两个过程”（设计过程与制造过程）的控制，把预防、发现和纠正产品设计、工艺、基础件、元器件和软件等方面的质量问题作为质量控制的重点，及早发现并解决。

③持续改进

建立型号故障报告、分析和纠正措施系统（FRACAS），对研制、生产中的质量问题按照航天技术归零和管理归零“双五条”标准做好归零工作，实施质量改进。

④强化监督

根据“过程跟踪、节点控制、里程碑考核”的要求，建立健全型号研制全过程的质量监督机制，确保在各研制阶段完成规定的工作项目，不满足规定要求的不得转入下一阶段。利用报告、检查、评审等活动，监督各项质量活动按计划进行。

（3）探索型号研制质量管理新范式

当前的型号研制工作任务重、技术难度大、进度紧，必须做到高质量、高可靠，满足实战要求。在要求的研制周期内，实现目标难度很大。因此，必须坚持“预防为主、一次成功”原则，抓好型号工程研制质量管理，以质量保进度。

以往一些型号没有按预期目标、型号范围、合同要求完成任务，其中一个重要的原因是型号研制过程中出现技术攻关问题、质量问题、可靠性问题和管理问题等，这些问题影响了型号研制生产的顺利实施，造成进度一拖再拖，指标一降再降，经费一超再超。要按要求完成型号研制生产任务，从根本上是要靠队伍素养的提升、靠主体责任的落实、靠科学的管理，靠技术（设计技术、制造技术、管理技术）进步支撑，靠条件（设计手段、制造手段、管理手段，验证手段、方法和设施）保证，以减少问题的发生，减少研制过程中的各种反复，保证按照要求完成型号研制生产任务。

针对当前多型号研制生产任务并举，用户/顾客要求高的特征，实施零缺陷系统工程管理至关重要，应提前周致策划，过程严格监视和管控，关注型号技术管理、范围管理、质量管理、风险管理、利益相关方管理、综合管理等项目关重领域管理，加大技术支撑、条件保证、资源配置、机制支持，积极探索型号研制质量管理、项目管理等的新模式、新技术、新方法、新手段，促进型号项目成功。

第3章　质量管理思想与原则

多年来，质量领域仁人志士基于质量工作的实践、技术与方法应用、模式实施、理论研究、思想探索，在质量领域形成了许多有影响的质量管理思想、理念、理论、模式、准则、技术和方法，在不同的时代、时期发挥了重要的作用，今天依然有重要的应用价值、指导作用、现实意义和参考价值，新时期应予以弘扬和光大。表3-1列出了世界知名的质量管理思想、理念、理论、模式、技术、方法、工具。

表3-1　世界知名的质量管理思想、理念、理论、模式、技术、方法、工具

序号	中文名称	发表时间	原倡导者
1	统计过程控制	1931年	沃尔特·休哈特
2	PDCA循环	1939年	沃尔特·休哈特
3	失效模式和影响分析	1950年	格鲁曼飞机工程公司
4	全面质量管理	1951年	阿曼德·菲根堡姆
5	质量成本	1951年	约瑟夫·朱兰
6	田口方法	1960年	田口玄一
7	质量圈	1960年	石川馨
8	零缺陷	1961年	菲利普·克劳士比
9	七种基本质量控制工具	1962年	石川馨
10	质量机能展开	1972年	赤尾洋二、水野滋
11	七种新质量控制工具	1979年	日本质量控制技术研究会
12	产品质量维度	1984年	戴维·加文
13	六西格玛	1985年	比尔·史密斯
14	戴明14条管理原则	1986年	威廉·爱德华·戴明
15	朱兰三部曲	1986年	约瑟夫·朱兰
16	ISO 9000族标准	1987年	ISO(国际标准化组织)
17	卓越绩效准则	1987年	马尔科姆·波多里奇
18	战略质量规划模型	1988年	小托马斯·福斯特
19	标杆对比	1989年	施乐公司
20	精益生产	1990年	约翰·克拉富西克
21	平衡计分卡	1992年	罗伯特·卡普兰
22	渊博知识体系	1994年	威廉·爱德华·戴明
23	流程和企业成熟度模型	2007年	米歇尔·哈默

3.1 全面质量管理

1951 年，美国人阿曼德·菲根堡姆（Armand V. Feigenbaum）博士在所著的《质量控制：原理、实践和管理》（*Quality Control：Principles，Practice，and Administration*）一书中最先提出全面质量控制（Total Quality Control，TQC）的概念，他是质量大师、全面质量控制的创始人、全面质量管理之父。1956 年，菲根堡姆在《哈佛商业评论》杂志发表了“全面质量控制”。1961 年，菲根堡姆的专著《全面质量控制：制造和管理》出版，他认为：全面质量控制是一种能够在最经济的水平上，并考虑充分满足用户要求的条件下，进行市场研究、设计、制造和服务，使企业内各部门的质量开发、质量维持和质量提高的活动构成一体的有效体系。菲根堡姆认为质量必须以顾客满意度界定，质量是多维的、动态的，必须全面界定。确定顾客愿意出多高的价钱获得其理想的产品或服务，然后将这种信息转变为各种产品或服务特点的规格，这是全面质量管理面临的巨大的挑战。菲根堡姆作为全面质量控制的创始人，他主张用系统、全面的方法管理质量，在质量形成过程中要求组织所有职能部门、相关产品实现人员参与，而不是局限于产品制造部门、质量部门、产品直接实现人员。这一观点要求在产品形成的早期就落实质量，而不是在产品形成后再做质量的检验和控制。认为质量改进的三个要素是质量领导、质量技术和组织承诺，领导力是质量改进的驱动力，质量技术包括用于质量改进的统计学知识、质量技术、系统方法及其相关的设备，组织承诺是组织中的所有成员都应致力于质量改进。质量在本质上是一种经营管理手段，全面质量控制必须从顾客满意的角度出发，协调与人员、机器和信息等有关的基本活动，从而使组织获得竞争优势。

ISO 8402 对 TQM 的定义是：一个组织以质量为中心，以全员参与为基础，目的在于通过让顾客满意和本组织所有成员及社会受益而达到长期成功的管理途径。

全面质量管理的思想起源于美国，但取得成效却在日本，20 世纪 50 年代以后日本人在学习和继承戴明管理哲学和全面质量控制思想的基础上，开发出一系列的质量管理工具和方法，如新老七种工具、质量圈、精益生产方式等，赋予了全面质量管理以更加丰富的内容。1978 年，中国开始学习、借鉴美国、日本等发达国家全面质量管理的经验和做法，提出具有中国特色的全面质量管理要求和做法，强调“全员、全过程、全组织”的“三全”质量管理和“多种多样的工具方法”的“一多样”质量管理，即“三全一多样”的质量观点和做法，有机融合了质量管理理念、管理目标和管理方法。

自 20 世纪 80 年代后期以来，全面质量管理的思想得到了进一步的拓展和深化，其名称也由早期的全面质量控制演化成今天的全面质量管理，其范畴远远超出了传统意义上的质量管理范围，进而发展成为一种综合的、全面的、系统的经营管理方法并升华为围绕组织经营目标实施的综合管理理念和模式。质量奖范式和标准成为全面质量管理广为接受的定义和目标，卓越绩效模式成为一个组织实施全面质量管理的系统构架。

3.2　质量圈

1960 年，日本科技联盟出版了由东京大学教授石川馨（Kaoru Ishikawa）博士主编的《班组长质量控制》小册子，当时石川馨博士正在大力倡导企业的工段长在工作班组内成立学习小组并开展读书活动，之后，人们对这种理念应用的关注点聚焦在解决工作问题并使团队成员将理论付诸质量管理实践上，即通过小组成员的集思广益寻找问题的解决方案，这就是质量圈（Quality Circle）概念产生的最早萌芽，质量圈也被叫作 QC 小组。1962 年，日本科技联盟发行面向班组长的质量管理月刊《现场与 QC》杂志，1962 年 5 月，第一个 QC 小组在日本科技联盟的 QC 小组本部备案注册。石川馨对 QC 小组的发展做出了建设性贡献，他担任日本科技联盟质量控制小组总部的主席，主持出版了《QC 小组》和《如何开展 QC 小组活动》专著，发明了鱼骨图等工具支持开展 QC 小组活动。石川馨是 QCC（Quality Control Circle）之父，日本式质量管理的集大成者。他认为质量不仅是指产品质量，从广义上说，质量还指工作质量、服务质量、信息质量、工艺流程质量、部门质量、人员素质、体系质量、公司质量、目标质量等。1978 年，国际质量圈协会成立，现为质量和生产力协会。

根据英国商业和工业部出版的《质量小组手册》的定义，质量圈是一个由 4～12 人组成的小组，这些人往往来自相同或类似的工作领域，并定期在一起聚会，以便识别、了解、分析和解决工作中的有关问题。QC 小组向管理层提出问题和解决方案，包括如何实施和保持方案的执行，小组的目的是支持组织的改进和发展、尊重员工关系和权利、开发员工的工作潜能。QC 小组的议题包括产品设计、制造过程、生产安全等的改进以及通过会议和讨论工作问题的机会促进员工的工作热情和忠诚度。QC 小组具有自主性、群众性、民主性、科学性等特点。

QC 小组是一种自下而上的改进方法，中层管理人员承上启下的地位对于质量管理小组的成功极为关键。下述方面对 QC 小组成功至关重要：1）高层管理者的信任和支持程度；2）开放的心态，主动参与意识，对不同能力的认可和相互的信任；3）小组的工作目标；4）小组团队成员要参加头脑风暴、团队工作、群体沟通和表达的技巧等方面的培训；5）利用质量工具；6）注重过程，而不仅仅是内部管理规则和报告关系；7）对问题的确定需要定量的标准，而且还常常需要对定性的标准形成一致的意见；8）应定期和有组织地进行小组会议，事先准备好；9）选择或培养会议主持人，可采取轮换或指定的方式。

石川馨在菲根堡姆全面质量概念基础上，进一步推动了从高层领导到一线员工的全员更为广泛参与的质量工作，减小了对质量专家和质量部门的依赖。石川馨确信质量始于顾客，理解顾客需求是改进的基础，应积极搜集顾客的抱怨。他主张：1）质量始于教育，终于教育；2）质量工作的第一步就是了解顾客的需求；3）当检验不再必要时，就达到了质量控制的理想状态；4）消除问题的根源，而非症状；5）质量控制是所有员工和所有部门的责任；6）不要混淆手段与目标；7）质量第一，要着眼于长远的效益；8）营销是质量的入口，也是出口；9）当下级如实汇报事实时，上级不要发怒；10）企业内95%的问题可以用简单的分析工具和问题解决工具来解决；11）用数据、事实说话，没有离散信息（变异）的数据是假数据。石川馨指出，不断变化的顾客预期得到实现，即是高质量的证明。质量等于顾客满意度，质量必须全面界定。产品和服务的价格是质量的重要部分，界定质量时不能不考虑价格。

3.3 零缺陷

1961年，美国人菲利普·克劳士比（Philip B. Crosby）首次提出"零缺陷"概念，他被誉为"品质大师中的大师""零缺陷之父""一代质量宗师""20世纪伟大的管理思想家"，开创了现代管理咨询在质量竞争力领域的新纪元。他指出：质量的好与坏、高与低、卓越等描述都是主观的和含糊的，是无意义的抽象概念，质量的真正定义应该是满足要求，或者是符合要求。克劳士比认为，质量管理的核心在于预防，质量控制的重点应该放在预防上而不是放在检验和返工上，只有提高自己的免疫力，才能防止生病。他强调，质量既不是不可捉摸的，也不是不可测量的，而是经营战略上所必需的，是能够被量化且增加效益的，质量就是利润。他认为，出现次品的主要责任在管理人员，而不是工人。

克劳士比"零缺陷"四项基本原则是：1）质量的定义是符合要求；2）预防产生质量，检验、返工只能纠正不合格，并不能产生、提高质量；3）质量工作的标准是零缺陷，而不是可接受的水平或差不多就行；4）质量是用不符合要求的代价衡量的。

克劳士比指出"零缺陷"建立在以下四个支柱之上：1）管理层的参与和态度；2）专业的质量管理；3）原则和方案；4）赞赏制度。克劳士比提出了零缺陷质量管理应建立14个质量改进步骤。克劳士比提出了质量管理成熟度方格概念和标准，质量管理成熟度以5个成熟阶段（即不确定期、觉醒期、启蒙期、智慧期、确定期）表征，每一成熟阶段以管理层的认识和态度、质量管理在组织管理中的地位、问题处理、质量成本占营业收入的比例、质量改进活动、公司质量心态总论6项内容评估，据此知悉企业所处的状况，用以评估企业质量管理成熟度、解剖病症和实施管理改进。克劳士比在不同的管理阶段不仅有不同的代表作品，而且有原创的概念与方法，充分展示了克劳士比管理哲学的孕育、探索、形成、发展和成熟过程。他应用医学上打预防针产生抗体的机理，提出了质量接种血清疫苗的概念，克劳士比质量疫苗血清成分为：诚信、系统、沟通、运营、政策。

克劳士比认为：整个质量学科是建立在错误的假设上的，那就是，任何事情都不可能没有偏差，因此必须首先设定一个可接受的质量水平（AQL）值。他指出，在这种错误的前提下去做事，只能是南辕北辙；企业把自己逼向绝路的最大问题不在于为正确的问题给出了错误的答案，而在于努力地把错误的事情做正确，结果就把时间浪费在与正确到底偏离了多远的计算上，而不是切合实际地去做正确的事。克劳士比认为：不存在质量问题这回事。问题必须由产生问题的人员或部门或科室来识别。质量问题根源于各个职能部门，而非质量部门，因而解决这些问题的责任就应该由职能部门来承担，质量部门的任务是测量符合性。克劳士比认为：人们总是认为错误是无法避免的，所以我们不仅接受错误，还预期它会发生。我们始终认为人类天生就是会犯错误的。工作中出点差错不会让我们不安，是人就会犯错误。然而，在我们个人的生活当中，我们并没有维持同样的标准。因此，我们可以说具有双重标准——一个用在我们自己身上的标准，另一个用在工作上（公司上）的标准，之所以会这样，正是因为为自己立下了比为工作（公司）更低的标准。克劳士比认为：缺乏知识和漫不经心（缺少关注）是酿成错误的主要原因，而这些都是可以改变、根除的。他告诫组织和员工不应该在最初就以一种错误是可以理解的，或者标准可以降低的心态来开始工作或对待工作中可能犯的错误，改变的首要步骤就是：使零缺陷的工作态度成为你个人的标准。他指出，只要组织：1）第一次就把事情做对做好；2）预见变化；3）保持稳定、有力的增长；4）满足顾客新的需求，提供新的产品和服务；5）让每个人在组织中能愉快和舒心地工作，组织会永续成功。

3.4 产品质量维度

1984 年，美国哈佛商学院的戴维·加文（David Garvin）教授在《斯隆管理评论》上发表了“什么是产品质量的真正含义?”加文认为，由于质量在管理中承担着一种战略的角色，因此必须对质量的定义加以明确。加文归纳了五种质量观点：1）难以形容的；2）基于产品的；3）基于用户的；4）基于制造的；5）基于价值的。

为了解决关于产品质量认识的一致性问题，加文提出用：性能、特征、可靠性、符合性、耐用性、服务性、审美性、感知质量 8 个基本要素或维度来表征产品的质量。尽管关于产品质量维度的定义尚未获得试验性数据的有力支持，但已被研究人员、质量工作者在学术研究、教学和质量工作实践中广为引用和参鉴。对于管理者而言，了解质量的不同定义，可以促进组织内部的管理沟通，有助于管理者更有效和方便地了解顾客需求，促进产品与服务改进。

3.5 六西格玛

1985 年，摩托罗拉通信事业部工程师比尔·施密斯（Bill Smith）发表了关于产品失效与潜在缺陷和设计误差的内部研究报告（Internal White Paper Relating Product Failures to Latent Defects and Design Margin），提出使用西格玛（Sigma）值来描述设计误差和产品质量的期望水平。1987 年 1 月 5 日，摩托罗拉 CEO 罗伯特·高尔文启动了“六西格玛（6σ）质量项目”，摩托罗拉正式将“在每百万个造成缺陷的机会中只允许存在不超过 3.4 个缺陷（3.4×10^{-6}）”确定为其在各个业务领域所追求的质量目标。1988 年，摩托罗拉成为首批获得马尔科姆·波多里奇国家质量奖的企业。

1996 年，通用电气（GE）公司董事长杰克·韦尔奇领导 GE 公司开始全面应用六西格玛方法，GE 把六西格玛从一种统计学工具变成了一门管理艺术，不仅把 6σ 作为一个质量标准，而且还是考核、升迁和奖励的基础。6σ、产品服务、全球化成为当时 GE 三大战略。GE 成功地实施了 DMAIC（Define，Measure，Analysis，Design，Control）项目改进的工作模式，以“倡导者”（Champion）、“黑带大师”（Master Black Belt）、“黑带”（Black Belt）、“绿带”（Green Blet）特有组织形式和人才梯队进阶模式推进 6σ 工作。GE 将 6σ 从产品制造过程拓展到服务及其他业务工作过程，使 6σ 从产品和流程质量改进工具演变成一个战略管理系统。

经过 20 多年的实践，6σ 的内容得到了众多学者和实践者的不断充实和发展，业已成为世界范围内的关于突破性质量改进的共同语言和标准。它代表了一种追求零缺陷的质量哲学、管理目标和一项测量标准、一种质量管理方法、一种管理体系的统一体。

作为一种测量标准，标准偏差 σ 反映了过程质量的波动程度，σ 水平的高低说明了产品和生产过程波动好（小）、坏（大）和质量好、差；作为一种质量管理方法，核心包括 6σ 改进模式或 DMAIC 和 6σ 设计模式或 DFSS（Design For Six Sigma）。DAMIC 代表了 6σ 改进的五个阶段：D 为定义阶段（定义机会），A 为分析阶段（分析机会），M 为测量阶段（测量绩效），I 为改进阶段（改进绩效），C 为控制阶段（控制绩效），该模式的内涵是创新，主要用于对现有流程和产品的改进，改进成果有限，注重的是消除错误、提高效率、节约资金。DFSS 是按照合理的流程对新产品或流程进行稳健性设计，提前一步对产品或流程本身进行设计或重新设计，从而把问题消灭在初始阶段，以防止后面环节可能出现的错误；作为一种管理体系，6σ 已不仅仅是统计学上的概念和帮助组织改善流程质量的工具，而是帮助组织实现组织战略的管理理念和有效系统，能为需要改善测量标准的项目提供一种优化资源配置的框架，6σ 已演变成一种提升组织竞争力、持续发展能力的经营战略，组织变革的方法以及组织流程设计、改善和优化的技术。6σ 管理须高度关注顾客需求、以统计数据为依据、重视改进业务流程，组织应：发挥领导作用，建立管理机构，实施好教育、培训和训练，有效沟通，创造业绩和财富。

3.6 戴明 14 条原则

美国人威廉·爱德华·戴明（William Edwards Deming）是世界著名的质量管理专家，因对世界质量管理发展做出的卓越贡献而享誉全球。戴明博士不但有正义感且深具爱心。戴明不仅对美国初期 SQC 推行做出了贡献，而且对日本的质量管理做出了卓越贡献，戴明博士从 1950 年应聘去日本讲学、指导质量管理后就一直继续，长达近四十年，且前二三十年几乎每年都去，可以说日本的质量管理是由戴明博士带动起来都不为过。戴明博士在日本不仅教授统计方法，还向日本企业的经营者灌输品质经营的理念及重要性，致使日本早期的经营者几乎都见过戴明博士且受教于他（据估，当时日本每 5 个最高企业领导人就有 4 人曾听过他的讲座），并实践戴明博士的品质经营理念，奠定了日本 TQC 或 CWQC 的基础。戴明成了日本质量管理的教主，日本企业界对戴明博士怀有最崇高的敬佩而称其为日本质量管理之父。1951 年，为了纪念戴明对日本企业振兴做出的贡献，日本科技联盟设立“戴明品质奖”，至今仍是日本品质管理的最高荣誉，用于奖励在质量方面做出突出贡献的企业和个人。戴明对美国及全世界推行TQM同样做出了重要贡献，戴明在1980年6月24日全国广播公司（NBC）电视播放的举世闻名的“日本能，为什么我们不能?”（If Japan Can，Why Can't We?）中的显著地位及其在日本质量管理中所扮演的角色，使戴明博士一夜成名。戴明博士的品质14条管理原则奠基了美国在20世纪80年代开始盛行迄今的TQM的基础。戴明博士称得上质量管理的一代宗师。

作为质量管理的先驱，戴明学说对国际质量管理理论和方法始终产生着非常重要的影响。戴明认为：一个企业中85%的质量问题可以归纳为管理部门的责任，因为管理部门有权做出影响运营体制和业务的决定。大多数的质量问题是管理者的责任，不是工人的责任，因为整个愚蠢的生产程序是由管理者制定的，工人被排除在外。如果能争取一次把事情做好，不造成浪费，就可以降低成本，而毋需加大投入；戴明立足于一个基本信念，高质量可以降低成本；“质量是一种以最经济的手段，制造出市场上最有用的产品。一旦改进了产品质量，生产率就会自动提高”。同当今许多质量管理方法不同的是，戴明不仅仅是在科学的层面来改进生产程序。戴明用他特有的夸张语言强调：质量管理98%的挑战在于发掘公司上下的知识诀窍。他推崇团队精神，跨部门合作，严格的培训，以及同供应商的紧密合作；戴明博士将一系列统计学方法引入美国产业界，以检测和改进多种生产模式，从而为后来GE杰克·韦尔奇等人的六个西格玛管理方法奠定了基础；“仅仅努力做好工作是远远不够的”“努力工作是必不可少的基本条件，但是缺乏正确原则指导的努力将导致灾难”。戴明博士有一句颇富哲理的名言：质量无需惊人之举。他平实的见解和骄人的成就之所以受到企业界的重视和尊重，是因为若能系统地、持久地将这些观念付诸行动，几乎可以肯定在全面质量管理上能够取得突破。

戴明学说简洁易明，其主要观点“十四要点”（Deming's 14 Points）成为20世纪全面质量管理（TQM）的重要理论基础。1987年，在美国召开的戴明国际学术讨论会上，戴明提出了著名的“戴明14条”。《十四条》的全称是《领导职责的十四条》，在《走出危机》（*Out of the Crisis*）一书中，戴明提出了指导美国企业迎接挑战和进行改革的戴明管理14条原则（见图3-1）。这14条原则是：

一、持之以恒地改进产品和服务（Create constancy of purpose for improvement of product and service）。要努力保持竞争性，做长期经营打算，提供就业机会。

1. 顾客只购买更好的产品和服务

2. 公司要利润，更要美化人们的生活

二、采用新的观念（Adopt the new philosophy）。

1. 要采用能应对竞争的新观念

2. 不要低估改变思想观念的困难性

三、停止依靠大规模检查去获得质量（Cease dependence on mass inspection）。靠检查去提高质量，太晚了，无效而且昂贵。质量不是来自检查，而是来自植入源头，改进系统过程。检查、扔弃、降级、返工不是改进系统过程的正确方法，当质量不到位时，检查总比不检查好，而检查也只可能是唯一可用的方法，但损失已造成，有的无法弥补，有的可以返工但仍会增加开支。

1. 检查是一个非常有限的工具

2. 奖励检查人员多发现缺陷十分有害

3. 检查要统一标准，责任要明确到个人

四、结束只以价格为基础的采购习惯（End the practice of awarding business on the basis of price tag alone）。没有质量的低价格是没有意义的，低质量会导致产品品质下降，所以整体成本开支上升是不可避免的结果。结束只以价格为基础的采购习惯，事实上，可以减少整体成本开支。

1. 没有质量的低价格采购代价极高

2. 用单一供应商提供单一零件或服务

五、持之以恒地改进生产和服务系统（Improve constantly and forever the system of production and service）。改进质量和生产能力，可持续减少成本开支。

1. 只想改进结果，而不改进系统是在骗自己

2. 统计过程控制学是系统管理和改进的钥匙

3. 控制图是强大的系统管理和改进工具

六、实行岗位职能培训（Institute training on the job）。为了今天，确认每个人有技能和知识去做好目前的工作。

1. 培训不是在制造额外开支

2. 培训教师要专业，自学常会有缺陷

七、建立领导力企业管理（Institute leadership）。经理的工作不是监督，而是用领导力来领导。管理的目标是帮助人、机器和设备做更好的工作。

1. 改进是领导的责任

2. 团队精神是一个关键变量

八、排除恐惧（Drive out fear），使每一个员工都可以为公司有效地工作。恐惧感越强，员工的工作效果就越差，极度的恐惧感会对公司或国家造成灾难性的后果。

1. 恐惧引发低效和谎言

2. 恐惧会使公司付出沉重代价

九、打破部门之间的障碍（Break down barriers between staff areas），部门间要用合作代替竞争，推倒围墙。研究、设计、销售、生产部门的人员必须像一个团队一样去工作，去预测生产问题，尽早发现解决问题，共同提高产品和服务质量。

1. 部门间永远有难解的障碍

2. 结束部门效益最大化并加强部门间交流

3. 用项目或复合管理代替传统职能管理

十、取消对员工的标语训词和告诫（Eliminate slogans, exhortations, and targets for the work force）或者说避免对员工喊口号、说教或设定工作目标。过度的标语告诫会产生

压力、挫折感、怨气、恐惧、不信任和谎言，这种运动最终会成为一个恶作剧式的玩笑。

1. 常常不能对员工提供任何帮助或没关系

2. 常常传达不信任、恐惧或无法实现的目标

十一、取消定额管理和目标管理（Eliminate numerical quotas for the work force. Eliminate management by objectives），用领导力来代替。

1. 销售定额违反客观规律

2. 生产定额是不断改进的巨大障碍

3. 改变对待人的方式态度，用信任代替控制

4. 公司规章制度要针对95%可信任的员工

十二、消除打击员工工作情感的考评（Remove barriers that rob the hourly worker of his right to pride of workmanship. Remove barriers that rod people in management and in engineering of their right to pride of workmanship）。管理人员的责任必须从单纯的数字目标转化到质量。这意味着要废除年度个人目标或排名绩效考核和目标管理。

1. 年度排名/评分绩效考核损人不利公司

2. 目标绩效奖励使员工丧失内在工作动力

3. 目标绩效考核管理是在努力摧毁自己

十三、鼓励学习和自我提高（Encourage education and self - improvement for everyone）。为了明天，实行强劲的学习和自我提高教育计划。

1. 最大的改进来自系统内工作人员的头脑

2. 学习是员工和公司明日生存的保障

十四、采取行动实现转变（Take action to accomplish the transformation）。让公司的每一个人去工作去实现转变，转变是每一个人的工作。

实现转变不是一件容易的事，最高管理层在实现转变中起决定性的作用，因为他们比任何人更有影响，他们的决定影响每一个人。而最大的阻力往往来自中层管理人员。

戴明学说的核心可概括为：高层管理的决心及参与；群策群力的团队精神；通过教育来提高质量意识；质量改良的技术训练；制定衡量质量的尺度标准；对质量成本的分析及认识；不断改进活动；各级员工的参与。

“戴明14条”所强调的可以归纳为如下四个方面：

1）为了组织的生存和发展，管理当局必须树立明确的使命或方向以领导整个组织进行变革，而顾客则是思考一切问题的立足点和出发点。

2）企业的管理应当以一个良好的系统为基础，要通过持续不断地改进系统来实现质量的提高、生产率的改进和成本的降低，这个系统是超越企业的边界的，要通过与供应商和顾客的合作来实现系统的综合效应。这便是著名的“系统驱动行为”的观点。

3）重视企业文化和领导的作用，要营造一个“场”或一种氛围来积极地影响人们，充分调动人们的积极性和创造性，要使人们树立起主人翁精神，实现个人目标与组织目标的协调，使人们发自内心地承担起对于组织成败的责任和义务。

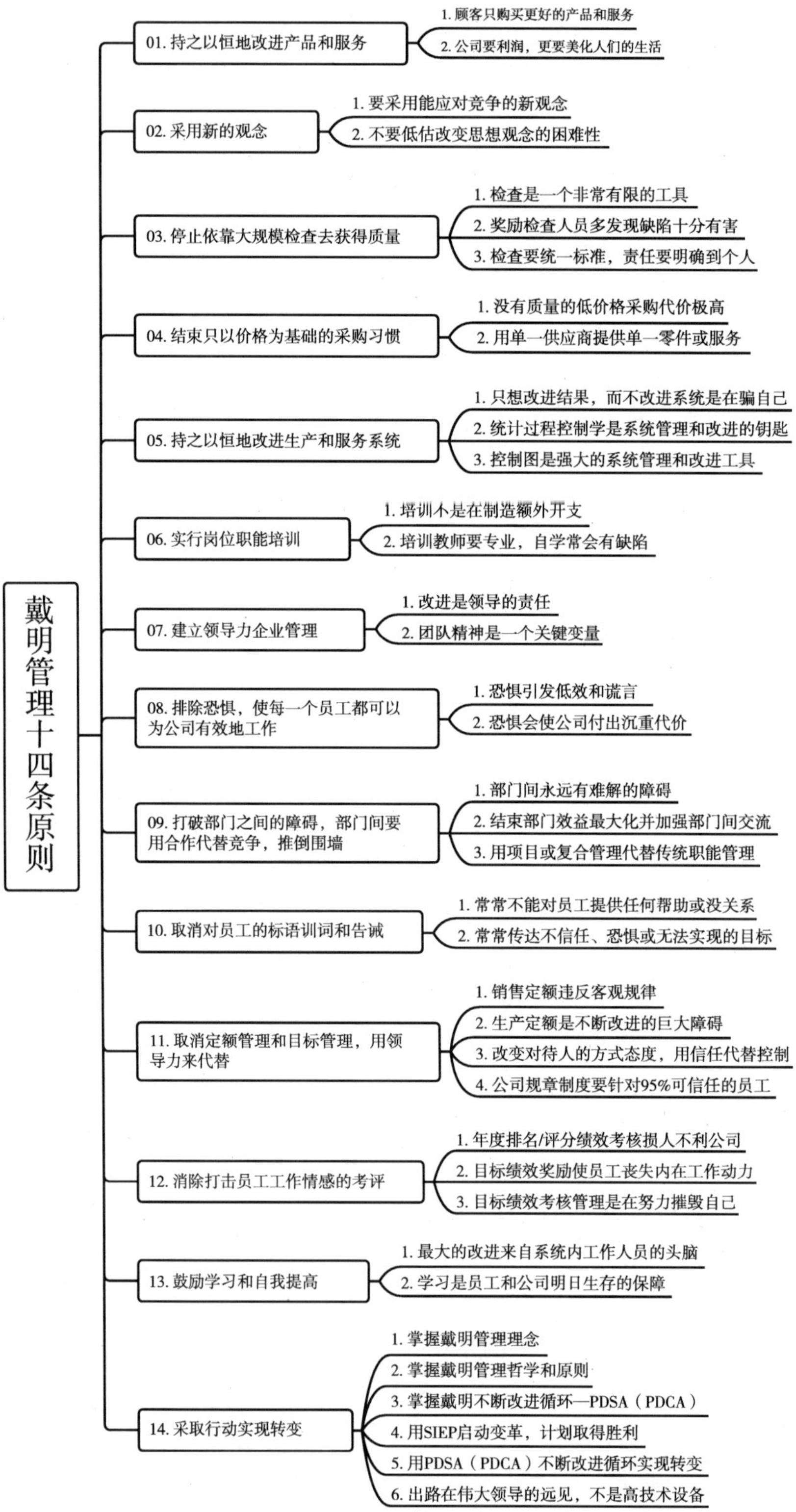

图 3-1　戴明管理 14 条原则图

4）重视每一个个人的作用，要通过教育和培训来提升每一个人的能力，使人们愿意并且能够为组织的成功做出自己最大的贡献。

“戴明 14 条”管理原则的核心是：目标不变、持续改善、知识渊博，为组织及其管理者提供一个在工作中积累知识的框架，有助于引导组织更加有效地筹划未来、制定战略计划和业务目标。“戴明 14 条”管理原则中一半以上的原则集中在人和系统上，成功地将管理领域中科学管理学派和人际关系学派融合。某种意义上，“戴明 14 条”是一种管理哲学模式和渊博知识体系的应用指南。

戴明在提出“十四要点”之后，不断补充完善，把美国企业问题分为“严重”“不那么严重”两种，列出了“七项致命恶疾”和“若干障碍”。七项致命恶疾是：1）缺乏恒久目标；2）重视短期利润；3）实施业绩评估、考评成绩或年度考核；4）管理阶层流动频繁；5）仅依看得见的数字经营公司；6）医疗开支过高；7）由意外事故引起诉讼费用过高。若干障碍是：1）忽视长期规划与转型；2）误以为只要解决问题，让办公室自动化，采取精密装置、新型机器，就可以使企业转型；3）寻找模仿对象；4）自以为本公司的问题与众不同；5）学校教育跟不上时代的需要；6）依赖质量控制部门；7）把问题全怪到员工头上；8）通过检验求取质量；9）假行动；10）电脑设备无人使用；11）迎合规格标准；12）对原型测试不够；13）任何有意帮助我们的人，必须完全了解我们的企业。

1994 年，戴明出版了他生前的最后一部著作《新经济观：工业、政府和作用》。戴明在书中对美国企业在传统管理模式下的管理行为进行了抨击，提出了与传统经济学理论迥异的观点。他认为：竞争不会产生结果，只会造成灾难，使人们生活的方方面面产生苦恼。这类形式的管理方式对我们的经济造成了巨大和长远的损耗。书中观点是戴明对他的质量管理哲学思想的全面总结，他呼吁人们对经济现况进行反思，改变思维方式，以逃离管理的误区。他力主以合作取代竞争，倡导人们通过合作形成系统，以实现共赢。戴明认为，由于系统无法了解自己，因此管理模式的转型必须有赖于外界的观点，而“渊博知识体系是组织改革的必由之路”。渊博知识体系以系统论等为基础，与戴明早年在《转危为安》一书中提出的 14 条管理原则相辅相成，是指导组织变革的方法论，它由彼此相互关联的四部分组成：对系统的理解、关于变异的知识、认识论和心理学，戴明综合了人类的科学研究成果，挖掘不同学科的相互协同、渗透性，将其发展成为一套完整的管理理论体系，用于指导人们的管理实践——从传统质量观向全面管理观转型。

3.7　朱兰三部曲

美国人约瑟夫·莫西·朱兰（Joseph M. Juran）博士是世界著名的质量管理专家，被誉为质量领域的“首席建筑师”“质量之父”。1925 年，贝尔实验室在霍桑工厂试验新研发的抽样统计和控制图技术，朱兰被选中加入检验统计部门，负责应用和传播贝尔实验室的创新统计质量控制技术。1937 年，朱兰成为纽约西方电气公司总部工业工程方面的主席。1951 年，被誉为“质量管理领域的圣经”的《朱兰质量手册》第 1 版出版，为朱兰赢得了国际威望。与戴明同期，朱兰在第二次世界大战后到日本教授日本的管理者如何降低成本和提高质量，发表了一套关于质量改进的理论和方法，主要关注：质量策划、质量控制和质量改进。1986 年，朱兰在《质量改进》上发表了“质量三部曲：管理质量的通用方法”。1992 年，朱兰在其所著《朱兰轮质量策划》一书中再次明确提出质量管理由质量策划、质量控制和质量改进三个过程组成，并将其称为朱兰三部曲或朱兰质量三元论。

质量策划：明确质量管理的目标和实现目标的途径，是质量管理的前提和基础。质量策划的步骤为：1）设立项目；2）确定顾客并识别需求；3）开发产品；4）设计生产流程；5）制定控制计划。

质量控制：对过程进行控制，保证质量目标的实现。质量控制的步骤为：1）选定控制对象；2）确定测量方法；3）建立作业标准；4）分析与现行标准的差距；5）对差距采取行动。

质量改进：通过打破旧的平稳状态而达到新的更高的质量水平。质量改进的步骤为：1）证实改进的必要并设立项目组；2）确认质量问题的产生原因；3）制定并实施纠正措施；4）验证措施的有效性；5）在新的水平上进行质量控制。

质量管理“三部曲”作为一个实现质量目标的成功构架，需要有积极向上、卓越的领导力和环境，以及对质量的有力支持作为其基础。没有健康的质量文化为根基，质量“三部曲”也不能充分发挥作用，因为这些因素对公司的各层人员都有影响。

朱兰主张寻求在公司经理们所熟悉的系统内来提高质量。他认为，组织不同层次上的员工使用他们各自的“语言”，高层管理者使用的是“钱”的语言，而员工使用的是“物”的语言。中层管理者必须能够同时使用两种语言，并学会在两种语言之间充分翻译。为了引起高层管理人员的关注，质量问题应当用他们能够理解的语言——“钱”来表达。朱兰主张使用质量成本核算和分析来关注质量问题，注重通过消除缺陷来提高对于规范的符合性。朱兰提出了质量的定义，即“质量就是适用性”，认为任何组织的基本任务就是提供能满足用户要求的产品。产品性能满足要求，导致顾客满意；产品无缺陷，避免顾客不满。企业作为一个整体，使命是实现高水平的设计质量；企业各个职能部门的使命是实现高水平的符合性质量。

朱兰在第 5 版《朱兰质量手册》中，陈述了“大 Q”与“小 q”概念，“小 q”将质量视为技术范畴，“大 Q”将质量与经营融合。他首创将人力与质量管理结合，突出“关键的少数”与“有用的多数”。

3.8 田口方法

日本人田口玄一（Taguchi Gen'ichi）博士是享誉全球的质量大师，是知名的统计学家与工程管理专家。从 20 世纪 50 年代开始，他创造了田口方法（Taguchi Method），成为品质工程的奠基者。1960 年，田口玄一撰著《实验设计》，提出了信噪比这一著名概念。

田口方法产生的动力源自日本的战后重建、资源匮乏和节俭精神，它对质量控制和改进的主要贡献：1）确定了产品或服务设计的可控因子与过程产出之间函数关系的基础；2）提供了一种通过优化可控因子调整过程均值的方法；3）提供了一种检查过程中的随机噪声因子与产品或服务变异之间关系的程序。田口方法的核心特性包括质量定义、质量损失函数和实验设计。田口认为质量就是产品出厂后给社会带来的损失大小，但由于产品功能本身所产生的损失除外；任何偏离目标值的变异都会造成企业的损失，质量损失函数强调因购买了不合格品而导致的经济和社会损失，损失可能包含维修成本、故障成本、对环境的不良影响或生产产品的额外成本；实验设计可用于定量识别生产高质量产品或服务所需要的最佳原料，田口方法提供了一种确定产品或服务的最佳输入组合的标准化方法，可以通过实验设计来确定参数。田口通过概念设计、参数设计和容差设计三步法，提供了一种建立稳健性设计的新方法。田口方法包括六个步骤：1）问题识别；2）头脑风暴会议；3）实验设计；4）进行实验；5）分析结果；6）验证实验。

田口方法所提供的质量概念是以顾客为取向的，他以否定的方式来定义质量：质量是从装运之日起即送给社会的损失。他认为：1）质量是在最初即被设计到产品中的，而不是靠检验和审查出来的；2）质量是通过最大限度地减少对目标值的偏离而得到的最佳值，而不是对规格进一步验证的失败值；3）质量并非基于产品的外观特征或特性；4）质量成本可作为产品特征变化以及测算全系统损失的一种函数来加以测算。从确定的属性来表示的定义：质量是产品被装运之后可避免的社会金融损失。

田口玄一博士对质量的解释与欧美国家的理念大相径庭，他强调在设计一件产品时，要将其设计成损耗最低、相关的设计产品尽可能具有最适宜的价值。田口认为由生产返回设计，以稳健性设计控制产品生产和用户环境中的可变性。田口质量哲学概括为：1）在市场竞争的环境中，持续的质量改进和成本缩减是企业生存之必需；2）生产产品质量的一个最重要测量标准，即该产品对社会产业的全部损失；3）改变预生产实验的程序，从某一时刻一种因素的变化到多种因素的同时变化，从而使质量特征函数能够在产品和过程中建立起来；4）顾客因质量低劣造成的损失，是近似地与其特征函数偏离目标值或名义值的平方成正比的；5）一种产品或服务的特性变化能够依靠测试特征函数参数的非线性影响得到缩减。任何目标的偏离均导致劣质。

田口玄一博士的目标是通过确定可控因素及其环境，以最大限度地减小产品偏离目标值的变化，从而改进生产过程的产品设计。不仅要排除掉原因的坏结果，更要排除掉坏结果的原因，从而获得更优质的产品。

第4章　质量管理体系与产品保证工作系统

4.1　质量管理体系

4.1.1　质量管理体系概念

质量管理体系的定义：在质量方面指挥和控制组织、质量责任主体的管理体系。

体系、管理体系和质量管理体系处在三个不同的层次上，它们之间互有联系。

管理体系指的是“建立方针和目标并实现这些目标的体系”，而体系指的是“相互关联或相互作用的一组要素”，其中的要素指构成体系或系统的基本单元。因此，管理体系就是建立方针和目标并实现这些目标的相互关联或相互作用的一组要素。一个组织的管理体系有若干个，如质量管理体系、财务管理体系或环境管理体系等。

质量管理体系是组织若干管理体系中的一个。质量管理体系把影响质量的人员、技术、条件、规则、机制、文化和资源等因素都综合在一起，在质量方针的指引下，为实现质量目标而互相配合、协同运作。质量管理体系包括硬系统和软系统。组织在进行质量管理时，首先根据实现质量目标的需要，准备必要的条件（人员及制造、试验、检测设备设施等资源），然后，通过配置组织机构，分析确定需要实施的各项活动（过程），分配、协调、确认完成各项活动的职责和接口，通过制定规则和程序明确从事各项活动的流程和工作方法，使各项活动（过程）能有效、协调、经济地进行，这样组成的有机整体就是组织的质量管理体系。

4.1.2　质量管理体系主要特征

（1）系统性

构成体系的各要素在体系中都有自身的定位和作用，为了保证体系的有效运行，必须注重体系总体设计，构筑好体系总体架构和要素配置，确保要素协同、相互支持，发挥好体系的总体功能和系统管理作用。

（2）关联性

组成体系的要素，既具有独立性，又具有相关性，而且各要素和体系之间同样存在这种“相互关联或相互作用”的关系。过程控制特别是统计过程控制的任务之一就是识别、控制和利用“要素”之间的关联性或相互作用。如：在产品设计中采用“三次设计”（系统设计、参数设计、容差设计），充分利用有关参数之间的关联作用（统计上称“交互作用”），从而实现产品总体性能的优化。相反，如果对要素之间的关联性不加识别和控制，就有可能造成不良后果。又如：在设计更改中，如果只考虑更改部位的合理性，而不考虑更改对其他部件和整机的影响，这在客观上就有可能“制造”了一个质量隐患。

（3）有序性

所谓有序性，通俗地讲，就是将实现体系目标的全过程按照严格的逻辑关系程序化。通常我们不能保证执行体系目标的每个人在认识上完全一致，但必须使他们的行为做到井然有序。体系功能的有效性，不仅取决于要素（内在）的作用，在一定程度上也取决于有序化程度，而这种有序化程度又与组织的产品类别、过程复杂性和人员素质相关。

为了做到有序性，应编制充分的、适宜的程序，以规定一项活动的目的和范围，由谁来做，如何做，在什么时间、什么场合做等。

（4）动态性

所谓动态性，是指体系的状态和体系的结构在时间上的演化趋势。

一般而言，体系的结构是相对稳定的，而市场和顾客的需求则是相对变化的，前者体系结构必须服从于或适应顾客需求。为了保持体系的动态平衡，使体系能适应市场和顾客的不断变化的需求，就要求组织不仅应当理解顾客当前的需求以满足顾客的要求，而且应当理解顾客未来的需求并争取超越顾客的期望。

4.1.3　质量管理体系作用

（1）增进顾客和其他相关方满意

建立和实施质量管理体系要求组织分析顾客和其他相关方要求，规定为达到要求所必需的过程，以及使这些过程处于连续的受控状态，以便实现顾客可以接受的产品，增进顾客和其他相关方满意并使组织成功。

（2）提供持续改进的框架

质量管理体系能为组织持续改进其整体业绩提供一个框架，使持续改进能涉及体系的各要素，以增加顾客和其他相关方满意的机会，同时也能够提高组织自身的竞争力。

（3）提供信任

质量管理体系能提供内、外部质量保证，向组织（内部）和顾客以及其他相关方提供信任，使其确信组织有能力持续提供满足要求的产品。

4.1.4　质量管理体系要求与产品要求

质量管理体系要求是对质量管理体系固有特性提出的要求。质量管理体系的固有特性是：体系满足方针和目标的能力、体系的协调性、体系自我完善能力、体系的有效性等。质量管理体系的要求是通用的，适用于各种行业或部门，适用于各类产品，包括硬件、软件、服务和流程性材料。

产品要求是对产品的固有特性所提出的要求，有时也包括与产品有关过程的要求。产品的固有特性主要是指产品性能、寿命、可靠性、可维性、安全性等方面的有关要求。产品要求是特定要求，适用于特定产品。一般来说，产品要求的载体是该产品的技术规范、产品标准、过程标准或相应的合同、协议及法律法规等。

质量管理体系要求本身不规定产品要求，但它是对产品要求的补充。对每一个组织来说，产品要求与质量管理体系要求缺一不可，不能互相取代，只能相辅相成。

4.1.5　领导作用和承诺

最高管理者指组织的最高行政领导，具有决策、指挥、控制、授权和提供资源的职责和权力，其中最重要的任务就是设计、创造并保持一种环境，使质量管理体系得以有效、充分、适宜运行，全体员工应充分参与，发挥他们的主动性、积极性和创造性。

最高管理者应在以下方面发挥好领导作用并承诺：

1）对质量管理体系的有效性负责；

2）确保制定质量管理体系的质量方针和质量目标，并与组织环境相适应，与战略方向相一致；

3）确保质量管理体系要求融入组织的业务过程；

4）促进使用过程方法和基于风险的思维；

5）确保质量管理体系所需的资源是可获得的；

6）沟通有效的质量管理和符合质量管理体系要求的重要性；

7）确保质量管理体系实现其预期结果；

8）促使人员积极参与，指导和支持他们为质量管理体系的有效性做出贡献；

9）推动改进；

10）支持其他相关管理者在其职责范围内发挥好领导作用；

11）确保组织内质量部门独立行使职权；

12）对最终产品和服务质量负责；

13）确保顾客能够及时获得产品和服务质量问题的信息；

14）建立诚信管理制度，确保组织的质量诚信。

在质量管理体系建设中，应思考、学习、借鉴华为质量建设的七个反对：

1）反对完美主义。关注质量成本，力戒不切企业实际。

2）反对烦琐哲学。坚持目标导向、问题导向、结果导向。

3）反对唯创新而创新，反对盲目、不切实际的创新。力避空想、盲想、乱想，不落地。

4）反对没有全局效益提升的局部优化。当作系统工程，秉承总体观、大局观、系统观。

5）反对没有全局观的干部主导变革。规避个人主义、别出心裁、异想天开。

6）反对没有业务实践经验的人参与变革。变革应靠谱、要可靠。

7）反对没有充分论证的流程进入实用。坚持系统、规范、正确、适用，切忌不接地气，管理过度（严苛）比没有管理更可怕。

组织质量体系建设既要系统、规范、充分，还要适宜、有效，匹配组织实际情况，也要同步营造适宜的质量文化，提升全员质量素养，健全质量规章制度和程序文件、作业文件执行机制，提高组织质量管理成熟度水平。

4.2　型号产品保证工作系统

为确保型号研制质量，确保研制及管理有章可循、规范运作，必须建立完善的型号产品保证工作系统，明确组织机构、职责、资源、过程和要求。

4.2.1　组织机构和职责

型号产品保证工作系统由型号指挥系统、型号设计师系统、工艺师系统、产品保证专家组和产品保证专业支撑机构等组成。其中：

(1) 型号指挥系统

型号指挥系统由型号总指挥、副总指挥、各承制单位型号指挥、各级计划调度和质量管理人员等组成，其职责如下：

1）制定产品保证文件，提出产品保证工作项目；

2）对实现型号产品保证目标负责；

3）型号产品保证工作策划；

4）将产品保证工作纳入型号研制计划并组织实施；

5）负责保证型号产品保证工作所需的资源；

6）负责产品保证管理；

7）产品保证工作监督、检查；

8）组织产品保证技术支持活动；

9）组织产品保证培训；

10）就型号产品保证工作对外联络。

(2) 型号设计师系统

型号设计师系统由型号总师、副总师、设计师、工艺师等组成，其职责如下：

1）负责产品保证技术工作策划；

2）在产品设计工作中，贯彻落实产品保证各项技术要求，对设计质量负责；

3）负责按照产品保证要求开展分析、试验、验证、评价等工作；

4）负责产品技术状态控制；

5）对所承担的技术工作质量负责。

(3) 工艺师系统

工艺师系统由总工艺师、副总工艺师、主任工艺师、副主任工艺师、主管工艺师等各级工艺师组成，其职责如下：

1）负责材料、机械零件和工艺保证工作策划；

2）负责产品设计工艺性的审查和评价；

3）在工艺设计中，贯彻落实产品保证的各项技术要求，对工艺专业设计质量负责；

4）负责对设计选用的关键材料、机械零件和工艺进行分析、评价和确认。

（4）产品保证专家组

产品保证专家组由顾问组、可靠性专家组、元器件专家组、工艺专家组、软件专家组、电磁兼容性专家组、计量与测试专家组等组成，其职责如下：

1）负责产品保证专业技术发展和基础能力建设的研究，研究编制产品保证专业技术的规划、规范、指南及教材等；

2）参与型号专项技术评审；

3）参与型号故障排查和归零等技术支持活动；

4）参与产品保证专业技术交流，开展相关学术研究与交流；

5）参与产品保证技术培训。

（5）产品保证专业技术支撑机构

产品保证专业支撑机构（以下简称机构）是指从事产品保证理论、技术、方法、平台的研究与推广，对产品保证工作起到技术支撑作用的专业机构，主要包括元器件可靠性中心、环境可靠性试验中心、电磁兼容检测中心、软件评测中心、计量测试研究中心，可靠性系统工程总体技术支撑机构、弹上设备可靠性系统工程技术支撑机构和地面装备可靠性系统工程技术支撑机构等。

4.2.2　产品保证主要活动和要求

（1）产品保证策划

产品保证策划主要包括：制定型号产品保证系列大纲及其管理规定、制定型号产品保证工作计划、制定型号产品保证工作方案等内容。

①制定型号产品保证系列大纲及其管理规定

以型号产品保证通用系列大纲为基础，结合各型号的具体特点和要求，编制型号产品保证系列大纲，结合型号各阶段的主要工作任务和要求，明确型号各阶段产品保证工作项目、工作内容和管理规定，经总包单位评审通过后，由型号两总批准发布实施；承制单位分解、落实型号产品保证系列大纲的要求，结合本单位质量管理体系要求和产品特点，制定相应的型号产品保证实施细则，经上一级承制单位认可后发布实施。

②制定型号产品保证工作计划

按照型号产品保证系列大纲的要求和管理规定，制定型号产品保证工作实施计划，明确型号在产品实现过程中各阶段的产品保证工作要点、总计划、阶段计划和年度计划。

（2）产品保证培训

对型号设计人员、工艺人员、管理人员、技能人员开展型号产品保证教育、培训、考核等活动。

各承制单位对型号人员按照岗位设置及要求组织开展教育和培训，确保型号技术人员、管理人员和技能人员具备岗位产品保证应知、应会、应备。产品保证培训内容主要包括：

1）应知：岗位产品保证应知的法律、法规、规章制度、规范、标准等；

2）应会：岗位产品保证应会的技术、方法、工具等；

3）应备：岗位产品保证应具的技能、才能等。

（3）落实产品保证工作

型号设计师系统、工艺师系统、管理者在型号各阶段，按照型号产品保证要求、产品保证工作内容和时间节点落实产品保证各项工作。

（4）实施产品保证评审

依据合同、任务书、型号范围、型号基准、型号产品保证策划、型号产品保证大纲、型号产品保证工作计划等，按照型号系统架构、层次和组成，对型号实施产品保证评审，对型号产品保证工作的完整性、产品保证工作的质量、产品保证工作的及时性进行审核，给出型号产品保证工作符合性结论，并指出存在的问题及后续改进建议和工作计划。

（5）组织产品保证技术支持

产品保证技术支持是指型号指挥系统、技术系统组织产品保证专家对型号产品保证工作提供技术咨询、技术指导、技术评价，主要内容为：

1）型号技术评审、技术评估；

2）型号研制和生产过程 FMECA；

3）型号质量问题归零；

4）产品保证培训。

（6）产品保证例会

组织召开产品保证例会包括产品保证报告编制和产品保证例会组织两项工作。

①产品保证报告

各承制单位应按要求总结型号产品保证工作，形成产品保证报告，并自下而上逐级报上一级承制单位。产品保证报告的内容应包括：

1）产品保证计划项目完成情况，未完成的计划项目应说明其原因；

2）产品保证文件执行情况和效果；

3）质量问题归零情况；

4）产品保证审核不符合项及其纠正措施落实情况；

5）计划项目调整建议和下一阶段产品保证工作安排；

6）需说明的其他有关事项。

②召开产品保证例会

根据工作需要召开产品保证例会，及时总结、协调、调整和布置产品保证工作及专家支持活动。产品保证工作例会的内容应包括：

1）报告型号产品保证报告，分析前期产品保证工作存在的问题及其改进建议；

2）审查质量问题的归零工作、技术状态变更情况、关键过程控制情况、产品验收情况；

3）协调解决问题，调整产品保证工作和专家支持活动计划，明确下一阶段的产品保证工作重点。

形成例会纪要，各承制单位应按照纪要要求落实各项产品保证工作。

产品保证例会可单独召开，也可结合型号调度会、型号两总会（包括型号两总例会和型号两总扩大会）、型号工作会等对产品保证工作进行总结、协调和布置。

（7）产品保证审核、监督检查

产品保证审核工作应由型号指挥系统制定审核计划，各级承制单位应定期开展产品保证审核，对产品保证要求的贯彻实施情况及实施效果进行审核，发现不符合项应及时采取纠正措施。审核采取全面审核和专项审核相结合方式，以专项审核为主，在每个研制阶段应至少覆盖一次型号产品保证系列大纲的要求。产品保证审核按总体、承制单位和分承制单位分级开展，各承制单位还应开展对关键产品外协单位、外购单位的定期审核和专项审核。除对单位实施产品保证审核外，还应对型号系统、分系统、单元以及型号相关人员落实产品保证情况实施审核。

产品保证监督检查工作由各承制单位按产品保证计划和型号研制具体情况对自身和分承制单位产品保证执行情况进行自查，型号指挥系统按照年度产品保证计划和型号研制具体情况对各承制单位产品保证计划执行情况进行监督检查，并形成检查报告。各承制单位按照检查报告提出的要求进行落实整改。

4.2.3　文件

产品保证文件包含“型号产品保证通用系列大纲和型号产品保证通用系列大纲实施指南”与“产品保证活动管理和技术规范”等两个层次的文件，用于规范型号产品保证策划、培训、实施、评审、技术支持和审核等各项工作。通常包括质量保证、可靠性保证、维修性保证、测试性保证、保障性保证、电磁兼容性保证、安全性保证、环境适应性保证、元器件保证、软件产品保证、计量保证和材料、机械零件和工艺保证等内容的分大纲及实施指南。产品保证活动管理和技术规范是在质量保证、可靠性保证、维修性保证、测试性保证、保障性保证、电磁兼容性保证、安全性保证、环境适应性保证、元器件保证、软件产品保证、计量保证和材料、机械零件和工艺保证中实施工作项目遵循的标准和规范。

型号总体单位应编制型号质量与可靠性保证大纲，并按项目分解结构对分系统、整机、配套产品等单位逐级提出质量与可靠性保证要求，各级要根据上一级的要求编制质量与可靠性保证大纲。型号质量与可靠性保证大纲应全面描述型号的质量与可靠性要求，详细规定各研制阶段应开展的质量与可靠性工作项目，明确质量与可靠性保证队伍及负责人的职责，以及与职能部门的关系。大纲不仅要规定型号研制各阶段质量与可靠性工作项目，而且要规定如何实施这些工作项目，及各阶段工作项目完成的标志，要明确各评审点的评审要求，不符合评审要求的，不得通过评审，没通过评审的，不得转入下一研制阶段。

各承制单位应在型号研制伊始就根据研制任务书或合同中规定的战技指标、通用质量特性要求、型号产品保证要求等以及进度、经费等约束条件和 GJB 1406、GJB 450、GJB

368A、GJB 3872、GJB 900 及有关行业标准要求，论证型号产品保证方案，进行产品保证策划，制定型号产品保证大纲。型号产品保证工作应与产品管理、工程技术活动相协调。型号总指挥、承制单位行政领导应重视产品保证工作，将产品保证作为型号研制工作的重要组成部分，纳入型号计划，保障资源，有力实施。

4.3　型号产品保证系统与单位质量管理体系的关系

型号产品保证系统与单位质量管理体系对于确保型号研制质量，是互为补充、缺一不可的。一方面，单位质量管理体系是型号产品保证系统的基础。目前，军工产品承制单位都已按 GJB 9001C—2017《质量管理体系要求》国家军用标准建立了质量管理体系，其范围一般包括该单位研制、生产的多种产品和这些产品所涉及的过程。型号产品保证系统的对象是某一个型号产品，涉及型号研制、生产的全过程，跨多个单位；各型号参与单位可能只涉及型号产品形成过程的某些阶段和过程。可见，一个型号往往涉及许多单位，只有涉及型号的各个单位的质量管理体系都有效运行，才能保证整个型号的质量管理系统有效运行。另一方面，型号产品保证是对质量管理体系要求的具体补充。不管一个单位涉及多少个型号，该单位的质量管理体系只有一个。但是，由于不同的型号要求差异可能很大，一个单位的质量管理体系不可能包括该单位所有型号对该单位的所有要求。因此，各型号参与单位应根据本型号产品保证系统的要求，在本单位质量管理体系的基础上编制本单位该型号的质量与可靠性保证大纲，并合理分配资源，只有这样，才能保证各型号任务和工作在本单位顺利实施。

第 5 章　航天质量文化

中国航天历经几代航天人的接续奋斗，中国航天事业取得了世人瞩目的伟大辉煌成就，走出了一条自力更生、艰苦奋斗、自主创新的发展道路，孕育了深厚博大的航天精神。中国航天的成就、道路、精神、文化、力量充分展示、体现了伟大的中国成就、中国道路、中国精神、中国文化、中国力量。

中国航天精神是中国航天人在推进航天事业的伟大实践中凝结的伟大精神，是中华民族优秀传统文化与中国航天事业实践相结合的产物，是中华民族精神谱系的重要组成部分，是伟大民族精神的传承，与建党精神、红船精神、井冈山精神、长征精神、延安精神等一样，都是中国人民的宝贵精神财富，是社会主义核心价值观的丰富滋养。中国航天精神是中国伟大民族精神和航天实践相结合的产物，一代代航天人拼搏进取、接续奋斗，在航天事业实践中孕育、形成、升华了航天精神，具有鲜明的民族性、实践性、创新性，反映了不同时期航天人的精神风貌，是爱国主义、集体主义、社会主义精神和科学精神的鲜活体现，以其深厚的历史底蕴融入了中华民族的精神长河，是中华民族的宝贵精神财富。

中国航天精神、中国航天文化对中国航天事业的创立、发展发挥了巨大作用，它培养和造就了一代又一代忠诚于祖国航天事业并富有奉献精神的航天人，形成了一套适应航天事业发展的组织体系、规章制度、运行机制、发展平台，研发了一代又一代高水平航天产品，不仅为富国强军做出了卓越贡献，而且为中华民族的文明发展增光添彩。

中国航天在艰难困苦中坚持自力更生，在转折变化中坚持自主创新，在持续成长中坚持勇攀高峰，在创新发展中坚持跨越升级。使命航天是航天文化的灵魂，价值航天是航天文化的主题，品质航天是航天文化的核心，创新航天是航天文化的特质。

在航天传统精神、“两弹一星”精神、载人航天精神的基础上，形成了以“国家利益高于一切”为核心价值观的航天文化。中国航天质量文化不仅是航天文化的核心，而且是航天文化的重要组成部分，更是形成、支撑航天文化、航天精神的基石。几代中国航天人的质量实践推进了中国航天文化、航天精神的形成、传承和发展。中国航天文化是中国航天创造力的体现，也是中国航天人品质的体现。

5.1　航天质量文化概念、范围和体系结构

航天质量文化是存在于航天组织、为航天人所遵循、共享的与质量相关的理念、价值观、道德观、意识、准则、态度、知识、能力、习俗和行为方式状态等的总和，是航天人在航天质量实践中所创造的全部物质财富与精神财富的总和。

航天质量文化范围是体现航天质量文化理念、价值观的所有要素。航天质量文化体系

结构是航天文化构成要素的整体结构层次关系。

根据航天质量文化内容的可视性，把航天质量文化分成不同的层次。参照文化大师霍夫斯泰德（Hofstede，1991）的“实践”与“价值观”两个层次，航天质量文化体系结构模型由不可见层和可见层两层体系结构构成（见图5-1）。不可见层是指航天组织及其成员所持有的航天质量理念、价值观集合，亦即精神要素；可见层是指由航天质量理念、价值观产生的航天质量行为及其结果集合，亦即非精神要素。航天质量文化由显性部分（可视部分）和隐性部分（不可视部分）构成，往往隐性部分比显性部分要大得多，平时观察到的航天质量文化表象只是冰山一角。

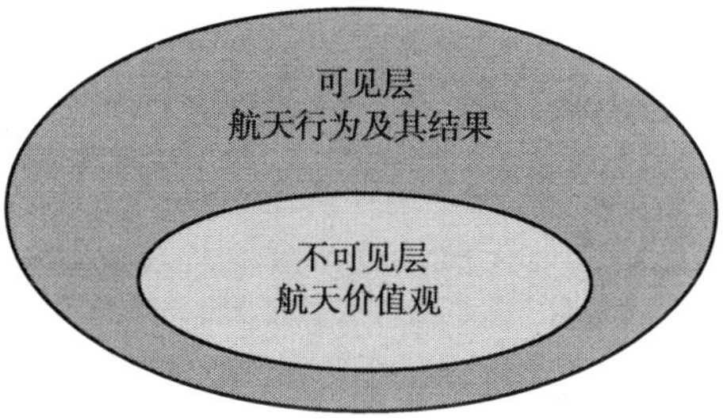

图5-1　航天质量文化的两层模型

从不可见层到可见层的过渡还可以分为许多层次。参照文化学者沙因（Schein，1992）的人造器物、价值观以及基本假设三个层次模型，文化学者奥托（Ott，1989）的人造器物、行为模式、价值观与信念、基本假设四个层次模型，比较典型的航天质量文化模型有两种。第一种是将航天质量文化分为基本假设层、价值观层、行为规范层和人造器物层四个层次（见图5-2）；第二种是将航天质量文化分为精神层、行为层和物质层三个层次（见图5-3）。

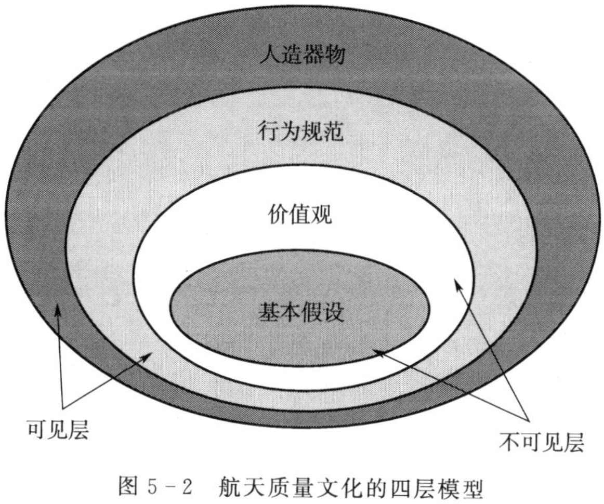

图5-2　航天质量文化的四层模型

纵观、集合航天发展历程、航天质量文化形成与衍化过程，将航天质量文化体系结构定义为价值观层、行为规范层和载体层三个层次（见图5-4），价值观层是指航天质量基

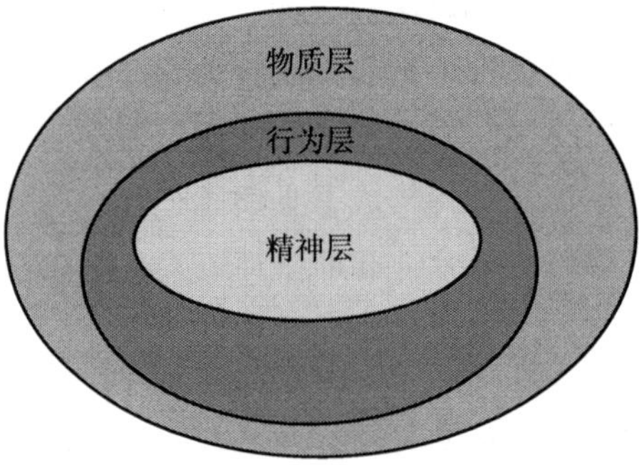

图 5-3　航天质量文化的三层模型

本理念、根本价值取向等；行为规范层是指以航天质量法规、规章、制度、标准、规范等形式约束航天组织和航天人的航天质量行为规范，亦包括以非制度形式存在的约定俗成的航天质量行为规范；载体层是指由航天质量行为规范产生的航天特征、航天产品和可感知的航天现象和标志，它们以外在形式把航天与其他组织、行业区分开来。航天质量文化的价值观层决定了质量行为规范层和载体层，相对稳定，不易改变和模仿；行为规范层和载体层是价值观层的外在体现，价值观层直接影响行为规范层，并通过行为规范层影响载体层，行为规范层和载体层是价值观层得以实现的途径和手段。

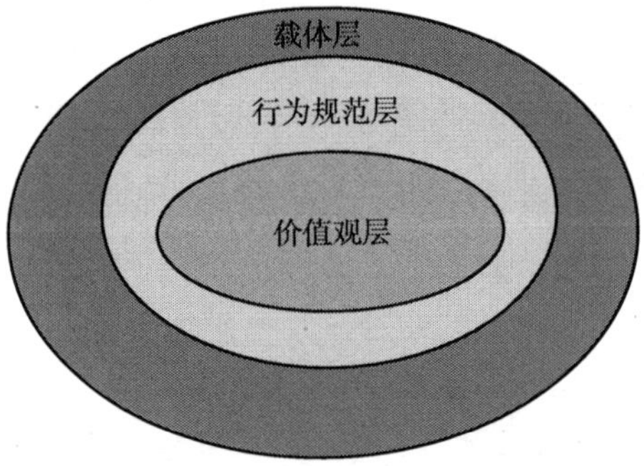

图 5-4　航天质量文化的三层模型

5.2　航天质量文化内涵

中国航天质量文化体现着几代中央领导集体对航天人的教诲和期望，融合了几代航天人成功的经验和失败的教训，是航天传统精神、"两弹一星"精神、载人航天精神在质量方面的体现，是航天事业宝贵的精神财富和巨大的无形资产。在航天传统精神、"两弹一星"精神、载人航天精神的基础上，支撑形成了以"国家利益高于一切"为核心价值观的航天文化。

5.2.1　价值观层

航天质量价值观反映了航天组织及其成员对于质量的价值认同和质量的价值定位，是组织的根本价值取向和基本理念，是组织管理者通过组织的质量活动证实其对质量方针承诺的体现，也是员工质量行为的内在动力。航天质量价值观是航天质量文化的核心内容、主体和最高境界，是质量文化建设的终极目标，是质量文化的灵魂，是质量文化的精髓部分，是质量文化各层中最为稳定、最具决定性的一层。包括：质量理念、质量意识、质量精神、质量伦理、质量态度、质量价值观、质量道德观、质量经营哲学、质量指导思想、质量方针、质量目标、质量信念等，诸如“和谐，有序”“奉献，理解”“以人为本，依法制研”“特别能吃苦，特别能战斗，特别能攻关，特别能奉献”等。

质量价值观：质量是政治、是生命、是责任、是财富。

质量是政治：国家利益高于一切，祖国需要放在首位。航天产品的质量事关国家地位和形象，事关国家安全，事关国家经济建设、科学发展和社会进步。特别是国防武器装备、载人航天等重大专项工程，对于提高中华民族的凝聚力和展示中国的综合实力至关重要，受到全世界、党中央和全国人民的高度关注。对于航天科技工作者，质量问题不仅仅是技术和管理问题，首先是政治问题，讲质量就是讲政治，提供符合顾客要求的产品就是高度政治责任感和历史使命感的体现。

质量是生命：质量是航天的生命，航天产品的质量关系到国家的利益和人民的安危；关系到战争的胜负和官兵的生命；关系到组织的生存与发展。

质量是责任：富国强军是中国航天的历史使命，为国家筑牢安全基石是航天组织必须承担的政治责任。提供满足需求的高质量产品，是航天企业应尽的社会责任。

质量是财富：航天产品的优质高效为企业赢得可观的经济效益，也为社会创造巨大的财富。科学的质量管理、高素质的员工队伍、优质的产品和诚信的品牌是企业核心竞争力，更是企业的宝贵财富。

航天质量指导思想、座右铭：严肃认真，周到细致，稳妥可靠，万无一失。

质量道德观：人诚品优，正己正人；做人做产品，产品如人品；产品折射人品，品质成就品牌；诚信为本，优质为荣，劣质为耻；航天产品必为精品；产品可靠，顾客满意；质量在我手中，责任在我心中。

质量理念：第一次就把事情做对、做好；第一次、次次正确地做事，做正确的事，把正确的事做正确。

“零缺陷”思想：零缺陷即符合要求；预防为主；工作标准是零缺陷；以不符合要求的代价度量质量。零缺陷理念：“三求”，追求第一次就把事情做对、做好，力求全面优质、万无一失，要求各项任务圆满完成；“三确保”，确保各个环节符合要求，确保各件产品优质可靠，确保各项操作准确无误。中国航天大力推行零缺陷系统工程管理，把克劳士比零缺陷思想、质量与可靠性技术、产品保证技术、航天系统工程等有机融合，既有原始创新，又有集成创新，还有引进消化吸收再创新。航天零缺陷系统工程管理以追求零缺陷为理念，以系统工程管理为特征，以系统预防为重点，以过程控制为方法，以用户满意为标准。主要内容：以人为本的航天质量文化，追求卓越的质量管理体系，强化基础的产品保证能力和系统优化的产品实现过程控制。

航天质量经营哲学：规范、务实、创新、可靠。

航天质量方针：体系为基，预防为主，追求卓越，用户满意；系统管理，一次成功，持续改进，顾客满意。

5.2.2　行为规范层

航天质量行为规范层是以质量法规、规章、制度、标准、规范（质量技术规范、质量管理规范、质量工作规范）、行为准则、质量管理体系文件等形式约束的质量行为规范体系等，也包括以非制度形式存在的约定俗成的质量行为规范。

工作作风：严慎细实。

"严"即严谨的作风、严密的策划、严明的纪律、严格的要求、严肃的处理；"慎"即审慎、谨慎；"细"即关注细节，精细管理。在细致、细心、细节、细微上下功夫；"实"即作风务实、责任落实、基础夯实、信息真实。关注实际、实干、实效、实绩。

行为准则：照章办事，一次做对。

质量问题技术和管理"双归零"：

· 技术归零：定位准确，机理清楚，问题复现，措施有效，举一反三。

· 管理归零：过程清楚，责任明确，措施落实，严肃处理，完善规章。

质量隐患防范准则：

· 质量隐患技术防范准则：吃透技术，明晰状态，全面借鉴，充分验证，风险可控。

· 质量隐患管理防范准则：严细管理，落实职责，照章办事，督查有效，保障到位。

5.2.3　载体层

载体层是指由行为规范产生的产品和服务外在表征和可感知的质量现象和标志，以外在形式把一个组织与其他组织相互区分开来，包括质量工作环境、产品实现技术与方法、设施设备能力、资产的数量、质量与结构、科学与技术水平、人力资源能力与水平等。

5.3　航天质量文化特征和功能

航天质量文化特征广泛，其主要特征体现在：

1）系统性。质量文化建设是一个系统工程，是一门科学和专业。因此，质量文化建设应从不同层次、不同要素、不同角度、不同组织、不同项目、不同相关方等加以建设、培植和发展，以期具有系统、适宜的质量文化素养。

2）独特性。航天质量文化是航天行业、航天组织与其他行业、组织的质量文化区别所在，航天项目的独创性、一次性等特征又体现了航天项目质量文化的个性差异，航天质量文化不可简单复制。航天质量文化建设要实事求是，独具特色，禀赋创新，不可盲目模仿、照搬、人云亦云。

3）复杂性。航天组织、航天项目群体行为、个体行为的非均匀性、下意识性、染化性，航天质量文化价值观层的抽象性与模糊性，以及航天质量文化体系的立体、交叉结构决定了航天质量文化建设的艰巨性、长期性。

4）包容性。航天质量文化是航天组织、项目等质量文化的集合。航天质量文化是航天行业、组织内多类文化集合的“纲”，航天的其他文化与质量文化有着包容与被包容的关系，体现在航天行业、组织质量文化对其他组织、行业质量文化的认同、消化、吸收、继承、借鉴和改进提高上。

5）综合性。质量文化是企业文化、经营哲学、管理风格、伦理道德和传统习俗等因素的综合产物，对这些因素的整合使其发挥集成作用并形成一个有机整体，正是质量文化的综合特征所在。

从质量文化的维度特征上看，质量文化具有公共性/私人性、变革性/继承性、开放性/封闭性等主维度特征（见图 5－5）和民族性、区域性、政治性等次维度特征（见图 5－6）。质量文化主维度具有双向性，质量文化模式（单一维度或组合维度）的变形和形成具有长期性和艰巨性；质量文化次维度具有单向性，具有社会属性，并且随着世界经济一体化、知识管理成熟度提高，质量文化次维度将逐步退化。

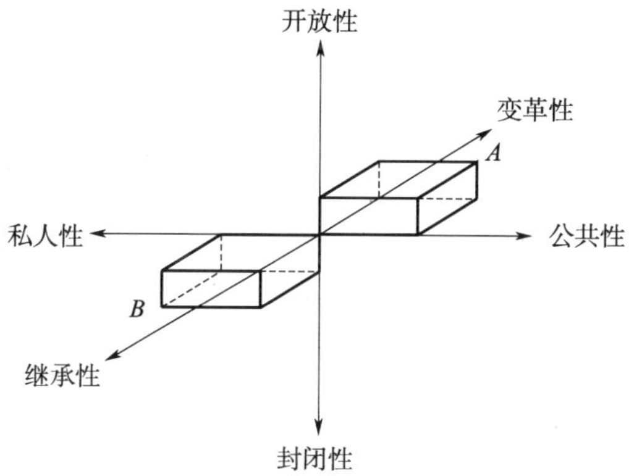

图 5－5　质量文化主维度坐标系

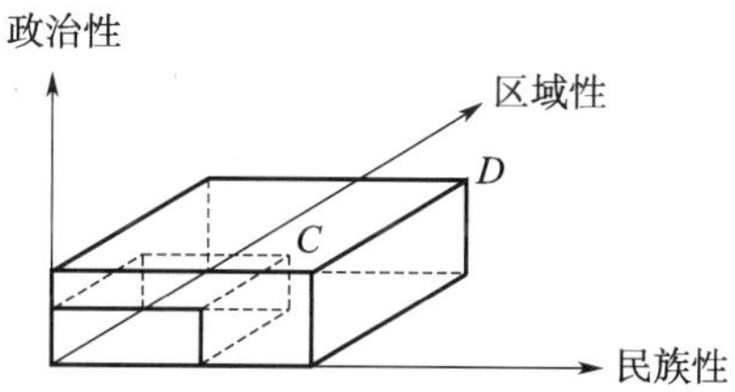

图 5－6　质量文化次维度坐标系

质量文化的维度分析提供了一个考察质量文化演变过程及机制的新的视角，基于维度分析，可以确定在特定范畴上的质量文化是如何从某个既定的模式逐渐演变为另一个不同的模式的，质量文化模式的任何变化都意味着质量文化结构化层面的持续改进或深刻变革和质量文化强度总体上的改变。鉴于落实规范发展、正确发展、科学发展、创新发展、安全发展、以人为本的需要，整体上航天质量文化会从低公共性模式演变成高公共性模式。需要关注的是，质量文化的演变过程通常是非均衡的，它可能发生在个别维度上，也可能发生在所有维度上。质量文化演变的后果也不总是积极的。随着竞争压力的加大、变化的加剧，质量文化可能进入某个快速变革的时期，这时的质量文化具有强烈的变革性，而且一旦危机、挑战过去，质量文化将进入一个停滞期，表现出很高的继承性。一般来说，质量文化模式的演变通常是由与主维度相关的结构化特征的改进或变革引起的。质量文化的建设、交流与移植并非易事，在质量文化现象的背后隐藏着深刻的不能被移植的内容，质量文化的精神层面、价值观等事实上是很难被移植的。中国航天质量文化建设当前既面临质量文化的深化建设问题，也面临质量文化的变革和优化问题。

航天质量文化功能丰富，应充分发挥：

1）导向功能。质量文化是组织、项目的质量精神和一面旗帜，共同的质量价值观、质量行为规范会指引航天组织、航天项目团队和成员的行动方向，成为航天组织、航天项目团队和成员的一种追求和不懈努力。

2）凝聚功能。质量文化明确了质量的工作方针、原则和策略，使大家服从共同的利益，从而凝聚人心，形成合力、向心力。

3）约束功能。违背质量文化的行为会被视为背叛，会受到质量制度的制约及质量伦理和道德规范的谴责，质量的理念、信念对组织、项目中的所有人员都具有约束和规范作用。

4）激励功能。先进的质量文化和内在的质量精神会增强组织、项目成员对其的认同、依存和忠诚，成为一种精神力量，激励组织、项目团队和成员发挥积极性、主动性和创造性，向着更高的质量目标努力。

5）辐射功能。质量文化受社会文化、组织文化、项目文化的影响，同时反作用于社会、组织、项目，优秀的质量文化不仅可以优化组织、项目，同时对行业和社会也是有益的。

5.4 航天质量文化的培育和建设

航天质量文化具有独特的特征和规律。航天质量文化是历史积淀的文化，航天质量文化是航天文化和质量文化竞相融合的结晶，自航天事业诞生起就存在，几代航天人接续奋斗，走出了一条自力更生、艰苦奋斗、自主创新的发展道路，形成了影响深远、代代传承的优良传统、文化理念和价值观；航天质量文化是与时俱进的文化，伴随着航天事业成长在发展，紧跟着航天事业需求在完善，自身在不断吐故纳新，努力汲取先进元素，成为新时期先进文化的代表；航天质量文化是共识的文化，长期航天事业实践构建的航天价值体系，形成了航天人、航天利益相关方、全社会等共同的价值取向、行为规范等精神财富；航天质量文化是集成的文化，航天质量文化是航天文化、质量文化、中华传统文化、国防科技文化、人民军队文化等的综合集成，既自成体系，又源远流长，还相互支撑、互相融合、彼此协同。

2003 年中国航天科技集团公司、中国航天科工集团公司颁发《质量文化手册》（2009 年航天科工改版、2012 年航天科技改版），系统总结航天质量文化，昭示新时期航天质量文化建设指引。2006 年，航天二院重视并积极推进质量文化建设，制定并发布了《中国航天二院质量文化建设纲要》《中国航天二院质量文化手册》《组织质量文化评价准则及实施指南》等指导性文件。图 5－7 和图 5－8 为航天先进质量文化培育框架模型、航天先进质量文化推进整体模式。

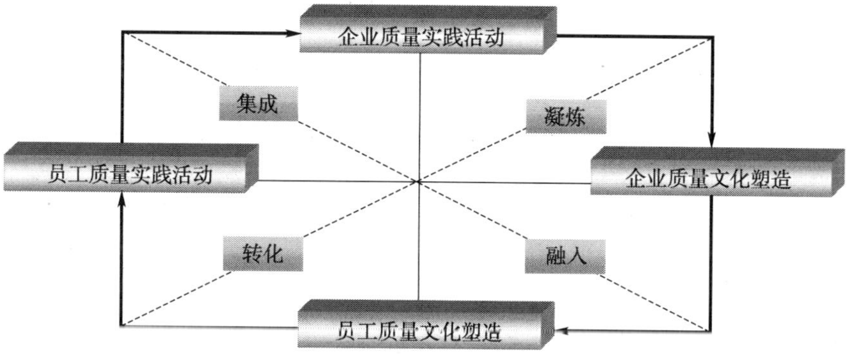

图 5－7　航天先进质量文化培育框架模型

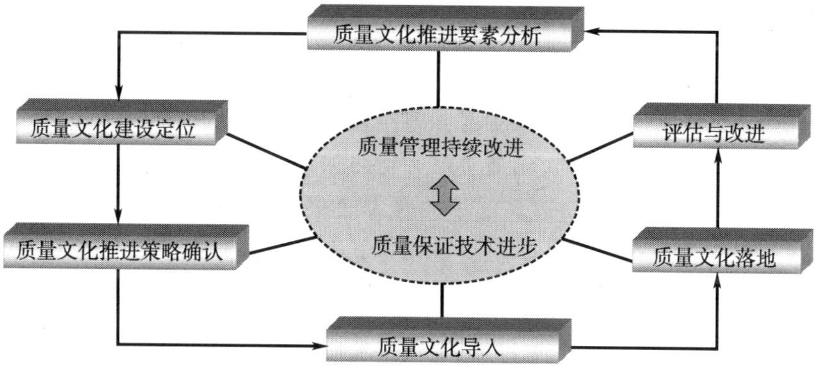

图 5－8　航天先进质量文化推进整体模式

航天质量文化建设要摒弃特殊化，实现个体要素文化与组织群体文化的统一、协同；要坚持建设化，实现自发、自觉与组织推进的统一；要同质化，实现个性与共性的统一；力戒短期化，达到渐进、连续、潜移默化。

航天质量文化建设一定要突出人本与能本；彰显创新与变革；强调风险防范意识、宽容、行动意识和执行力；强化差别与差距；坚持协作与共享；倡导学习（教）与超越；主张内功与借力；坚守质量信用，使信用成为一种品格和习惯。

5.4.1 发挥领导的保证作用

美国质量管理专家菲根堡姆指出：公司领导是质量成功的关键，有力的质量管理的领导对形成质量文化十分重要。戴明认为：引起效率低下和不良质量的原因在于公司的管理系统而不在员工。朱兰指出：管理可以控制80%的质量缺陷。保持质量诚信，遵守质量承诺，确保质量符合要求并成功，建设质量文化，唯有组织高层领导、项目高层领导的高度重视和有效保证才能奏效。组织、项目各级领导以身作则、率先垂范、严格要求、有力支持以及高尚的人格力量，对质量文化的形成十分重要，组织、项目高层管理人员要具有战略眼光，率先成为质量文化的忠实体现者和执行者。

5.4.2 尊重员工，以人为本

质量文化建设实质是人的建设。充分发挥好团队和员工积极性、主动性、创造性，尊重人、关心人、爱护人，充分注重员工需求、行为及情感，使每个人成为自己所在岗位的质量责任落实主体，组织、高层领导、组织成员要把组织所有顾客（内、外部顾客）视为合作伙伴和服务对象（而不是达标的阶梯和工具），自觉地把自己的行为与产品质量、项目质量、个人的发展、组织的命运联系在一起，在落实质量方针、完成任务、实现质量目标中共同进步和发展，真正体现并坚持以人为本（尊重生命、尊重人格尊严、开发人的价值、实现人的全面发展）。创造一种机制，对员工讲人本、讲投入、讲回报，关注质量成本、质量代价。

5.4.3 提升组织、项目、团队和人员整体质量素养

组织、项目、团队和人员整体质量素养的提升是确保组织成功、项目成功、产品质量符合要求的基础，更是创建优秀、先进质量文化的保证。人、机、料、法、环等各个环节均需要整体改进和不断提高，创造有益于质量符合要求的良好氛围。需要强调的是，各级、各层次的全员终身质量教育、学习、培训方能推动质量意识形成和素养保证，使全员满足岗位质量必备的应知、应会、应备要求，提高质量工作的自觉性、适宜性、有效性。人的质量素养决定工作质量，工作质量决定产品和服务质量，高素质的员工队伍是组织发展和兴旺、产品卓越的关键因素。

5.4.4 完善规章，健全机制

制度规范行为，机制保证活力。良好的规章制度是确保组织及其成员受控的保证，能规范员工的工作行为。组织一定要系统策划、科学建章，建立一套质量工作技术规范、管理规范、工作规范，并纳入质量管理体系中，且不断动态完善，确保其充分性、适宜性和有效性。同时要加大对规章制度执行的监督检查，对有法不依、执法不严要实施正确的管理导向，完善约束和激励制度，健全评价和激励机制。

5.4.5 迎接挑战，文化创新

走在新时代，面对高质量发展的新要求，要适应航天队伍（结构层次）变化的挑战，适应建设航天强国的新使命新要求的挑战，迎接全球化大背景下理念和价值观的全新挑战，适应高科技信息化时代新业态发展需求。航天质量文化建设必须强化思想创新、强化管理创新、强化品牌形象创新、强化科技创新。航天文化是与时俱进的文化，伴随着航天事业成长和航天事业发展需求，自身必须不断吐故纳新，努力汲取先进元素，成为新时期先进文化的代表，建好特色、先进、优秀质量文化。

5.5 航天精神、航天质量文化使然航天成功

5.5.1 把成功作为信仰

中国航天历经几代中国航天人的接续奋斗，塑造了以航天传统精神、“两弹一星”精神、载人航天精神三大精神为典范精神，以“国家利益高于一切”为核心价值观，以“使命航天、价值航天、品质航天、创新航天”为主旨的航天文化，取得了世人瞩目的伟大辉煌成就，走出了一条自力更生、艰苦奋斗、自主创新的发展道路。

航天文化、航天精神具有跨越时空的强大力量，使命为先、以国为重的爱国情怀，自力更生、艰苦奋斗的政治本色，勇攀高峰、勇于创新的信念追求，严慎细实、求真务实的工作作风，成为支撑航天事业不断发展的巨大动力。

航天质量文化是航天文化的核心，航天成功是航天事业的宗旨。航天任务一次成功是要求、是目标，次次成功是卓越的表现，亦是质量文化的实施成效体现。航天质量目标是一次成功、次次成功，航天质量管理目标是要“确保飞行试验/任务成功”。1965年，周恩来总理针对两弹（导弹、原子弹）结合试验提出的“严肃认真、周到细致、稳妥可靠、万无一失”，就是要求国防装备试验必须“一次成功”，这是航天零缺陷思想的源头和鼻祖。

“成功是一种信仰”是航天人要达到的一种崇高境界。“成功不必在我”体现了航天人的伟大格局和无我情怀。“成功一定有我，有我一定成功”展现了航天人的使命担当。

航天人把成功作为信仰，是建立在坚定的信念、优化的设计、充分的验证之上的，是基于对航天事业内在规律的把握，其中的精髓就是科学的质量思想。

中国航天人创造“一次成功矩阵式质量保证模式”，根基“零缺陷”思想，秉承“一次成功”质量管理理念、信念，致力“规范科学，协同高效，务实创新，卓越可靠”目标，践行以“一次成功”为使命的系列质量管理技术、方法，构建“单位质量管理体系为横向、型号产品保证为纵向、型号产品为连接点和落实点”的质量保证矩阵，把正确地做事、做正确的事、把事做正确与质量价值观、质量战略、质量实践高度契合，确保型号一次成功、次次成功。

航天质量文化的形成和发展，有其独特的传承脉络和精神格局，人民军队传统、科学

精神、求实态度构筑了航天质量文化的根和魂。

航天人人民军队基因突出表现在人民军队的性质、宗旨和优良传统在航天事业发展中的传承、弘扬和发展。突出体现是：听党指挥、舍生忘我、纪律严明、一往无前、所向披靡、民之所依、国之所托。召之即来、来之能战、战之能胜。特别能吃苦、特别能战斗、特别能攻关、特别能奉献。

航天人科学基因突出表现在追求真理、捍卫真理，不断地认识航天事物的本质，把握航天事物的规律。在航天实践中，科学精神的突出体现是：1）求真求是的朴素作风和理性精神。航天人倡行尊重科学、重视技术的理性精神，实事求是、尊重规律的严谨态度，吃透技术、吃透状态、吃透规律成为其毕生的孜孜追求，航天人始终实事求是、理性质疑、反复探索，勠力揭示航天奥秘，实现航天梦想。2）追求创新的科学品质。科学精神的核心是创新求是。科学的本质就是创新的实践和实践的创新。需要锐意进取的意识，需要敢为天下先的勇气，需要披坚执锐、知难而进、百折不挠的无畏精神。永不僵化、永不懈怠、永不停滞、永不落伍。

航天人务实基因突出表现在“实”是航天工作的出发点和落脚点。航天能发展、壮大，务实是基础，实事求是、严慎细实是航天人一贯的作风和品格。突出体现是：航天人做人诚实，体现一片对党、对祖国、对人民、对事业、对工作、对产品的赤胆忠心。航天人工作务实，做事踏实，产品实现过程真实，信息真实，踏石留印、抓铁有痕，做事落到实处。航天人作风务实、责任落实、基础夯实、成果扎实，切实际、重实效、讲实干、看实绩。

航天人的初心和使命就是：为了谁——党和国家、人民；干什么——发展航天；怎么干好——甘入苦海，夙夜在公，以身许国。

中国航天人承载着人民军队、科学、务实的基因，具有伟大的理想、信仰、信念，秉承科学的世界观、价值观、人生观。体现在：1）航天梦强国梦：航天人政治抱负的终极向往；2）为国争光：航天人坚定信念的价值内涵；3）无私奉献：航天人崇高的道德境界。

中国航天人形成了独特的精神禀赋，体现在：1）勇于担当，不负使命，彰显忠诚爱国的政治品格。2）奋发图强，自力更生，彰显敢为人先的创新精神。3）严谨务实，精益求精，彰显极端负责的工作作风。4）大力协同，同舟共济，彰显高度自觉的大局意识。5）勇于奉献，不计得失，彰显无怨无悔的奉献精神。坚定的理想信念是航天精神之魂，决定着航天人的基本价值取向；高昂的爱国热情是航天精神之基，奠定了航天人的崇高家国情怀；强烈的责任担当是航天精神之义，铸就了航天人的不屈奋斗品质；良好的精神风貌是航天精神之镜，展现了航天人的无限风采。

航天人学哲学、用哲学、爱哲学，养成了具有自身特色的哲学理念，称之为“航天思想”。体现在：1）科学求实的工作作风。2）自力更生的主动精神。3）勇于攀登的进取意识。4）独具特色的技术民主。

中国航天，梦之摇篮；航天精神，魂之所系。探索浩瀚宇宙，发展航天事业，建设航天强国，是我们不懈追求的航天梦，是航天人的终极向往，也是最大的政治。

中国航天之所以能够成功，得益于钱学森倡导并大力在航天推进、首用的系统工程理论、技术和方法。中国航天系统运用钱学森“从定性到定量的综合集成方法”，通过航天型号系统工程创新与实践，形成了既符合大型复杂系统工程项目开发规律，又适应中国实际的系统工程技术和方法。创建总体研究院、总体设计部，设置以型号总指挥、总设计师为统领的型号“两总系统”，设立科学技术委员会，建立专业所（院）、总装厂、技术基础研究机构等成为航天制胜法宝。

5.5.2　奉质量为信仰，坚持学做合一、知行合一、说干合一

质量文化建设是一基础性、长期性、艰巨性的复杂任务和系统工程，必须功夫在内、功夫在心，质量文化建设中须力戒：

1）没做到“学做合一”。不认真学，马马虎虎，粗枝大叶，蜻蜓点水，敷衍了事；正式地走过场，学的不满足岗位要求，形式主义；不认真做，浮于表面，浅尝辄止，应付了事，不问做事正确与否、不管做事结果如何；做的与学的两回事，学做不一，官僚主义，行政官僚化，技术也官僚化。

2）没做到“知行合一”。认知高于行为，想得多，理念追求先进，思维混乱，不落地，不接地气，经常动摇，缺乏定力；行为强于结果，做的不少，忙忙碌碌，比想的还要多，乱折腾、瞎折腾；结果不好，做不到位，偏离预期，总不如意，老不成功，老汲取教训；努力、重复地把错误的事情做正确，没吃透（规律、技术、管理）就去做，没想好（求轰动效应）就去干，做了很多无用功，荒了自己地，也没耕好/乱耕别人田，久而久之懈怠。

3）没做到“说干合一”。说归说，干归干；说一套，干一套，说东干西；干的和说的不一样，走样，没诚信；说得多，干得少，吹牛；说了也不干，阳奉阴违；缺“以身作则”风范，以上率下、领导作用发挥不充分。

质量文化建设没做到位，归根结底是组织、领导、员工没想做、没下决心做、没真做，切忌自以为是（正确、先进、领先），最怕真没做到位（不符合要求），自诩做到了。每个人不要对组织、对他人要求高、关注多，对自己要求低、反思少，期望回报大于付出。

领导、员工必须从思想、内心（初心）深处重视质量，奉质量为信仰，把质量当作生命（单位，个人，顾客，国家，民族），真把质量作为心中第一，践行零缺陷思想。保证产品质量：根在人、本在文化。每个人都想、都愿意兢兢业业地第一次就把份内事做对做好，每个人都诚实、务实、踏实、扎实地做正确的事、正确地做事，把事做正确，每个人不要总仰望星空、常长地构架思维，把激情、热情、能力、水平投入到积极、先进、靠谱的质量文化建设和产品实现中。

5.5.3　质量文化建设哲学

长期努力、精心培育先进的、优秀的、有特色的质量文化，将其与组织的技术系统、

管理系统等有机组合，创造独具客户价值的组织执行力——核心竞争力，并使其难以模仿、与众不同，必将形成组织核心竞争能力并成为组织发展、项目成功、质量优异的动力之源。

文化是追溯、缔造人的根深蒂固的思想、观念、意识、行为和习惯的最根本方法，如果一个人、一个项目、一个组织不从思想上、信念上、意识上解决问题，工作就永远到不了位。因为，我们不可能所有事都去监督，也不可能所有的事都百分之百去检查，质量符合要求、质量成功需要人的精神、意识、态度、自觉和主动。所以说，要时时刻刻抓人的思想观念和思想意识，即抓文化。只有文化到位了，人们的意识到位了，才能够从根本上解决质量执行和质量控制问题。

中国航天需要创造、保持并优化具有中国航天特色的质量工作体系，更需创建、弘扬和光大具有中国航天特色的质量文化，两者必须并驾齐驱。中国一些企业多年的质量实践和持续改进尚不能使其走向卓越，究其关键是质量改进未能与文化变革同步并持续进行、质量主体职责未能真正落实到位。中国航天的质量管理成熟度或者说管理成熟度仍需不断提升，这是通往卓越、建设世界一流企业、实现航天梦的关键。质量的定义是符合要求，而不应是“好与坏”“高与低”，不应存在一种程度上、比例上的符合；系统预防产生质量，检验、评估和纠正能够应对不合格，并不能产生质量；质量的工作标准是零缺陷，而不是“可接受的质量水平”和“差不多”就好就行；衡量质量要以“不符合要求的代价”为标准。由此可见，质量是文化、政策和行为的结果，而不仅仅是技术活动。创建优秀质量文化的关键是思想、态度和习惯的改变和优化。质量（体系）本身并没有什么大的问题、高深莫测的谜团和不可攀登的学问，而是人们在思考、学习、策划、实现、改进时不得要领迷失了方向，或是被五花八门的“形式”和“说辞”搞得模糊不清了。以往人们往往是抱持着寻找“灵丹妙药”的心态，被动地从琳琅满目的质量管理工具、方法和手段中找到一些用于自己的质量管理。今天是TQM，明天是ISO，后天是6σ。结果是浅尝辄止，头痛医头，脚痛医脚，按下葫芦起来瓢，“两张皮”现象多，根本解决问题少。质量管理一定要从“问题管理”走向“规范管理”，直至到达“规范管理”和“文化管理”的有效、有机融合。

在一个组织里，如果大力表彰“救火式”的英雄人物，就不会有人甘做默默无闻的“预防式”的英雄，整个组织必定会陷入救火与危机管理之中。组织要走出质量困境的出路之一，就是预防在先、无火可救。创建质量文化的目的之一是无火可救，让关注质量成为一种习惯，让讲究质量成为一种工作和生活方式。质量就是一种态度，是你对待它的态度，你怎么待它，它就会怎么对你。质量文化的实质，就是要用质量哲学、质量精神统领员工的意识，从而让他们对客户、对质量产生激情与乐趣，在工作中分享质量的意义和价值。质量管理，重在管理质量。质量即诚信，让每一个员工、让整个组织都能说到做到，第一次就做到、次次都做到。

质量管理首先要抓法治，无法可依，有法不依，执法不严，违法不纠，质量管理就无从谈起。但是，法治只能治于行，可以要求人们把事情作对，难以引导人们把事情做好。

因此，在法治基础上必须辅以德治，它是规章制度的有效补充，其影响力能够超过强制约束。组织制度管理与文化管理需要永远并存，相互促进、相得益彰。文化管理是高境界，制度再周延也有达不到的地方，制度要求一致性，文化有引导性。制度管理强调理性化、规范化、标准化，文化管理强调的是非理性化，重视内在精神价值的开发、集体感受和各种非正式规则的作用。规章再周全再细，也不能把质量工作中的一切都定尽。规章制度是死的，质量思想意识、质量态度、责任心、主动性、忠诚度是活的，死东西管不住活东西。质量管理以人为本，法治治于行，德治治于心。德法并举，质量必会得以保证，组织、项目方能成功、出色。质量文化建设是质量管理的必由之路和境界。

20世纪50年代，质量工作并没有完备的质量工作系统，更没有形成充分的、适宜的质量管理体系，也没有今天这么多的规章制度，还没有成熟的东西可借鉴，更没有现在的设计条件和良好的保障条件，而我国在很短时间内能成功地研制出"两弹一星"，当时在质量上也没有出现很多问题。那时的人靠的是什么，靠的是一种严慎细实、自强不息的意识和责任，靠的是一种自力更生、艰苦奋斗的精神，这就是一种深刻的航天文化内涵。质量工作要从随意性、经验性、盲从性、多变性走向科学性、规律性、准确性、持续性。从挂在嘴上、要求别人、就事论事、基础不牢走向立好法、完善法、落实法、建平台。全员首先关注自己的工作质量、产品质量，同时支持、监督他人工作质量、产品质量，创造和谐、稳定、持续的质量环境。

对待质量需要认真，不能仅仅把质量当作一种口号和装饰，更不能把质量视为他人的事。要想真正获得质量，需要的是一种诚信，一种对客户的庄重承诺，一种对个人、组织和社会的义不容辞的责任。组织若实现质量，需要组织具有卓越绩效；产品若保持质量，需要产品符合要求；人若赢得质量，需要具有一流"品质"。

墨菲法则（Murphy's Law）告诉我们：如果你不想把某事做对，那么它一定会错。只有认真地确认需求、明确地理解要求、彻底地掌控过程、不折不扣地符合要求、绝不把缺陷留给他人，方能获得质量和成功。

好多人、好多组织对待质量要么说起来很重要，干起来不落实；要么似"雾里看花"，朦朦胧胧，视而不见；要么似"路边的野花"，虽好看，可身世多不佳就粗暴待之。其实质量无神、质量无忧、质量无惑，而且质量免费、质量无泪、质量不流泪、质量不相信眼泪，同时质量无敌、质量无价。各级以八项质量管理原则作为业绩改进的准则，在实际工作中切实做到：1）对外正确处理与顾客和供方两个方面的关系；2）对内发挥领导作用，实现全员充分参与；3）在思想方法和工作方法上遵循三种方法：过程方法、管理的系统方法、基于事实的决策方法；4）在组织、个人自我完善和不断改进方面强调持续改进和提升。在质量体系运行过程中，以顾客为关注焦点和出发点，以最高管理者为核心，以发挥员工的积极性和处理好相关方的关系为基点，灵活运用控制论中的过程方法、系统方法、基于事实的决策方法等三种方法，以持续改进为动力，以达到或超越顾客期望和提高组织效益为最终目的。那么组织会走向卓越，产品、服务质量会得到保证。

倘若我们的组织能够做到：1）忠实履行质量承诺，充分体现质量诚信。组织、项目团队、成员在日常工作中就习惯于说到做到，第一次就把事情做对做好，次次都做对做好；2）组织遵约完成任务，完成项目范围、质量范围，实现质量目标；绩效稳定并持续增长；3）可预期并满足或超越顾客、利益相关者的需求；4）组织变化、项目变化、质量变化是有计划的和可管理的；5）组织、项目成员为在组织、项目中工作感到自豪；6）不改变（促进、优化）组织文化，不影响组织其他工作的进行。那么，组织则可信赖，组织、项目必会保持永续成功，这些亦将成为组织、项目“品质”的标志。和谐、协同至关重要。一个和谐的组织不仅要求组织领导及其团队、成员和谐，还要要求组织中组织目标、项目目标、质量目标和谐，更要要求组织环境、项目环境（硬环境、软环境）和谐。组织领导应创造并保持一种环境，使置身于其中的人们能一道高效、协同工作，共同完成使命，实现目标；组织中技术（技能）人员首先必须应该作对作好技术（技能）工作，同时关心、支持、落实管理工作；组织管理人员首先应该作对作好管理工作，同时理解、掌握、支持、保证技术（技能）工作；组织成员应该作到到位、补位、不越位，帮忙不添乱，宽容不纵容，通过自己出色的工作使自己的顾客、利益相关者满意。

我们应力戒：努力地把错误的事情做正确和重复地把错误的事情做正确；对自己和对他人（组织）双重标准（宽己严他）。我们应该：不断补充知识、丰富实践、提升能力和加大对质量的关注。实现：第一次、次次正确地做事、做正确的事、把正确的事做正确，长期保持优秀（良）效果及效率（可信性）。

质量思想家、质量宗师、零缺陷质量之父菲利普·克劳士比（Philip B. Crosby）说过：“质量是免费的。虽然它并不是赠品，可是它的确是不花钱的。要花钱的是‘非质量’的东西——也就是那些因一开始没把工作做对，而必须采取的所有补救措施。”“管理的产品就是可信赖的组织。这是管理者生命中的基本意愿……组织可以通过文化变革而变成可信赖的，没有其他方式。有用的和可信赖的组织就是竞争力和利润。那正是我们想要的。”

质量工作极其重要、效益很大，是一笔财富，要求很高、难以作好，一般人不易深入质量实现过程并胜任角色。质量绩效卓越业已成为管理者和技术人员的孜孜追求。从管理出发，质量是目的，质量是“管理的产品”；从技术出发，质量是实现目标的一种手段，质量是“管理产品”的方法。卓越表现需要“大质量观”的形成和行为，质量是组织的骨骼，财务是组织的营养，关系（与上级、顾客、供方、员工、股东等利益相关方有用的和可信赖的关系）是组织的灵魂。质量是组织基础水平、综合能力的体现和综合管理的结果，绝非仅靠、能靠质量部门和专职质量工作者所能为。质量代表着组织的卓越表现，让关注质量成为一种习惯，让讲究质量成为一种工作和生活方式。让质量相关方一道创造质量、管理质量、保持质量、享受质量。让质量责任主体保持诚信、兑现承诺、负起责任，质量一定无惑，质量就不流泪，质量会更无价。

我们应把质量放在组织应有的位置上，对任何事情总是强调“第一”往往得不到保证，也不会真正成为“第一”，可以强调“第一”，不如真正摆正、把准质量位置；质量主体不能错位，质量主体责任要到位，每一个人都是自己岗位的质量职责落实的“一把手”；质量主体的质量职责到位的有效措施是把质量主体的发展（晋升、晋级、绩效考评等）和其质量绩效紧密挂钩；质量也不是愈“好”愈“好”，质量符合要求即可，“高”和“低”都不是顾客的期望，因为质量愈“好”即付出的成本会越高。质量要关注和讲究成本，必须保证必要的质量预防成本和鉴定成本等符合性成本，以保证形成满意的质量；必须把质量内部故障成本和外部故障成本等非符合性成本降低到最低，以减少质量损失。

质量保证致力于提供质量要求会得到满足的信任。质量工作需要坚持科学的质量发展观，遵循质量工作规律，创新质量管理模式，完善质量工作方法，营造质量工作长效机制，提升质量基础能力和质量保证能力，创造质量财富。质量工作需要统筹兼顾，标本兼治，常抓不懈，持续改进。质量保证须在以下方面着力落实并符合要求：1）主体到位。2）技术支撑。3）条件保证。4）教育和文化建设先行。5）健全法规。6）监督、评价和激励机制落实。7）质量治理体系和治理能力现代化。实现文化兴质、以人保质、科技强质、以物促质、依法治质、机制健质。

组织质量文化是组织生命的遗传基因，决定组织生命。组织质量文化建设的必要投入是一种投资，难以用价值衡量，不能急功近利，它会增加组织有价值的无形资产，减少违背规章制度的质量成本，提高核心竞争力。文化使然造就一流项目和组织，文化是一种能力，是一种近乎于自然的能力，强大而易被人忽视。一个组织和项目能不能持续发展，不仅取决于其文化能力，还取决于其发展的文化意愿。文化能力是在其发展的愿望推动下形成的。文化决定寿命，质量文化建设解决质量工作长远发展问题；制度规范行为，规章体系建设解决质量行为约束问题；机制保证活力，机制建设解决质量规章执行力问题。规章制度让想犯错误的人不容易犯错误，机制让人远离错误，文化让有机会犯错误的人不愿意犯错误。

第 2 篇　型号质量工作

第6章　型号质量管理

6.1　型号质量管理概论

型号质量管理过程包括保证型号符合规定的要求所需的所有活动，即包括制定质量方针和质量目标、落实质量责任以及实施质量策划、质量控制、质量保证和质量改进等程序、作业的所有过程。

航天型号项目研制是一项十分庞大而复杂的系统工程，型号研制探索性强，未知因素多，技术风险大，立足并追求“一次成功”，质量管理依赖于型号文化、型号管理能力和型号治理模式。航天型号项目任务复杂，设计与制造并行，有时制造与保障并行，技术状态多、变化控制难，质量管理难度大。航天型号项目任务实施剖面多、产品工作环境复杂，对产品质量、可靠性、维修性、保障性、测试性、安全性和环境适应性要求高，通用质量特性实现和专用产品保证尤为重要。

坚持“军工产品质量第一”一直是我国国防科技工业的质量方针，“严肃认真、周到细致、稳妥可靠、万无一失”一直是我国国防科技工业质量工作指导思想。进入新时代，习近平主席站在国家安全的高度，准确把握世界新军事变革大势，提出了一系列质量工作新思想新论断，丰富、拓展、创新了装备建设质量观。我们要认真学习、领会、贯彻习近平主席指示精神，坚持质量至上，把质量问题摆在关系官兵生命、关系战争胜负、关系国家安全、关系民族复兴的高度来认识，要牢固树立“质量就是生命、质量就是胜算”的理念，秉承“质量是政治、质量是生命、质量是责任、质量是财富”的价值观，把作战需求和高质量要求贯穿到武器装备科研生产全过程，把质量建设贯穿到先进国防科技工业体系建设各个环节，把“能打仗，打胜仗”作为武器装备研制的总目标。

现代武器装备系统巨复杂，科技含量高，自主创新性强，研制周期紧，投资大，不确定性多，风险大。高科技装备只有具备高质量、高可靠性，才能使其性能得到充分发挥，这给型号质量工作带来了全新的挑战，型号质量管理必须强化专业性、适宜性、充分性、指导性、监督性、针对性、协同性、创新性，以适应复杂装备项目管理和质量保证的需要。组织和型号要积极推行面向产品的精细化质量管理，采用先进的质量管理技术、方法、工具和手段，提升质量管理能力、质量管理成熟度；坚持持续改进，不断提高质量管理水平。

满足质量要求、提供质量要求会得到满足的信任、增强满足质量要求的能力是航天型号项目质量管理核心。保证必要的型号质量预防成本和鉴定成本等符合性质量成本，以保证满意的质量；把型号质量内部故障成本和外部故障成本等非符合性质量成本降低，以减少质量损失，是型号项目质量工作始终要遵循的原则。

坚持产品具有良好的效能和较低的寿命周期费用（即最佳效费比）是型号质量价值观的体现和顾客的期望，型号项目一次成功、次次成功、关键重大过程一次成功是实现武器装备性能优良、最佳效费比的根本保证。因此，型号质量管理必须遵循“预防为主、系统管理、源头抓起、过程控制”原则，坚持零缺陷系统工程管理，把以人为本的航天质量文化建设、追求卓越的质量管理体系建设、强化基础的产品保证能力建设和系统优化的产品实现过程控制充分融合，强化系统预防、源头控制、过程控制、夯实基础，以用户为关注焦点，以用户满意为标准，以符合要求为宗旨，坚持零缺陷的工作质量，第一次就把型号工作做对做好，确保一次成功。

型号产品实现坚持以系统工程的方法，认真做好产品实现策划、质量策划及与质量相关的策划，按规、正确实施产品实现过程质量保证活动，采取有力的质量控制措施和方法，对产品生产和服务提供全过程实施有效控制，确保产品质量满足规定的要求；航天型号项目应关注型号质量工作系统与单位质量体系的有机融合和充分互动；型号项目须强化型号产品实现的多方案比对和方案设计优化，强化、高度关注并大力提升产品设计质量；应大力强化产品工艺设计优化、产品可制造性、产品制造成熟度；型号产品需落实精细化质量管控。做到凡有操作，必须有检验和记录。凡有测试，必须有判读和比对。凡有验证，必须与产品实际环境一致。凡有检验、判读、验证，必须有量化标准和标志性结果。凡产品指标、质量基准，必须能检验、测试、验证，做到质量正向确认、产品实现全过程可追溯。强化产品数据采集、分析、挖掘，实施型号产品成功数据包络分析，对不在成功包络范围内的数据（尤其是异常数据、有变化趋势的数据、临界数据等）应再分析、再验证，确保产品特性可保证；型号必须落实基于模型的系统工程，设计对象、制造对象、验证对象、监测对象、管理对象模型化并融为一体，实施符合规则、平台保证、过程约束的设计、制造实现过程。

6.2 型号质量问题“归零”

6.2.1 质量问题归零追溯

“质量问题归零”是中国航天人在经历借鉴摸索、曲折反复、失利失败、总结提炼、创新发展等过程，按照实践－总结－创新－再实践的发展途径，形成的一套科学、完整的质量管理方法体系。“质量问题归零”是中国航天管理历史上的一次重大突破和重大创新。

“归零”概念的提出始于航天产品的制造过程，最早可追溯到1990年。1990年7月，航空航天部在上海5073厂召开学习MD－82飞机质量管理经验研讨会，会议总结出“五条”质量管理经验，其中一条是“归零”工作，指的是TO（Tool Order，工程工装指令）、FO（Fabricate Order，加工工艺指令）、AO（Assemble Order，装配工艺指令）闭环归零，即抓好TO、FO、AO闭环归零工作。首先是TO的归零，即工具、工装要保证，否则不能发出生产指令；第二是FO的归零，即如何加工、用什么工具加工、要达到什么质量标准，都要严格规定，经过核实没有问题才可以生产；第三是AO的归零，要求在装配前没有任何问题的情况下，才能够开装。

1991 年，中国运载火箭技术研究院（简称研究院）在总装车间，对长征三号三子级第 9 发总装产品开展了麦道质量管理经验的试点工作，并同步对总装过程进行归零管理。这样，“归零”概念首次引入了研究院。随着归零工作的深入开展，归零带来的产品质量提升、工作效率改进日益凸显。由此，“归零”从首先在航天型号生产领域展开，向航天型号设计领域并行开展。

在落实“归零”工作要求的同时，研究院结合型号科研生产工作实际，对“归零”内涵和要求进行了拓展和扩充，并进行了创新性实践。1992 年，针对长征二号 E 火箭发生的质量问题。研究院在“归零”工作中提出了“举一反三”“采取针对性措施”及“分阶段实施归零”等要求。在长征三号火箭全面质量复查要求中也明确提出对质量问题开展“归零”工作的要求。1993 年，在长征二号丙火箭研制质量管理要求中，明确提出按照论证、方案、初样、试样 4 个阶段实施质量问题归零管理。1995 年，研究院印发了《研究院型号研制质量问题归零要求》，“归零”概念、程序及要求在此期间逐渐深化、完善，形成了较为规范的制度化要求。

随着型号质量问题“归零”工作在航天型号科研生产过程的深入实施，“归零”对航天型号质量保证的强力支撑和技术提升的持续推动作用日渐显现。1995 年 8 月，在全面总结航天系统归零工作经验和成果的基础上，航天工业总公司下发了《关于印发中国航天工业总公司〈质量问题归零管理办法〉的通知》（天质〔1995〕0611 号），第一次明确地提出“质量问题归零”的概念，要求通过失效分析、分析计算、故障复现试验等方法查明问题原因，查到准确的失效部位，弄清失效机理；分清问题性质和责任，分清是人为责任还是非人为责任；针对问题原因采取切实可行的处理办法、措施，并进行充分的验证试验，以证明其有效、可行，对一时难以查清确切原因的问题，需采取有针对性的综合治理办法、措施，防止问题重复发生；已确定采取的办法、措施要切实落实到图样、技术文件、工艺文件及规章制度上。上述几点要求是质量问题“归零五条”的最初模型。

1996 年 4 月，航天工业总公司下发了《关于进一步做好质量归零监督检查工作的通知》（天质〔1996〕0324 号），概括性地提出了“定位要准确，机理要清楚，故障要复现，问题的性质和责任要清查，措施要可行、有效，举一反三”等内容，勾画出了质量问题“归零五条”的基本内容。

1996 年 10 月 24—25 日，航天工业总公司在廊坊召开“圆满完成‘两箭两星’任务暨 1997 年卫星发射计划动员会”，刘纪原总经理在讲话中要求广大航天科研人员树立严谨科学的工作作风，检查的标准是要确保所有质量问题真正归零，符合“定位准确、机理清楚、问题复现、措施有效、举一反三、杜绝重复故障发生”的要求，这是第一次系统、明确地提出质量问题“归零五条”。在此，航天质量管理从技术角度创造性地、明确地提出了“技术归零”五条要求。

1997 年 10 月，航天工业总公司编制下发了《质量问题归零五条标准宣传手册》，栾恩杰副总经理在序言中就归零工作管理问题提出了管理归零五条标准，至此航天质量问题

“双五条”归零方法全面呈世。

质量问题技术归零五条标准切实发挥了把关作用，归零过程同时发现相当多的质量问题是由于管理不到位造成的，有章不循、无章可循、责任不清、责任不落实等管理原因导致了质量问题的产生。1997 年 10 月，在“技术归零五条”的基础上，中国航天工业总公司下发了《关于认真做好质量问题在管理上的归零工作的通知》（天质〔1997〕0743 号），提出了“管理归零五条”，至此，中国航天质量问题技术、管理“双五条归零”管理制度和方法正式建立。

为此，总公司在总结推行质量问题技术归零工作经验的基础上，于 1997 年 10 月下发了《关于认真做好质量问题在管理上归零工作的通知》。《通知》明确提出：对科研生产和大型飞行任务中出现的质量问题，执行管理上归零的五条标准（过程清楚，责任明确，措施落实，严肃处理，完善规章），即“管理归零”。至此，航天质量管理系统、全面地提出了技术、管理“双归零、双五条”要求。

1997 年 3 月 8 日，航天工业总公司颁发《关于印发中国航天工业总公司强化航天科研生产管理的若干意见》（天质〔1997〕025 号，业内简称“72”条）。1997 年 4 月 9 日，航天工业总公司颁发《关于印发强化质量管理的若干要求的通知》（天质〔1997〕247 号，业内简称“28”条）（合称航天 100 条），这些与航天质量问题归零标准“双五条”一道（又称航天“110 条”），成为中国航天质量工作的指导意见和规范，推动了航天质量工作提能力、上台阶、升水平。至此质量问题双归零方法得到了全面完善和实施。

2002 年，中国航天发布《航天产品质量问题归零实施要求》（Q/QJA 10—2002）航天行业标准。2003 年中国航天发布《航天产品质量问题归零实施指南》（QJ 3183—2003）航天行业标准；2012 年，国家发布《航天产品质量问题归零实施要求》（GB/T 29076—2012）国家标准；2015 年，国际标准化组织发布《航天系统-质量问题归零管理》（ISO 18238，Space Systems - Closed Loop Problem Solving Management）国际标准，这是中国首次将具有中国航天特色的最佳航天质量成功实践和管理成果推向国际。

6.2.2 质量问题“双归零”

质量问题归零是指对产品实现过程中发现的质量问题，从技术上、管理上分析产生的原因、机理，并采取纠正措施、预防措施，以避免问题重复发生。质量问题双归零是同时对质量问题实施技术归零、管理归零。

（1）质量问题技术归零

①定位准确

根据实际情况，对在产品研制生产和使用过程中发生的所有质量问题，要准确确定发生问题的准确部位。

②机理清楚

质量问题定位后，要通过理论分析、试验验证等各种手段，确定质量问题发生的根本原因。

③问题复现

通过地面仿真试验或其他验证方法，复现问题发生的现象，验证定位的准确性和机理分析的正确性。

④措施有效

制定有针对性的、具体可行的纠正措施及实施计划，并且措施要经过评审和验证，确保质量问题得到解决。

⑤举一反三

把发生的质量问题的信息反馈给本单位、本系统、本型号和其他单位、其他系统、其他型号，检查有无可能发生类似模式或机理的问题，并采取预防措施，从而防止同类问题再发生。

（2）质量问题管理归零

①过程清楚

查明质量问题发生和发展的全过程，从中找出管理上的薄弱环节或漏洞。

②责任明确

根据职责分清造成质量问题的责任单位和责任人，并从主观和客观、直接和间接等方面区分责任的主次、大小。

③措施落实

针对管理上的薄弱环节或漏洞，制定并落实有效的纠正措施和预防措施。

④严肃处理

对由管理原因造成的质量问题须严肃对待，从中吸取教训，达到教育人员和改进管理工作的目的。对重复性质量问题、人为责任质量问题、低层次质量问题的责任单位和责任人，以及弄虚作假、隐瞒不报的有关责任人，根据情节和后果，按照责任和影响大小，按规定给予行政和（或）经济处罚。

⑤完善规章

针对管理上的薄弱环节或漏洞，完善质量管理体系和规章制度并加以落实，从制度上防止质量问题重复发生。

（3）质量问题“双归零”关注

对于技术归零：定位准确是前提，机理清楚是关键，问题复现是手段，措施有效是核心，举一反三是延伸。

对于管理归零：过程清楚是前提，责任明确是基础，措施落实是实质，严肃处理是警戒，完善规章是目的。

质量归零中要高度关注三类质量问题归零：

1）低层次质量问题。在当时科技水平和条件下，可以认知、检测、控制和杜绝的问题，因质量意识不高、责任心不强导致的质量问题。

2）人为责任质量问题。有章不循、违章操作等人为因素造成的质量问题。

3）重复性质量问题。同一种产品在同样或等效的工作环境中出现两次或两次以上的质量问题，且基本机理相同；本单位已发生过的质量问题或已通报过的其他型号（或单位）发生的质量问题，在本单位或本型号再次发生的质量问题。要从管理上、体系上找到、找准、找好问题的原因，坚决采取有力纠正和防范措施。

质量问题归零中要高度关注质量有前科、技术状态有变化、测试覆盖不到、单点失效等多因素致因问题的归零，采取质量交集分析方法，以有效控制、防范产品质量风险。

质量问题归零要高度关注共性（共性因素或类似因素致因）质量问题的归零，辨识、分析、评估属于同类产品、同类单位、同类原因、同类过程、同类阶段、同类型号、同类属性、同类特征等哪类状况，做到：系统策划、充分识别、精准评估、有效应对、及时监控、举一反三、闭环管理、综合治理。

归零中要高度关注归零存在的问题并力避：

1）漠视存在的质量问题，无所谓、消极对待。

2）转（偷）换概念，以所谓设计缺陷等问题规避归零。

3）处理质量问题得过且过，为了归零“制造原因”，解决问题不彻底，做不到“严慎细实”、刨根问底、水落石出，“救火”不严谨、不有效。

4）对质量问题是否会重复发生抱侥幸心理，以小概率事件、偶然等为挡箭牌。

5）眼睛向外，想尽办法证明自己没问题。

6）不正视问题的存在，不下决心改进，不承认自己的错误，否认设计存在差错等设计质量问题，自以为是，自认为水平很高。

7）归零报告编写不认真，关键处（点）敷衍了事、一笔带过，看不出其所以然。

8）评审走过场，形式主义，不按标准审查；邀请的审查专家不具代表性、权威性、系统性，专家成为“老好人”，发现不了问题、发现问题也不质疑、回避问题、提不出建设性意见；评审结论太原则，用到哪里都正确，千篇一律，起不到警示、启示作用，达不到期望效果。

9）归零举一反三不彻底，形不成财富，达不到震撼效果、警示作用，“防火”不到位。

10）归零措施落实不到位，跟踪不及时、检查不够，做不到“吃一堑，长一智”。

11）做不到一次做对、做好，工作标准达不到“零缺陷”。

质量问题归零型号、单位、各级各类责任主体在完成归零之后，还应深刻反思和拷问自己：问题为什么会发生，问题是否还会再发生，此问题是否会导致其他问题，这个问题背后是否隐藏了其他的潜在问题，怎样避免这些问题。

通过质量问题归零，促进单位、型号及其团队吃透技术，弥补质量体系缺省链，培养团队和员工严慎细实作风，提高技术和管理水平，丰富、根植良好质量文化。

（4）归零的实施

①质量问题技术归零

1）职责分工：

a）项目总指挥全面负责本项目的归零工作，项目总设计师负责本项目技术归零工作，负责组织重大质量问题的定位工作，确定技术归零的责任单位，向责任单位及相关单位提出技术归零的具体要求，审批重大质量问题和跨系统质量问题的技术归零报告。

b）各承制单位科研生产主管领导和质量主管领导（管理者代表）领导本单位产品质量问题的技术归零工作，并落实条件，指定专人具体负责和组织技术归零工作。

c）质量管理部门负责技术归零工作的综合（归口）管理。负责技术归零工作的指导、监督、检查、审核、评价，负责质量问题的收集、整理、分析，负责质量问题信息系统的建立和质量信息的传递。

d）科研生产管理部门负责技术归零工作的组织与实施。负责制定技术归零工作计划并纳入科研生产计划；组织落实技术归零工作保障条件。

e）设计师系统负责质量问题的技术归零工作。

2）归零程序：

a）组织质量问题定位，确定技术归零责任单位。在难以分清跨单位问题是设计单位还是生产单位的质量问题、跨系统问题是哪个系统的质量问题时，先由两总组织有关单位查找原因，责任分清后由责任单位负责归零；跨行政单位建制的重大质量问题归零，由两总组织归零。

质量问题归零的具体工作由归零责任单位负责，一时难以分清责任单位时，应按如下原则开展归零工作：

·难以分清是设计单位还是生产单位的责任时，由项目负责人或型号总指挥确定归零责任单位；

·难以分清系统（分系统）间责任时，由总设计师（副总设计师）确定归零责任单位；

·难以分清单机间责任时，由系统（分系统）技术负责人确定归零责任单位；

·难以分清总体和系统（分系统）责任时，由总体设计单位负责归零；

·难以分清系统（分系统）和单机责任时，由系统（分系统）单位负责归零；

·外包（外协、外购）产品的质量问题由外包（外协、外购）任务提出单位抓总并督促外包（外协、外购）单位完成归零。

上述问题在归零实施过程中，根据工作进展，须进一步明确归零责任单位。

b）制定和落实归零的措施。

c）编写技术归零报告。

d）技术归零评审。归零责任单位质量管理部门负责组织评审，评审组长、成员由被评项目（产品）的任务提出单位专家/上级系统专家/非承担任务的有关专家等担任。

e）未归零问题的处理。

·在项目实施关键节点，在归零责任单位采取了所有可能的分析和验证手段后，由于客观原因，暂时不能按照标准全面完成技术归零，经认真分析、验证、论证，并采取有效措施及风险分析和评估后，有不影响项目后续工作和成败的明确结论，可作为遗留问题处理；

·归零责任单位参照技术归零报告的要求，根据归零工作的实际情况编写技术归零的阶段报告，报告还须包括未归零的原因、已采取的措施、下一步计划、归零责任人等；编写风险分析和评估报告，上述报告审签须上升一个层次；

·召开评审会，对阶段归零情况、风险分析和评估情况进行审查；

·归零责任单位按归零要求继续做好归零工作，直至问题归零为止。

②质量问题管理归零

1）职责分工：

a）项目总指挥负责确定质量问题管理归零责任单位和要求；

b）任务承担单位行政正职负责本单位质量问题管理归零；

c）质量管理部门负责质量问题管理归零工作的指导、监督、检查、审核、评价；

d）相关职能部门负责质量问题管理归零工作有关事项的落实。

2）管理归零范围：

重复性质量问题；有章不循、违章操作等人为责任质量问题；低层次质量问题；无章可循、规章制度不健全造成的质量问题；技术状态管理问题；既有技术因素，又有管理方面漏洞或薄弱环节造成的质量问题。

3）归零程序：

a）查明问题的发生过程和责任；

b）采取措施，完善规章；

c）对问题的处理：对确属重复性质量问题、人为责任质量问题、低层次质量问题的责任单位和责任人，以及弄虚作假、隐瞒不报的有关责任人，根据情节和后果，按照责任和影响大小，按规定给予批评教育、通报、离岗培训、开除等行政和（或）经济处罚。

责任分为：直接责任、间接责任、领导责任、管理责任等。

d）编写管理归零报告；

e）管理归零评审。责任单位质量管理部门负责组织评审。评审组长由责任单位行政正职担任，评委应包括相关职能部门领导、质量监督代表和有关专家等。

6.3 故障报告、分析和纠正措施系统

GJB 450 和 GJB 841 中规定："建立 FRACAS 的目的是要及时报告产品的故障，分析故障原因，制定和实施有效的纠正措施，以防止故障再现，改善其可靠性和维修性"。建立 FRACAS 的目的是对产品在研制和生产阶段所发生的故障进行严格的"归零"管理，做到及时报告、查清原因、正确纠正、防止再现，从而实现产品可靠性增长，以保证达到对产品可靠性和维修性的要求。

建立 FRACAS 是实现产品可靠性增长、提高产品质量的重要手段。它既有纠正已有故障的现实意义，又能对未来新品发生类似的故障起到积极预防的作用。通过 FRACAS

的运行，可以积累大量处理故障的实践经验，对类似产品的改进与设计提供可供参考的信息，起到举一反三，防止其他产品出现类似问题的作用。FRACAS 的建立与运行主要适用于产品的研制阶段和产品的早期使用阶段。故障报告、分析和纠正措施系统是一种闭环管理机制和管理技术，还是一个质量追踪和管理系统。

型号故障报告、分析和纠正措施系统（Project Failure Report，Analysis and Corrective Action System，PFRACAS）是利用“信息反馈，闭环控制”的原理，通过一套规范化的程序，及时报告型号研制中产品发生的故障，彻底分析、查清故障产生的原因，制定、采取正确有效的纠正措施，保证故障原因分析的准确性和纠正措施的有效性，及时纠正产品故障，从而增加产品可靠性，达到对产品可靠性和维修性的预期要求，以防止故障再现。

6.3.1　及早建立 FRACAS

承制方为了及时掌握承制产品的情况和做出决策，应在方案阶段建立故障报告闭环系统。该系统应具有收集、传递、反馈、分析、处理、归档的功能，以及以适当形式显示故障信息的功能。承制方应保证故障报告闭环系统能得到完整、准确的故障信息，并将这些信息汇编成有用的、易于管理的信息集合。故障报告闭环系统输出是综合报告，管理和工程人员将该报告与同类产品类似的故障信息加以归纳，以判明故障趋势，评价采取纠正措施的必要性及其效果。

承制方应规定故障信息系统的工作范围和内容，并保证该系统的运行。承制方还应建立一套故障信息统计分析的方法。

故障报告闭环系统应尽早建立和运用，因为在设计早期选择纠正措施有较大的灵活性。根据已知的故障原因，可以做较大的设计更改。在生产阶段或使用阶段虽然也能采取纠正措施，但受到限制，实施也更困难。故障原因弄清得愈早，切实的纠正措施采取得愈及时，承制方与使用方取得的收益就愈大。对于那些需要做较多工作的故障，及早采取纠正措施还有利于提前摸清什么措施更为有效。对可能发生的故障，应进行早期调查分析，采取纠正措施，避免使问题积压起来，或使若干可早纠正的缺陷，留到现场服务中去解决。

6.3.2　如何建立 FRACAS

GJB 841《故障报告、分析和纠正措施系统》提供承制单位建立 FRACAS 的指南。它包括：

a）故障报告、故障分析和纠正措施工作的程序（包括内部、外部的）；

b）故障信息传递和故障件处理的程序；

c）故障分析和纠正措施实施状态的跟踪与监控的程序；

d）故障审查组织职责；

e）规范三个报告的格式，即故障报告、故障分析报告与纠正措施实施报告。

图 6－1 为承制单位的 FRACAS。表 6－1～表 6－3 为 GJB 841 推荐的三个报告的格式。

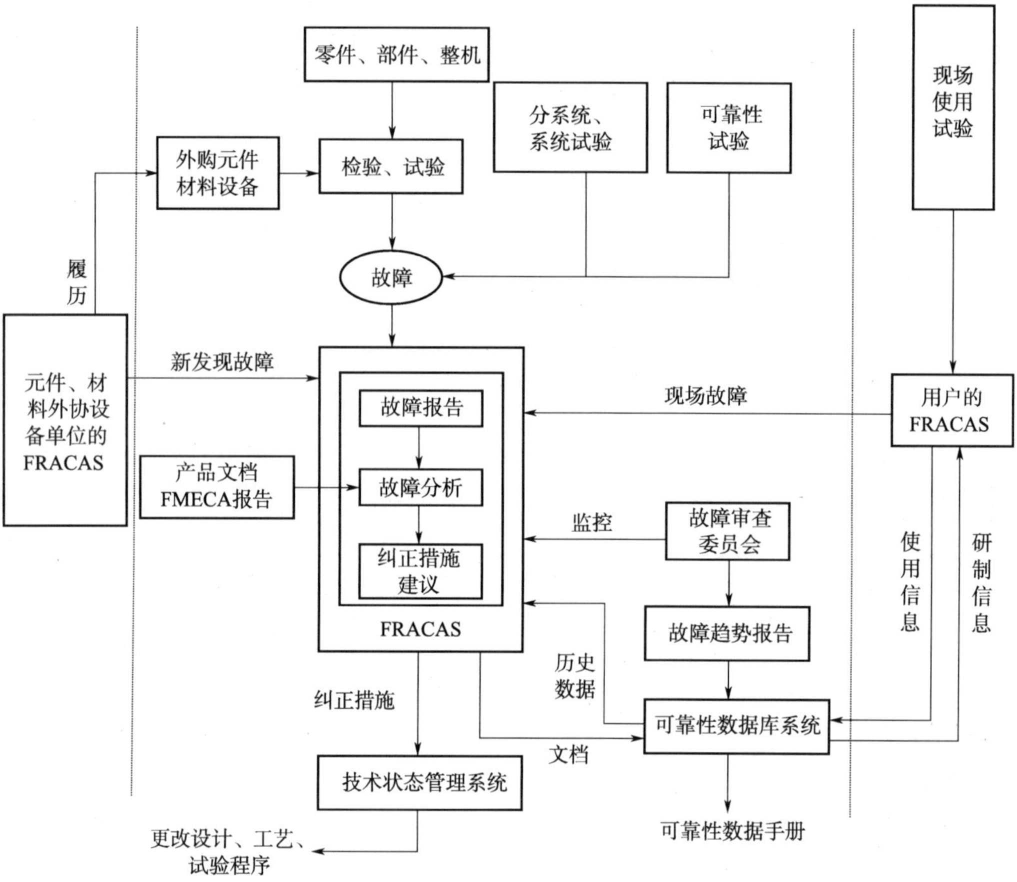

图 6－1　承制单位的 FRACAS

6.3.3　FRACAS 的实施

FRACAS 的工作流程如图 6－2 所示。

（1）故障报告

故障报告闭环系统首先要求产品承制方把产品研制生产及使用中的每一个故障及异常现象按要求记录并及时报告。故障记录及报告必须包括充分的信息以确认故障的产品。报告应包括故障产品名称代号，故障现象、故障发生时的试验条件或工作条件（包括环境条件、电子设备的机内测试指示、发生故障时产品已运行的时间）以及故障观测者等。这些要求为故障原因分析及采取纠正措施提供了充分的信息。

（2）故障核实

故障报告之后，在进行原因分析或采取措施之前应核实故障。故障核实可以通过重现故障模式或检查确认故障证据（如泄漏残余、损坏的硬件和机内检测指示等）来完成。在故障核实之前，除了采取必要的安全措施以外，应保持故障现场状态不被破坏。

表 6－1　故障报告表

<table>
<tr><td colspan="2">故障报告表编号</td><td colspan="2"></td><td colspan="2">编号日期</td><td colspan="2"></td></tr>
<tr><td colspan="2">故障发生时间</td><td colspan="2"></td><td colspan="2">故障观测者</td><td colspan="2"></td></tr>
<tr><td colspan="2">故障环境条件</td><td colspan="6"></td></tr>
<tr><td>故障发生时机</td><td colspan="2">□环境应力筛选
□可靠性增长试验
□可靠性鉴定试验</td><td colspan="3">□可靠性验收试验
□性能试验
□寿命试验</td><td colspan="2">□生产过程中
□试用(试飞)
□</td></tr>
<tr><td rowspan="3">故障件</td><td colspan="4">故障件所属系统或设备</td><td colspan="3"></td></tr>
<tr><td>名　称</td><td colspan="2">型号(图号)</td><td>生产厂</td><td>批次号</td><td>出厂日期</td><td>工作累计时间或循环次数</td></tr>
<tr><td></td><td colspan="2"></td><td></td><td></td><td></td><td></td></tr>
<tr><td>故障现象</td><td colspan="2">□不能启动
□时好时坏
□波形异常</td><td colspan="3">□指示异常
□超出允许限
□无信号输出</td><td colspan="2">□泄漏
□卡死
□</td></tr>
<tr><td>故障模式</td><td colspan="2">□损坏
□绝缘电阻下降
□接触不良
□开路</td><td colspan="3">□短路
□击穿
□堵塞
□不密封</td><td colspan="2">□饱和
□自激
□失控
□</td></tr>
</table>

故障核实

核实人签名　　　　　　　　　　　　日期

填表人签名　　　　　　　　　　　　日期

故障单位技术负责人签名　　　　　　日期

故障审查组织意见

负责人签名　　　　　　　　　　　　日期

注:1. 属□内容者,在其内打“√”记号;

2. 使用单位根据具体产品情况,可增加、修改、删减□内容;

3. 表 6－2、表 6－3,注 1、2 同样适用。

表 6－2　故障分析报告表

故障报告表编号		编号日期	
故障发生时间		故障观测者	

分析说明(需要时,另加附页)

故障原因	□元器件质量差 □元器件老化 □装机失误 □调试不良 □虚焊 □漏焊	□设计不合理 □材料选用不当 □化学腐蚀 □高温度 □高湿度 □误操作	□从属故障 □检测设备问题 □外接电源问题 □杂质污染 □超负荷 □
故障分析	□相关故障 □非相关故障	□责任故障 □非责任故障	□人为故障 □

故障责任单位

纠正措施建议	□更换控制方法 □设计更改	□工艺更改 □材料更改	□更换好的元器件 □

分析人员签名	日期
分析单位技术负责人签名	日期

故障审查组织意见

负责人签名　　日期

表 6－3　纠正措施实施报告表

纠正措施实施报告表编号			编号日期			
故障报告表编号			故障分析报告表编号			
故障件名称			实施通知单号			
实施单位			实施时间			
方　式	名　称	型号(图号)	生产厂	批次号	出厂日期	更换/拆除/修理工时
拆除件						
更换件						
修理件						
纠正措施						
效果						
遗留问题						
实施人签名					日期	
实施单位技术负责人签名					日期	
故障审查组织意见 负责人签名					日期	

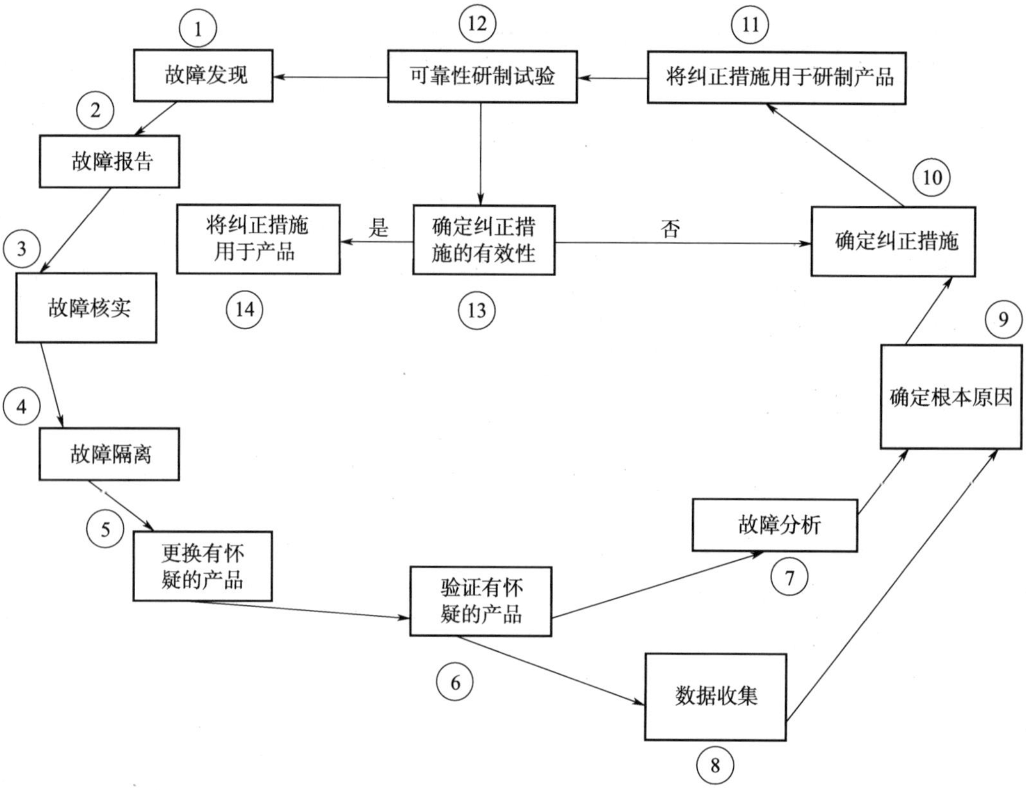

图 6-2　FRACAS 的工作流程

（3）故障分析

故障报告以后必须按程序进行故障原因的分析。通过分析查清每一个故障的根本原因，分析应进行到为鉴别故障原因和机理所需的最低结构层次。为分析故障原因应进行必要的试验、分解及失效物理分析等。分析的步骤应尽量避免由于工作顺序安排不当而造成掩盖故障原因。

故障原因分析的结果应形成书面报告，并应经过故障审查组织审查和有关领导审批。

（4）纠正措施

故障原因确定后，应由责任单位制定纠正措施。纠正措施的有效性应经过工程分析或试验验证，然后拟定相应文件按工程更改程序及技术状态管理等有关规定予以实施。纠正措施包括：设计更改、元器件或零件规格类型的更改、试验程序更改、材料更改、工艺更改、封装及使用操作细则更改等。总之纠正措施的实施应能防止这个故障在这种产品或同类设备上再现。如果因故障危害度轻微没有采取适当纠正措施，理由应说明。

纠正措施的有效性验证试验至少应重复发生该故障时相同的试验，纠正措施及其有效性验证的情况也应有书面报告。

（5）故障报告结束

按照标准的规定，当报告的故障经分析找到原因、采取纠正措施并证实已取得预期效果后或有充分理由可以不采取纠正措施，故障报告得到审批认可后，该故障报告、分析和纠正措施管理即可闭环结束。重大故障的闭环应经故障审查组织核准并将全部资料归档。如果出现悬而未决的问题应经故障审查组织或有关部门审查并确定终止日期，对未能采取纠正措施的问题经故障审查组织核准后作为遗留问题备案。

(6) 故障产品的识别和控制

要求对所有故障产品做明显标记，以便于识别和控制并妥善保管、加强处置管理。这项要求是考虑到有可能在故障报告系统闭环时，仍存在由于不成熟地处理故障设备，而损失了有关数据的风险。因此故障产品的处置应有严格的批准手续并妥善保管。

(7) 故障信息管理，建立可靠性数据库

故障信息应保证完整性和准确性。故障报告、分析和纠正措施的信息应统一管理和保存，其文字报告应按统一的格式。故障信息保存可以采用文字档案或数据库的方式。

6.3.4 故障审查组织

为了审查重大故障、故障趋势及纠正措施，承制（转承制）方根据其机构设置的具体情况，可成立专门的故障审查组织，亦可由能完成故障审查任务的机构负责此项工作。故障审查机构与质量保证部门的工作应协调一致。

(1) 故障审查组织的组成

故障审查组织由承制（分承制）方的设计、生产、可靠性、维修性、安全性和质量保证等方面的代表组成，订购方可派代表参加。故障审查组织办事机构由质量保证部门或其他技术部门承担。

(2) 故障审查组织的职权

a) 定期召开会议，审查产品研制阶段以及生产阶段出现的故障信息，包括转承制方和订购方反馈的故障信息，分析与评审有关产品的故障趋势和纠正措施的实施效果；

b) 对重大的故障、频繁出现的故障及可靠性关键件和重要件的故障应及时开会分析，提出纠正意见；

c) 有权要求转承制方对所承制的产品进行故障调查和分析，并评审其纠正措施；

d) 对悬而未决的问题有权追查，并提出其处理意见，必要时向有关领导部门报告。

(3) 故障审查组织办理机构的职责

a) 负责处理故障审查组织的日常事务工作；

b) 负责对合同规定层次产品的故障报告进行收集、分类，并按规定程序传递及组织归档；

c) 负责检查故障分析和纠正措施的进展情况；

d) 负责提出故障趋势的意见；

e) 负责提供故障审查组织召开审查会议需要的有关资料，并对会议记录进行归档。

(4) 提高故障处理能力

为了有效开展 FRACAS，承制单位应：

a）建设一支故障分析专业队伍，并着力提高人员专业技术水平；

b）配置相应的故障分析的手段，提高分析故障的能力；

c）完善一套科学的故障分析方法，规范故障分析工作；

d）尽可能利用现有的检测、失效分析机构，避免低水平重复。

第7章　型号质量相关策划

7.1　型号质量策划

型号质量策划是型号质量管理的一部分，致力于制定型号质量目标并规定必要的运行过程和相关资源以实现质量目标。

型号质量策划的输入包括：型号章程（型号项目管理手册、型号管理规定等）、型号管理计划、型号范围说明书、单位质量管理体系要求、单位管理规定、单位型号科研生产管理规定、研制总要求、型号合同、型号文件等。型号质量策划的输出包括：型号质量工作规定、型号质量目标、型号质量基准（要求）、型号质量工作（包括型号质量技术工作、型号质量管理工作）计划。

型号质量策划应用的技术、方法、工具包含：专家咨询、专家判断、专家评审、实验设计、数据分析、质量成本分析、质量规划工具和技术、质量控制工具和技术、质量管理方法、产品保证技术、质量检查、质量审核、质量确认、FRACAS系统等。

质量策划应确保能够实现型号目标和型号质量目标。型号应确定：要做什么、需要什么资源、由谁负责、何时完成、怎样实现、如何评价结果。型号质量策划应由单位型号质量管理部门组织制定，经型号管理相关部门、型号总体设计单位（核心、关键分系统单位参与）等审核，报型号两总审查后，单位主管领导批准后实施。顾客要求时，型号质量保证大纲、实施细则（质量计划）及调整应征得顾客同意，必要时可组织有关人员进行评审。单位、型号应严控质量策划的变更。质量策划发生变更，应组织再审核和批准。

7.2　型号产品实现策划

型号产品实现策划规定产品实现所需的过程，包括：1）确定产品的质量目标和要求；2）针对产品确定过程、文件和资源的需求；3）产品所要求的验证、确认、监视、检验和试验活动，以及产品接收准则；4）为实现过程及其产品满足要求提供证据所需的记录；5）产品标准化要求；6）软件工程化管理要求；7）产品可靠性、工艺性、维修性、保障性、安全性、测试性、环境适应性、电磁兼容性等要求；8）技术状态管理要求；9）产品质量评价和改进的数据收集和分析要求；10）风险管理要求。制造产品实现各阶段的风险识别、分析、评估及风险应对、监控方案与措施，制定风险管理计划，编制风险分析、评估报告，必要时提供给顾客。

产品实现策划包括：产品实现总策划、技术策划、进度策划、质量策划、产品保证策划、费用策划、人力资源策划、风险管理策划、沟通管理策划、任务分工策划、知识产权策划、安全保密策划、信息化策划、研制保障条件策划等。其中与型号质量实现相关的策划包括：产品实现总策划、技术策划、质量策划、产品保证策划、人力资源策划、风险管理策划、任务分工策划、研制保障条件策划等。

制定型号产品实现策划依据型号立项批复文件、型号研制总要求、立项论证方案、任务书、合同及协议、顾客及上级要求等输入文件。产品实现过程包括将顾客的要求转化为产品，交付给顾客，直至交付后活动的实施的所有过程。产品实现过程策划是针对具体产品、项目或合同的特点，将质量管理体系的通用要求转化为具体可操作的并落实责任的计划和要求，再应用于各特定产品的实现过程活动中。产品实现策划结果应包含：策划方案、管理制度、管理计划。产品实现策划、产品实现子策划一般形成如下文件：1）产品实现策划方案报告，产品实现子策划方案报告；2）型号整体管理制度，型号子管理制度；3）型号管理计划，型号子管理计划。型号产品实现策划应由单位型号科研生产管理部门组织有关部门编制，按管理职能分工落实产品实现子策划编制，产品实现子策划由相关部门审核后，经两总系统审查，报单位主管领导批准；产品实现策划由相关部门审核后，报两总系统审查，分管领导、主管领导审定批准，重大型号应进行管理评审，由单位最高领导批准。

产品实现策划应与单位质量管理体系要求相一致。组织应严控产品实现策划、分策划的变更。产品实现策划、子策划发生变更，应组织再审核和批准。

7.3 型号产品保证策划

型号产品保证策划依据项目立项批复和技术策划结果，主要包括对质量保证、可靠性保证、维修性保证、保障性保证、测试性保证、安全性保证、环境适应性保证、电磁兼容性保证、元器件保证、软件保证、材料机械零件和工艺保证、计量保证、标准化管理工作的策划。型号产品保证策划的结果应包含：型号产品保证方案、型号产品保证管理制度、型号产品保证管理计划。型号产品保证策划由单位型号产品保证管理部门或质量管理部门组织编制，经型号相关管理部门、型号总体单位（核心、关键分系统单位参与）审核，经型号两总系统审查后，报主管领导批准。

针对产品实现过程，组织应进行一系列有计划、有组织的技术和管理活动。包括：建立产品保证工作系统，明确各级各类组织和人员的产品保证工作职责，开展产品保证策划，进行产品保证培训，实施技术设计并组织确认，提供产品保证技术支持，召开产品保证例会，对产品保证工作进行审核、监督和检查。组织应：

1）以项目管理的模式进行过程管理，重点强化通用质量特性指标的管理与控制；

2）规定产品特定的技术、管理要求和实施方法；

3）将所有产品保证的相关活动与研制的输入/输出要求相协调。

为确保型号产品实现和型号质量目标实现，应特别关注以下与型号质量保证密切相关的策划。

通用质量特性策划：型号总体单位和分系统单位均应对产品任务剖面进行分析，确认对设计最有影响的任务阶段（研制阶段）和综合环境（包括运输、维修和贮存环境）。通过任务剖面分析，确定可靠性、维修性、保障性、测试性、安全性、环境适应性、电磁兼容性等各种通用质量特性定性和定量要求及工作项目要求，并制定型号通用质量特性大纲或工作计划。总体单位和各分系统单位，应将识别的通用质量特性定性或定量要求，纳入各级任务书，确保逐级分解和落实。各级产品通用质量特性工作的具体策划，参照执行 GJB 450《装备可靠性工作通用要求》、GJB 368《装备维修性工作通用要求》、GJB 3872《装备综合保障通用要求》、GJB 2547《装备测试性工作通用要求》、GJB 900《装备安全性工作通用要求》、GJB 4239《装备环境工程通用要求》、GJB 909《关键件和重要件的质量控制》等标准的规定。

标准化工作策划：各型号应建立标准化工作系统，明确各级承制单位的标准化工作职责，策划型号标准化工作，制定型号标准选用范围、标准化大纲及各分系统标准化大纲（实施细则），并结合研制阶段和特点，编制或采纳所需的型号标准化文件和规范，对重要标准和标准化要求提出实施措施。型号产品研制应贯彻“通用化、系列化、组合化”思想，将“三化”思维贯穿在型号研制全过程中。在方案论证阶段做好型号三化设计的顶层策划，优先选用成熟度高的产品，控制采用新技术的比例，并在研制各阶段落实型号标准化大纲的各项要求。每阶段、年度策划型号标准化的工作计划和工作项目，科研生产部门将型号标准化工作计划纳入型号工作计划，并考核完成情况，各单位负责相关工作的策划分解和落实。策划的工作计划和工作项目一般包括：型号研制所需标准的选用范围更新；型号急需标准的宣贯与培训；标准和规范实施的监督检查；标准化评审计划及工作要求。

软件开发策划：各型号应依据 GJB 5000A、GJB 2786《军用软件开发通用要求》等规定，以及订购合同中其他有关软件的质量要求，制定型号软件质量保证大纲和软件产品开发计划，策划软件产品的开发、验证、测试、改进、更改、评审、配置和质量管理工作。

技术状态管理策划：各级项目管理部门应按照 GJB 3206《技术状态管理》的要求，组织确定型号产品的技术状态基线及其技术状态项，编制技术状态管理计划，并以产品结构为核心，实施基于 PDM 系统（产品数据管理系统）的技术状态管理。

风险管理策划：各承制单位，应在产品型号研制立项、方案论证开始，依据 GJB 5852《装备研制风险分析要求》、GJB/Z 171《武器装备研制项目风险管理指南》规定的方法和要求，识别、分析全寿命期的技术、进度、经费等各类风险事件并进行分析评估，制定风险管理计划，采取有效措施应对风险（消除风险、转移风险、控制风险），将风险发生的概率降低到可以接受的水平，并及时将分析和评估的结果提供给顾客。风险分析的时机一般包括：型号研制初期进行产品实现策划时、各阶段研制工作策划时、型号大型飞行试验（重要地面试验）进场前、质量问题在试验进场前无法按要求归零时。软件产品的风险管理策划，按照 GJB/Z 172 的规定开展。

质量数据管理策划：型号应策划建立型号质量数据（含质量信息）管理系统，明确质量数据的采集、传递、反馈和处理要求。各级承制单位应指定专人负责质量数据的管理，确保质量数据准确、及时和完整。

型号研制阶段（年度）产品（质量）保证工作要点和计划是型号产品保证工作策划的输出形式，是结合本型号研制阶段或年度型号研制工作，对型号产品保证系列大纲要求的进一步分解。型号标准化工作计划可以作为型号产品保证工作计划的一部分，也可以单独形成。

承制单位产品（质量）保证部门在型号研制过程各阶段初期和每年初，依据型号研制阶段（年度）产品（质量）保证工作要点和计划，结合本单位产品特点，对型号产品保证系列大纲要求进行分解，进行风险识别，设定具体化、可考核的质量目标，编制型号研制阶段（年度）产品（质量）保证工作实施细则（措施）和计划，明确各级人员的岗位责任制、型号研制生产过程的质量控制点、资源保障要求和考核方式，确定质量工作项目、时间节点、责任部门及人员以及完成标志物。型号研制阶段（年度）产品（质量）保证工作实施细则（措施）和计划编制完成后，经本单位相关人员确认，型号所级指挥（行政负责人）或技术负责人确认，报上一级承制单位审查后，由型号所级指挥（行政负责人）或技术负责人批准后发布。

型号研制阶段（年度）产品（质量）保证工作要点和计划主要包括型号质量目标、产品保证工作措施及计划、风险识别及控制措施等，产品保证工作计划均纳入型号研制计划，实现同步实施、同步考核。其中产品保证工作措施包括以下内容：

1）年度产品保证工作策划；

2）设计质量控制；

3）产品生产、调试、试验和检验过程质量控制；

4）外协外购产品质量控制；

5）地面试验策划和质量控制点，测试覆盖性及验证充分性要求；

6）飞行试验前质量工作和靶场质量管理；

7）技术状态管理；

8）质量问题归零管理要求；

9）软件产品质量控制；

10）可靠性系统工程设计及试验验证；

11）工艺保证；

12）计量保证；

13）产品保证培训。

7.4 设计和开发策划

各承制单位应在方案阶段，按 GJB 9001《质量管理体系要求》和本单位质量管理体系文件的有关要求，开展设计和开发策划，形成设计和开发策划报告。设计和开发策划应包括研制阶段划分以及适合于各阶段的评审和验证活动、质量控制点及质量控制方法。随着设计和开发活动的进展，如果相关要求（如产品目标、产品要求/标准等）或资源需求等方面因素发生变化，各承制单位应在适当时修改或更新策划的输出。

型号各级产品的设计和开发策划，应遵照型号产品保证大纲、质量保证大纲和通用质量特性系列大纲等要求开展。系统级策划应识别系统的“九新”程度、“三化”程度等，确定总体的研制阶段划分，确定新增的试验验证项目、仿真试验研制项目、虚拟试验验证项目等。系统级策划中，对采用数字化样机成熟度准则、版本管理、多学科集成、传递交付等的管控要求予以详细规定。策划设计验证项目时，应充分考虑产品边界条件、极限条件、复杂电磁条件、作战试验等适应性分析，确保策划实施的验证项目能够摸清装备性能底数。对基于 MBSE 模型开展详细设计的单机产品策划时，应策划与上级数字样机的接口职责，安排信息输入的管理方式，确定交付数学模型的功能、性能和格式，确保满足数字化设计输入的要求。策划自顶向下的详细设计过程，对数字化设计、制造的产品符合信息化开发平台的种类，细致明确信息传递、数据转换、技术状态、多媒体记录等过程控制要求，确定数字化研制对应的设计准则、标准、通用质量特性等的相关要求。

设计和开发策划输入信息主要包括：

1）研制合同或其他任务要求；

2）型号产品保证系列大纲；

3）适用的标准要求。

策划内容应包括：

1）根据产品特点和复杂程度等因素，明确划分设计和开发过程的阶段。不同产品可以有不同的开发设计阶段，一般包括论证阶段、方案阶段、工程研制阶段、定型阶段（状态鉴定、列装定型）。

2）明确规定每个设计和开发阶段需开展的适当的评审、验证和确认活动，包括这些活动的时机、参与人员及方式等。

3）规定各有关部门参与设计和开发活动的人员在设计和开发活动各阶段中的职责和权限。

4）编制产品设计和开发计划，由于受到各种条件的限制，产品设计和开发有时不能一步到位，需要时，还应对产品改进进行考虑、做出安排。

5）各类专业人员共同参与设计和开发活动，体现了并行工程。设计、工艺、生产和售后服务人员共同参与设计和开发活动有助于设计和开发的成熟性，有利于相关工作尽早展开，便于相互协调、技术准备。同时，有利于使设计结果易于制造、产品使用中的问题及顾客要求及时反馈到设计中来。

6）根据产品要求，识别影响或制约设计和开发的关键因素和薄弱环节以及技术上的难点，并制定和实施相关的攻关措施。

7）执行标准化大纲要求，确定使用的标准和规范。

8）在设计和开发过程中，根据产品的可靠性、维修性、保障性、测试性、安全性、环境适应性等要求，运用优化设计和可靠性等专业工程技术，制定并实施可靠性、维修性、保障性、测试性、安全性、环境适应性等大纲或工作计划，也可在质量计划中包括这些内容。

9）进行产品特性分析，以便为确定关键件（特性）、重要件（特性）提供依据。

10）对产品设计和开发中采用的新技术、新器材、新工艺，在经过论证的基础上，确保经过试验和鉴定符合要求的方可用于产品。

11）产品交付时需要配置的保障资源的开发，确定产品交付时需配置的保障资源，并随产品的设计和开发同时进行开发。

12）参与设计和开发的供方，应在项目的质量保证大纲中明确设计和开发的职责、权限和要求，包括接口管理，供方应及时沟通，落实相关要求。

13）为确保设计和开发活动以及各阶段的评审、验证和确认活动受控，按策划安排实施，且确保实施有效，提出监视与测量的需求。

14）对设计提出的元器件等外购器材，应对选用、外协外购、监制、验收、筛选、复验以及失效分析等活动进行策划，确保满足设计要求。

15）对计算机软件产品进行全寿命筹划，包括需求分析、设计、实现、测试、验收、交付和使用等，并按策划安排重点做好以下工作：实施需求管理，严格控制软件任务书的更改；加强需求分析，确保软件任务书的要求均得到实现；及时编制相关文档；加强软件测试和阶段评审，确保软件的质量；实施质量保证，使软件开发过程和软件工作产品符合相关规定；严格实施配置管理，控制软件技术状态的更改。

为了确保设计和开发按其策划的结果来运行，必须对设计和开发进行如下控制：

1）阶段的控制：设计和开发是按阶段控制的，上一阶段规定的工作没有完成，未经过设计评审和批准不得转入下一个阶段；

2）计划的管理：设计和开发的计划是设计和开发策划的结果之一。如果随着设计和开发的进展，需要对设计阶段的划分或控制活动等进行调整，应及时对设计和开发计划进行更新。

技术要求的传递：

1）各承制单位应对参与设计和开发的研究室、工程组（包括所外的相关单位）之间的组织和技术接口实施管理，明确职责分工，确保有效沟通；

2）技术接口之间的协调必须以文件的形式进行，按规定进行审批、会签并归档；

3）“纪要”不能作为正式的技术要求传递形式，必须将“纪要”内容转换为技术文件，按规定进行审批、会签并归档。

承制单位应在产品质量保证大纲中对所属部门和各类人员的职责，以及各类技术文件的编写、签署、传递要求予以规定，可以引用质量管理体系文件章节，也可以单独形成。

7.5　型号放行准则

在产品实现策划时，与型号产品保证系列大纲共同策划，统筹考虑型号各研制阶段飞行试验要求，制定适用于本型号所有研制阶段飞行试验的放行准则，一并报上级批复，特殊情况可补充或单独请示。

放行准则是参加飞行试验的型号出厂、进场、转场、加注、发射各工作阶段应遵循的质量控制要求，符合要求才允许转入下一工作阶段。由质量部门按照 Q/QJB166 编制放行准则，经科研生产部门会签后，报型号总指挥审核、主管领导和主管质量领导审查，最高行政领导签发后报上级审批。

型号放行准则一般包括以下几部分：

1）型号出厂放行准则（含导弹及弹上产品、地面设备出厂放行准则）；

2）型号进场放行准则；

3）型号转场放行准则；

4）型号加注放行准则；

5）型号发射放行准则。

①型号出厂、型号进场放行程序

总装厂、整机生产单位按照型号产品放行准则的要求完成相关工作，产品完成出厂质量评审，符合国军标的规定，并填写《型号出厂放行准则落实情况检查表》。质量管理部门负责按照要求组织完成进场评审，对评审中提出的问题进行分析，有明确的结论意见，并填写《型号进场放行准则落实情况检查表》。

②型号转场放行程序

试验队负责按照型号产品放行准则要求完成技术阵地各项工作。试验队组织完成转场评审，并填写《型号转场放行准则落实情况检查表》。

③型号加注放行程序

试验队负责按照型号产品放行准则的要求完成加注前各项工作。通过了规定的加注前相关评审，有同意加注的结论，并填写《型号加注放行准则落实情况检查表》。

④型号发射放行程序

试验队负责按照型号产品放行准则的要求完成发射前各项工作。试验队组织编写发射预案和事故处置方案，审查发射前技术问题的归零情况，并填写《型号发射放行准则落实情况检查表》。完成发射前全部工作后，按照程序开展工作。

⑤例外放行程序

参加飞行试验的型号出厂、进场、转场、加注、发射前如出现不满足型号产品放行准则要求的，按照要求编写《型号飞行试验例外放行申请表》，办理审批手续，并按标准的时限和要求完成相应工作。

第 8 章　设计过程质量控制

产品的质量是由设计奠定、制造保证、试验验证，在使用中表现，并通过管理来实现。设计上的缺陷，将给产品生产、使用带来严重后果。产品研制（设计、开发）过程的主要任务是将用户的需求、期望转化为设计要求，再将设计要求转化为产品的采购、制造、装配、测试、验证、使用、保障、维修等要求（产品特性、规范）。

一般型号设计、开发过程大体如图 8－1 所示。按装备研制程序，“研制总要求”即是需求，表征功能基线；“研制或设计任务书”规定了设计要求，表征任务基线；“产品设计条件、技术规范”反映产品特性，表征产品基线。

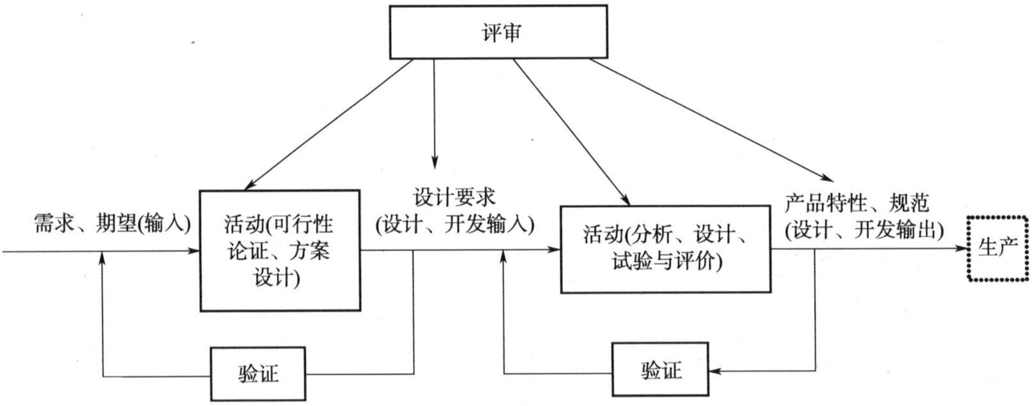

图 8－1　设计、开发过程

产品的质量主要受以下四个方面的影响：

1）与确定产品要求有关的质量（要求确认）；

2）与产品设计有关的质量（设计质量）；

3）与符合产品设计有关的质量（生产质量）；

4）与产品使用有关的质量（使用、保障质量）。

产品设计质量涉及多个方面。因此，为保证研制质量，主要是控制研制过程中与设计有关的环节。其包括：

1）控制转化，确保要求（设计输入、输出）得以确认；

2）控制设计活动，确保产品的固有质量与可靠性；

3）认真进行特性分析，抓住关键；

4）度量、评价设计结果，验证设计；

5）监控设计活动与结果，监测设计；

6）控制设计更改，控制技术状态。

8.1　确定设计输入输出要求

设计输入要求是设计的依据，设计输出要求是生产、服务的依据，是开展质量保证工作的依据。不完整的要求，模糊不清的要求，不可执行的要求，将使设计、生产目标不清，是造成设计、生产过程失控的首要原因。因此，必须把住设计开发“始、末要求关”。控制设计输入、输出，本质是规范设计输入、输出要求。

输入信息主要包括：

1）研制总要求、研制合同要求；

2）型号产品保证系列大纲；

3）型号标准化大纲及适用的其他标准、规范要求。

实施时机：

设计师系统应在方案阶段确定与产品要求有关的输入，形成设计输入文件。随着设计和开发活动的开展，如果相关要求（如产品研制目标、产品要求/标准等）或资源需求等方面因素发生变化，应在适当时修改或更新设计和开发输入文件。

设计输入文件包括以下内容：

1）功能和性能要求，包括战术、技术性能指标，功能要求，通用质量特性要求等；

2）适用的法律法规要求，包括设计和开发中要执行的国家军用标准、国家和行业标准；

3）以前类似设计中可供借鉴的经验、教训等信息；

4）设计和开发所必需的其他要求，如相关的接口协调要求等；

5）工艺要求。

设计输入文件形式包括：

1）设计输入文件清单或汇总表；

2）经双方确认的研制任务书或合同；

3）总体设计文件（含：总体方案、总体技术要求等）；

4）相关技术标准、管理文件［含：产品保证系列大纲、标准化大纲、有关法规、标准、设计（试验）规范等］。

产品设计师确认并会签研制任务书、总体技术要求等输入文件，确定与产品要求有关的所有输入，按产品编制设计输入文件清单或汇总表。设计输入文件清单或汇总表应包含上述内容，可直接引用相关文件，如合同、设计任务书（设计技术要求）、质量保证大纲（措施）、产品保证系列大纲、有关法规、标准、设计（试验）规范、相关的接口协调文件等。

设计输入文件应进行评审，评审其是否完整、清楚、协调，确保充分、适宜。评审采用会议、会签两种形式。采用会签形式进行评审时，由相关专业技术人员对输入文件进行会签，必要时，需要质量、工艺等相关人员会签。评审要求如下：

1）通过审签、会签确保相关技术要求的合理性、协调性；

2）通过设计输入评审，评审设计输入文件的充分性、合理性、协调性，确保设计输入文件要求的完整、明确且无自相矛盾之处；

3）评审后，设计师应根据评审意见对输入文件进行修改，如已确认设计输入文件须修改，需征得顾客的同意；

4）对评审时未正式发布的设计输入文件，应进行跟踪管理。一旦输入文件签署完整或出现变更，应及时对相关设计输出文件相应内容进行更改，确保输出满足输入要求。

设计输入文件签署完整后，作为开展产品设计和开发的依据，文件更改及归档要求按照相关规定执行。

输出结果，形成如下文件和记录：

1）设计输入文件清单或汇总表；

2）设计输入文件评审记录。

按《研制程序》，在方案阶段，承制方根据《研制总要求》，通过系统研制方案的论证、验证，提出系统方案和系统技术要求，并形成《研制任务书》，从而确定设计要求。为了完整、准确确定设计要求，在论证时，不仅要理解用户的需求，还要考虑用户虽没有提出的要求，但设计必须考虑的问题，以经济、有效满足用户的需求和本单位的利益。

设计输入要求通常包括以下几个方面：

1）用户要求：通过任务目标、环境、约束条件、效能和适用性等方式，定义用户对系统的期望。

2）功能要求：系统必须做什么。

3）性能要求：任务或功能必须完成的程度。

4）设计要求：产品在“建造依据”“编程依据”“采购依据”等方面的要求以及过程“如何执行”的要求，以技术资料（图样、技术规范等）和技术手册表达。

5）导出的要求：隐含的或从高级别的要求导出来的要求。

图 8-2 为某系统将需求转换为要求的一个例子，它不仅有功能、性能要求，还有接口，可靠性、维修性，保障以及验证要求等。

对每一项要求必须是必要的、可行的、可追溯的、单一的、清楚的、可验证的。应当用标准的技术术语准确表达要求。

对特性要求要定量化，定量指标应合理、可行、可验证。例如，可靠性指标应包括：

1）可靠性设计指标要求；

2）任务剖面、寿命剖面；

3）故障准则；

4）验证方法。

由于系统分层次，因此应将要求按产品层次分解，使每个设计人员在产品设计时清楚要求是什么，要考虑什么。

确定设计要求是一个论证过程，因此应对要求进行评审，并与“用户”沟通（内部的、外部的），并通过可追溯的方式固定下来。

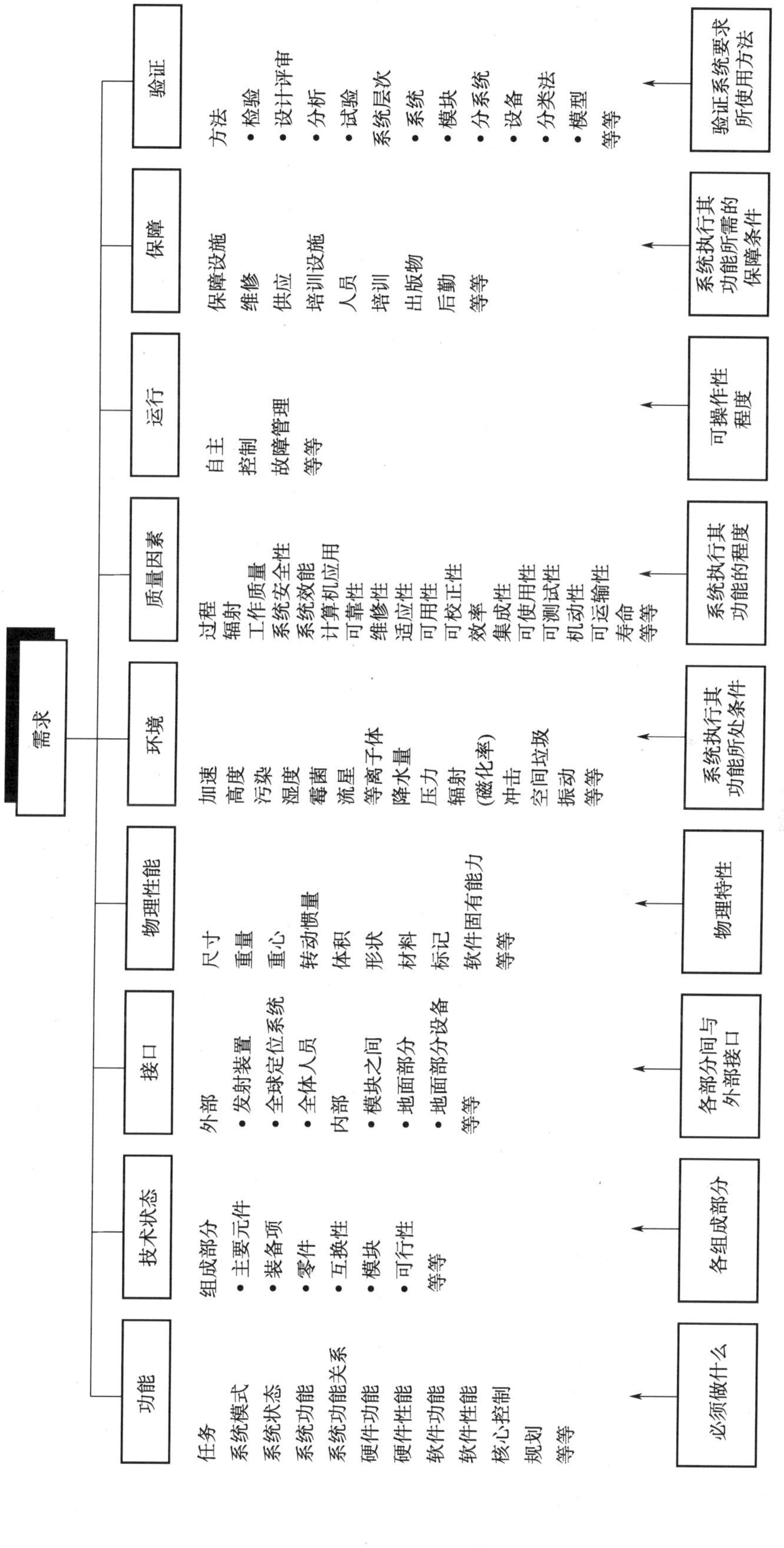
需求
功能
任务
系统模式
系统状态
系统功能
系统功能关系
硬件功能
硬件性能
软件功能
软件性能
核心控制
规划
等等
必须做什么
技术状态
组成部分
•主要元件
•装备项
•零件
•互换性
•模块
•可行性
等等
各组成部分
接口
外部
•发射装置
•全球定位系统
•全体人员
内部
•模块之间
•地面部分
•地面部分设备
等等
各部分间与外部接口
物理性能
尺寸
重量
重心
转动惯量
体积
形状
材料
标记
软件固有能力
等等
物理特性
环境
加速
高度
污染
湿度
霉菌
流星
等离子体
降水量
压力
辐射
(磁化率)
冲击
空间垃圾
振动
等等
系统执行其功能所处条件
质量因素
过程
辐射
工作质量
系统安全性
系统效能
计算机应用
可靠性
维修性
适应性
可用性
可校正性
效率
集成性
可使用性
可测试性
机动性
可运输性
寿命
等等
系统执行其功能的程度
运行
自主
控制
故障管理
等等
可操作性程度
保障
保障设施
维修
供应
培训设施
人员
培训
出版物
后勤
等等
系统执行其功能所需的保障条件
验证
方法
•检验
•设计评审
•分析
•试验
系统层次
•系统
•模块
•分系统
•设备
•分类法
•模型
等等
验证系统要求所使用方法

图 8-2　某系统要求

要求是以诸如设计任务书或技术规范（研制规范）等文件形式提出，应确保文件表达的要求的一致性、可追溯性、现行有效。应按技术状态管理要求或图样管理制度控制设计要求文件。设计要求文件的编写可参照国标、国军标关于《规范的编制》的标准以及行业标准要求执行。

为保证要求的可追溯性，应在研制一开始建立和维持用于记录和管理决策的数据库。这个决策数据库是一个有关技术决策和技术要求的历史数据库，是保持要求可追溯性的重要手段。

在研制过程中，往往要更改要求。因此，系统总要求一经批准，就应从方案阶段开始，实施技术状态管理，以控制要求或“基线”的更改。

设计开发的结果是设计输出，其是制造、检验、安装等的输入。设计输出文件包括产品规范、工艺规范、材料规范，以及全套生产图样、有关技术文件及目录等文件。按武器装备研制程序，通过设计定型（或鉴定）对武器系统的性能和使用特性进行全面考核，以确认其是否达到研制任务书和研制合同要求。通过生产定型（工艺定型）考核产品的批量生产条件和生产质量稳定性，以确认其是否达到批量生产的标准。通过定型，确认设计输出文件。

8.2 规范化设计，保证设计质量

设计是一个过程，过程决定结果，亦即设计的输出。如果仅注意输入、输出质量，而不注意过程质量，则结果难实现、不稳定。

设计过程包括设计分析、试验、评价等活动以及编制设计文件（图样、技术规范）等，其目的是设计出满足要求并可生产、可检验、可保障的硬件、软件。

设计是一个构思过程、创造过程、分析判断的过程，并且涉及多种科学知识，技术领域。由于人的能力、经验有限，因此设计难免有欠缺和不足，结果则是设计质量不高。设计质量不高主要反映在：

1）设计本身有缺陷。其属设计水平不高，或设计的“基本功”不足所致。另外还存在设计缺少对可生产性、可检验性、可保障性的考虑。

2）编制的设计文件（图样、技术规范等）差错多。

为保证设计质量，第一次就应做对做好。《军工产品质量管理条例》提出“承制单位应根据质量标准，结合产品特点，制定设计、试验规范”要求。其目的是根据有关工程原理和工作经验，制定设计、试验规范，详细规定每一项工作依据的要求、工作的内容、方法和准则，即做什么，怎么做，做到什么程度，变经验设计为规范设计，从而保证设计一次成功，不产生缺陷。设计规范包括产品设计规范，以及诸如降额设计、环境防护设计、可靠电路设计、冗余设计、热设计等的专业技术设计规范。

产品设计往往大量采用新技术、新器材。为此，《军工产品质量管理条例》提出“新技术、新器材必须经过充分论证、试验和鉴定，方能引入新产品设计”。其目的是控制新技术、新器材的采用，防止其未经预先研究、鉴定而在设计中采用，以减少研制风险。

改进设计工具，采用计算机辅助设计、分析工具，是保证设计固有质量的又一重要手段。计算机辅助设计、分析的基础是设计规范以及相关的数据库。

编制设计检查单是保证设计质量的好方法。表 8－1 是设计检查单的一个例子。由于设计要求以叙述方式表达，很容易被疏忽掉。当把叙述方式改成检查单时，就能降低忽略某项要求的风险。通过编制检查单过程，有利于对要求的理解，并可分析潜在的问题（例如有针对性进行 FMEA 分析）。对每项要求利用 8.6.1 节“设计验证”推荐的方法进行验证，就可提供清晰的产品设计、研制的结果。设计检查单可作为设计评审的数据包之一。

表 8－1　设计检查单

规范要求	检查内容	验证
变流机应提供 117 V 交流电、300 W、2.5 A、电压变化率为 2%（均方根值），频率变化率在 60 Hz 时为 0.1%，电源为 10.8～14.5 V 直流电，无负载时功率为 0.5 W。变流机质量不大于 5 kg，外壳尺寸不大于 25 cm×25 cm×25 cm	输入： ·10.8～14.5 V 直流电； ·无负载功率 0.5 W。 输出： ·117 V 直流电； ·300 W； ·2.5A； ·60 Hz； 频率变化率≤0.1%； 电压变化率≤2%。 物理量： 质量≤5 kg； 外壳尺寸≤25 cm×25 cm×25 cm	

为保证设计的可生产性和可测试性，同样可编制一张检查单，见表 8－2。

表 8－2　可生产性和可测试性检查单

要求	检查内容	确认
制造方法，设计 ·波峰焊； ·元器件自动输入； ·自动化测试； ·环境	波峰焊： ·条/孔比； ·热散布； ·标准尺寸； ·设计余度。 元器件自动输入： ·元器件位置； ·组件标准； ·设计余度。 自动化测试： ·测试点位置； ·装配等级。 环境： ·洁净度； ·静电放电防护	

为保证设计质量，《军工产品质量管理条例》要求“承制单位必须建立图纸和技术文件的校对、审核、批准三级审签制度，工艺和质量会签制度，标准化检查制度，确保设计图纸、工艺文件和技术档案完整、准确、协调、统一、清晰”。应当强调三级审签责任制。此外，对关键的设计，应请同行专家进行复核、复算。

为保证设计质量，要对设计人员特别是对新参加设计的人员进行“基本功”的培训，培训内容包括基本的设计技能，本单位编制的设计、试验规范，以及图样管理制度，机械制图等标准、规范。要坚持设计人员与生产工艺、质量检测人员共同研究处理生产中发生的质量技术问题。建立新参加工作的设计人员到对口生产厂实习制度，扩大其工艺、生产等知识面，以提高设计人员的设计以及处理问题的能力。

8.3 落实通用质量特性要求

产品设计不仅要设计出满足功能、性能要求的硬件及软件，还要保证设计的产品在其寿命期内，在规定的条件下，可用、好用。只有这样才能使系统在最佳的寿命周期费用下有最佳的效能。为此，在设计阶段，应将影响效能的通用质量特性和产品保证等专业工程要求落实到产品中，所谓专业工程要求包括可靠性、维修性、测试性、安全性、人因工程、电磁兼容性、运输性、材料与工艺、保障性等要求。这些专业工程要求虽然不同于系统的技术能力（功能），但却保证了系统能以其具有的技术能力去满足任务目标。《军工产品质量管理条例》要求“运用可靠性技术、维修性技术和系统化技术，进行系统分析、综合择优”，其目的是保证装备系统研制目标的实现。

可靠性、维修性、测试性等是影响装备保持良好效能和最佳寿命周期费用的重要因素，要将可靠性、维修性、测试性与功能性能等同对待，将可靠性等专业工程作为一种技术要求在设计中落实。

专业工程是一项系统工程，应有一套设计、分析、试验、评价的程序、技术和方法。为此，在研制中必须开展专业工程的活动，以支持设计，将它们设计进产品。研制中专业工程活动通常由用户以大纲要求形式提出。包括：

1）可靠性大纲要求；

2）维修性大纲要求；

3）安全性大纲要求；

4）电磁兼容性大纲要求；

5）综合保障要求；

6）标准化大纲要求；

7）测试性大纲要求；

8）人因工程大纲要求；

9）运输性大纲要求；

10）质量保证大纲要求。

开展专业工程活动，保证系统能满足作战效能和作战适应性要求，需要对各专业工程方面的技术要求及工作范围予以协调、评审和确认。

8.4　实行特性分类

功能特性分类（以下简称特性分类）是根据产品特性的重要程度和失效后果的严重性，对其实施分类并加以重点控制的过程。所谓特性，是指可区分的特征，如物理的、功能的、时间的特性。

众所周知，产品关键、重要特性对产品的适用性有重大影响。因此，在产品的研制与生产过程中，应对其关重特性加以重点控制。抓住关键，重点控制，从而减小研制风险。

《军工产品质量管理条例》要求“对复杂系统的单元体（特性），应当编制关键件（特性）、重要件（特性）项目明细表。对关键件（特性）、重要件（特性）的设计参数和制造工艺必须严格审查”。“对关键件（特性）、重要件（特性）和关键工序，承制单位应当编制专门的质量控制程序，实施重点控制”。

根据国家军用标准 GJB 190《特性分类》，产品特性可分为关键特性、重要特性和一般特性。根据 GJB 450《装备可靠性工作通用要求》、GJB 900《装备安全性工作通用要求》划分可靠性、安全性关键项目。在生产和工艺中，还可根据特性分析将组成产品的单元件划分出关键件、重要件和一般件。将工序划分为关键工序、一般工序，以做到重点控制。特性分类工作的核心是在质量控制工作中，分清主次，抓住重点，以保证产品的质量。

特性分类工作包括产品单元件确定、特性分析、关键件、重要件分类以及关键工序的确定和质量管理要求的确定。特性分类主要是根据单元件失效造成的危害程度和失效发生概率的大小来判断的。因而要求设计单位先对产品进行技术要求分析、设计分析、单元件等特性分析，确定检验单元，并提出分析报告。然后，根据分析的结果确定单元件的类别。划分产品特性类别既关系到产品质量，也影响产品的设计、成本，一般应由设计部门提出方案，征求工艺、生产等有关部门的意见后确定，以保证特性类别的合理性。对不同使用条件下的产品，应以最苛刻使用条件作为划分特性类别的依据。

特性类别划分之后，设计部门要根据单元件的特性类别，确定关键件、重要件、一般件，并向生产及工艺部门提供关键件、重要件清单，而且要在设计文件上予以标注。FME(C)A 是一种确定关键件、重要件的好方法。特性分类和关键件、重要件的确定及标注工作，应在设计各阶段实施并逐步确认，并编写出“关键件、重要件目录”。特性分析报告和“关键件、重要件目录”应作为设计文件的一部分，提供给生产使用部门。

特性分类是生产过程进行质量控制的重要依据，其保证措施之一是确定关键工序，制定严格的质量控制办法，并认真实施。工艺（技术）部门应根据设计提供的图纸和“关键件、重要件目录”，以及本单位的工艺特点，确定关键工序，并编制“关键工序目录”。关键工序应包括：关键特性、重要特性所构成的工序，加工中质量不稳定的工序，加工周期长、原材料昂贵、出废品后经济损失较大的工序，以及关键的、重要的外购件、外协件、原材料的入厂验收工序等。

这里面需要着重强调的是，关键件、重要件以及关键工序随着研制过程的深入和递进，是可以发生调整和闭环的。因为随着工艺的稳定和成熟，以及设计和加工控制方法的完善，关重件、关键工序要适应性调整，要根据实际情况进行增减，并非一成不变。另外，关键工序并非只是关键特性、重要特性所构成的工序，也包括其他因素。所以，要定期对关键特性、关重件、关键工序进行回头看和重新审视，这是管理控制的重点。

8.5 设计评审

《军工产品质量管理条例》要求"承制单位必须建立分级、分阶段的设计质量、工艺质量和产品质量评审制度以及进行试制、试验前的准备状态检查"，即三个评审、两个检查制度。

设计评审是为了评价设计结果满足要求的能力，识别问题并在有问题时提出解决的办法，对设计做综合的、系统的并形成文件的检查。设计评审是为各级行政系统管理决策和两总系统决策提供咨询意见的一项必须进行的工作。设计评审要纳入研制计划，未按规定要求完成设计评审，不能转入下一阶段工作。

为指导设计评审的开展，已制定并发布了 GJB 1310A《设计评审》标准。

8.5.1 设计评审的目的与作用

产品质量是设计出来的，制造出来的，设计决定了产品的固有质量。对设计进行严格的评审是保证产品质量的重要工程管理方法。设计评审是由各有关方面具备资格的代表对设计所做的正式的、全面的、系统的检查，并把检查结果写成文件。其目的是评定设计要求和设计能力是否满足规定的要求，从而发现问题并提出解决的办法。

设计评审是运用早期报警的原理，在研制过程决策的关键时刻，组织同行专家和用户、质量部门、工艺部门等有关方面的代表，通过对设计过程及其结果进行详细的审查、评估，评价设计符合要求的程度，发现和纠正设计缺陷，加速设计成熟，为批准设计提供决策咨询。设计评审主要是对方案、方法、技术关键、技术状态、计算机软件、可靠性、维修性、安全性等重点事项，进行深入审查和讨论，把集体智慧和经验运用于一项设计之中，弥补主管设计人员知识、经验和能力等的局限性。对设计项目的领导者和使用单位来说，设计评审是对设计质量进行监督控制的重要管理手段。

8.5.2 设计评审的分类及评审点的设置

（1）分类

《军工产品质量管理条例》要求进行分级、分阶段设计评审。因此，设计评审按研制阶段划分可分为方案设计评审、初步设计评审、详细（关键）设计评审和定型设计评审；

按产品功能级别或管理级别分类可分为全系统级设计评审、系统级设计评审、分系统级设计评审和整机（部件）级设计评审。

根据研制需要可以进行专题评审，如安全性、可靠性等专题评审。软件的设计评审可以结合整个设计评审进行，也可单独组织设计评审。

设计评审的类型一般分为：阶段评审、技术设计评审、专项评审。

1）阶段评审：阶段评审是按照产品研制程序，分阶段进行的综合性评审。一般在一个研制阶段结束、下一个研制阶段开始之前进行。阶段评审一般分为：方案阶段评审，即方案阶段转工程研制阶段评审；工程研制阶段评审，即初样阶段转试样（正样）阶段评审和试样（正样）阶段转定型（鉴定）评审；设计定型（鉴定）评审。

2）技术设计评审：技术设计评审是依据任务书、设计报告及相关文件（包括型号产品保证系列大纲、标准化大纲等），对技术设计满足任务要求的情况，设计的正确性、协调性与工艺性，以及技术设计中的可靠性工程、元器件选用、标准执行情况的适宜性和有效性所进行的评审。

3）专项评审：专项评审是为了降低风险，在特定时期，对产品质量、研制进度和经费有重大影响的专业技术问题进行的评审。一般包括：设计工艺性评审；软件评审；可靠性、维修性、测试性、保障性、电磁兼容性、安全性、环境适应性等评审；元器件评审；设计方案评审；标准化评审；单项设计输出文件评审；专项技术攻关、复核复算结果评审；其他文件评审：根据研制工作需要进行的评审。

（2）设计评审点的设置

设计评审点的设置，一般是在上一研制阶段结束，下一研制阶段开始前进行。图 8 - 3 是一个例子。

设计评审是重要的研制质量监控点，选择在决策关键时刻，也就是研制转阶段的时刻，这样可以对上一阶段的设计工作进行总的评价，确认产品的技术状态，为下一阶段建立基线，起到分阶段质量把关的作用。设计评审结论是批准研制转阶段的依据。

8.5.3　设计评审的内容

设计评审主要是评定设计过程和设计结果是否符合规定的要求，也就是审查设计方案、技术要求、计算数据、参数选择的正确性，系统接口的协调性，以及可生产性、可靠性、维修性、安全性、经济性等要求是否设计到产品中去。

设计评审的内容和要求应结合产品的特点和所处的阶段来确定。方案设计评审主要评审系统级设计结果，系统的功能、结构、采用的新技术、系统技术参数及分配、研制计划和保障条件；初步设计评审主要评审各分系统技术状态、安全性、可靠性、维修性、接口协调性、试验要求和试验程序；详细设计评审主要评审整机详细设计结果和满足系统要求的程度，最终确定容差、试验和检验要求、关键件清单和控制要求，设计资料的完整性与协调性。

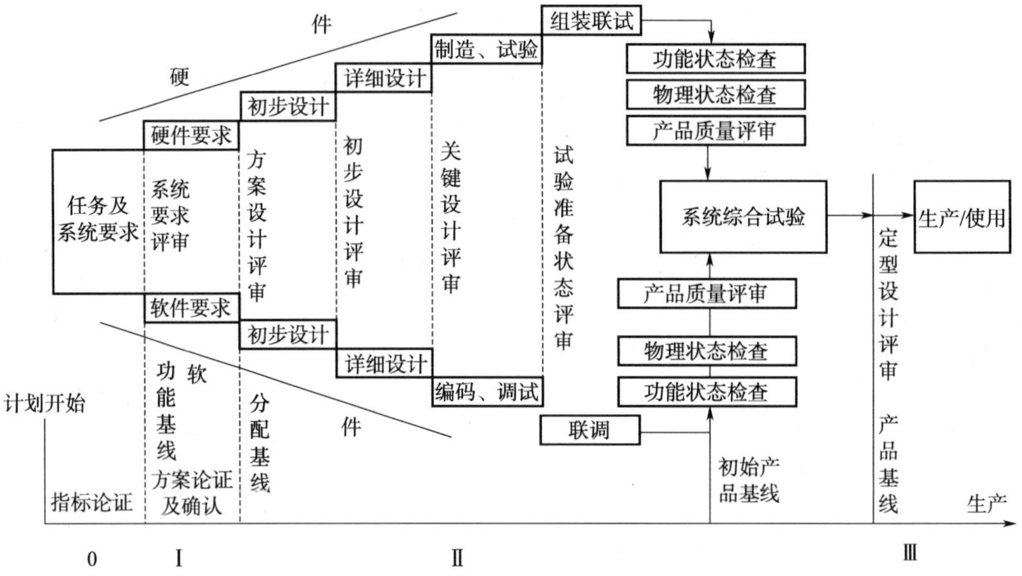

图 8-3　设计评审点的设置

8.5.4　设计评审组织与实施

（1）评审组织

设计评审应由各方面具有资质资格的专家组成的评审组（或评审委员会）负责，评审成员应包括任务提出方代表、设计专家、工艺专家、产品保证专家、质量专家等。评审阶段不同，评审人员可有所不同。被评审项目的设计师不参加评审组，但他们应参加评审活动，提供设计评审报告，提供所需的资料和数据，答辩、质疑，并根据评审人员的建议提出改进的措施等。

评审归口管理部门负责提出评审组建议名单，并报主管领导确定最终名单。评审组应按以下要求组成：评审组设组长一人，评审组长由型号技术负责人或者经验丰富的同行专家担任，对于大型设计评审还可增设一至两名副组长。一般评审组长由型号技术负责人担任，专项评审组长由经验丰富的同行专家担任；设计评审组成员一般由相关专业人员、上一级设计师代表、有接口关系的产品设计师代表、产品保证相关专业的专家、顾客代表以及型号外专家、专业工程师（研究师）参加。本课题组成员原则上不得进入本课题的评审组。

（2）设计评审准备

设计评审必须在有组织、有计划、有准备的情况下进行。被评审项目的主管设计师，首先对全部设计资料、设计文件进行复查、整理、总结，写出设计总结报告。设计总结报告要根据评审内容和要求准备，一般应包括以下内容：

1）相应研制阶段工作内容，设计的主要技术指标要求和已达到的水平，尚存的薄弱环节或技术关键；

2）主要性能指标要求及有关工作项目的落实；

3）保证设计质量的措施；

4）设计问题归零情况；

5）结论及建议。

该总结报告及有关资料应提前一周送交设计评审小组。

（3）评审会议

在经过充分准备的基础上召开设计评审会议，一般议程为：

1）设计师做设计总结报告；

2）评审组成员进行职责分工，根据检查项目表进一步审查被评项目的设计总结报告及有关设计资料，必要时请设计师做答辩或补充说明；

3）评审组成员按分工发表对该评审项目的审查意见，并充分进行讨论；

4）评审组组长总结各成员意见，形成评审结论，并宣布正式评审结论。

质量管理部门对设计评审中各种问题的处理要进行跟踪、检查和监督，形成闭环管理。

设计评审过程中形成的资料要进行整理归档。

8.5.5　设计评审应注意的问题

设计评审是一种阶段质量把关的措施，同时也为管理决策提供咨询意见，但不改变设计师系统的技术责任制。设计师系统对评审组评审的意见和结论要给予足够的重视，对每个意见都要进行认真研究，对不予采纳的意见要详细阐明理由，必要时应由上一级技术负责人或型号负责人确认，并记录在案，归档保存，并须经得起复查和研制工作的考验。

设计评审分类及评审点的设置、评审内容的确定以及组织实施等一定要结合本单位、本型号的特点来确定，可以适当增加或减少评审次数，制定自己的评审细则，这样才能充分发挥设计评审的效果。

设计评审要纳入研制程序，列入研制计划，给予时间、人力、物力、经费上的保证。

要正确对待和恰当运用设计评审这一管理工具，防止走过场，不断改进评审工作，提高有效性。为提高有效性，首先要落实评审工作中各方的责任。评审组织单位对评审组组长和成员的确定，评审准备工作以及对评审意见的处理及追踪管理负责；评审组对提出的评审结论意见和工作建议的正确性负责；型号两总对提供的报告、资料的正确性和完整性负责，对评审组意见和建议的采纳与否的后果负责；质量部门对评审后的跟踪管理负责。

型号应根据产品的复杂性、重要性以及研制程序，确定评审的级别。科研生产部门应结合型号研制程序、计划流程策划设计评审，设计评审应纳入研制计划。设计评审原则上应进行会议评审并形成明确的评审结论，也可根据型号特点及产品成熟度情况，采取文件会签及函审等评审形式。设计评审形式由型号“两总”系统根据有关规定以及顾客或相关方意见，在策划中明确，形成设计评审计划并纳入设计开发策划及型号研制计划管理。设计评审依据一般为产品任务书、技术要求、型号产品保证大纲、标准及相关法律法规、产品研制策划、接口协议等。在设计评审前应提交设计评审资料，包括评审文件和备查文件。设计评审应有完整的记录，评审专家应填写专家意见表，由项目管理部门进行跟踪落实。评审结论应形成文件，对评审中提出的问题或改进建议，承制单位应制定纠正措施，组织分析处理，实行跟踪管理。必要时设计评审结论和跟踪的结果向顾客代表通报。

设计评审遗留问题跟踪管理是管控的重点，一般由承制单位的设计评审归口管理部门负责组织设计师系统对设计评审中提出的遗留问题清单，进一步分析研究，提出解决措施。承制单位科研管理部门负责将解决措施列入研制计划，按职责分工和科研程序，进行研究和落实。承制单位设计评审归口管理部门负责设计评审遗留问题落实情况跟踪和监督，必要时向顾客代表以及质量部门通报。评审会后评审文件和评审证书应按规定归档。

8.6 设计验证与确认

8.6.1 设计验证

设计验证是通过检查或提供客观证据（理论的、实验性的）证明产品的设计已满足规定的产品要求。通过设计验证确认设计的合理性、正确性，暴露和纠正设计缺陷，不因设计缺陷而影响生产质量、使用质量。验证过程成功的实施是用户对产品验收的基础。

设计验证内容取决于产品设计要求，包括功能、性能、接口、环境适应性以及可靠性、维修性、安全性、保障性等特性的验证。

（1）设计验证的特点

1）层次性：设计验证需要在不同产品层次进行，且有着不同的验证内容。例如，设计验证的产品层次包括系统、分系统、设备等。产品各层次设计验证工作取决于其相应的设计规范和设计要求。要保证所有要求都能得到验证，保证验证结果与要求的一致性。

2）阶段性：设计验证在不同研制阶段都有不同的要求。图 8-4 是某项目系统设计验证阶段划分的例子。

3）多方式：设计验证方法可以有试验、分析、评审、检验以及仿真等方式。通常一项设计要求可采用一种或多种方式进行验证。利用不同的验证方式，其结果的深度和真实性是有一定差异的。

4）迭代性：设计是一个设计、验证、改进、再验证的迭代过程，因此，验证也是一个迭代过程。随着研制开展，根据对已有验证结果的确认程度，验证的具体内容、深度会有所侧重或转移，直到最后完全确认。

由于设计验证有以上特点，而验证大部分采用样机试验方式，其耗资大、周期长、技术有难度，因此需进行设计验证的策划。这种策划应在方案阶段随同系统方案论证同时进行。

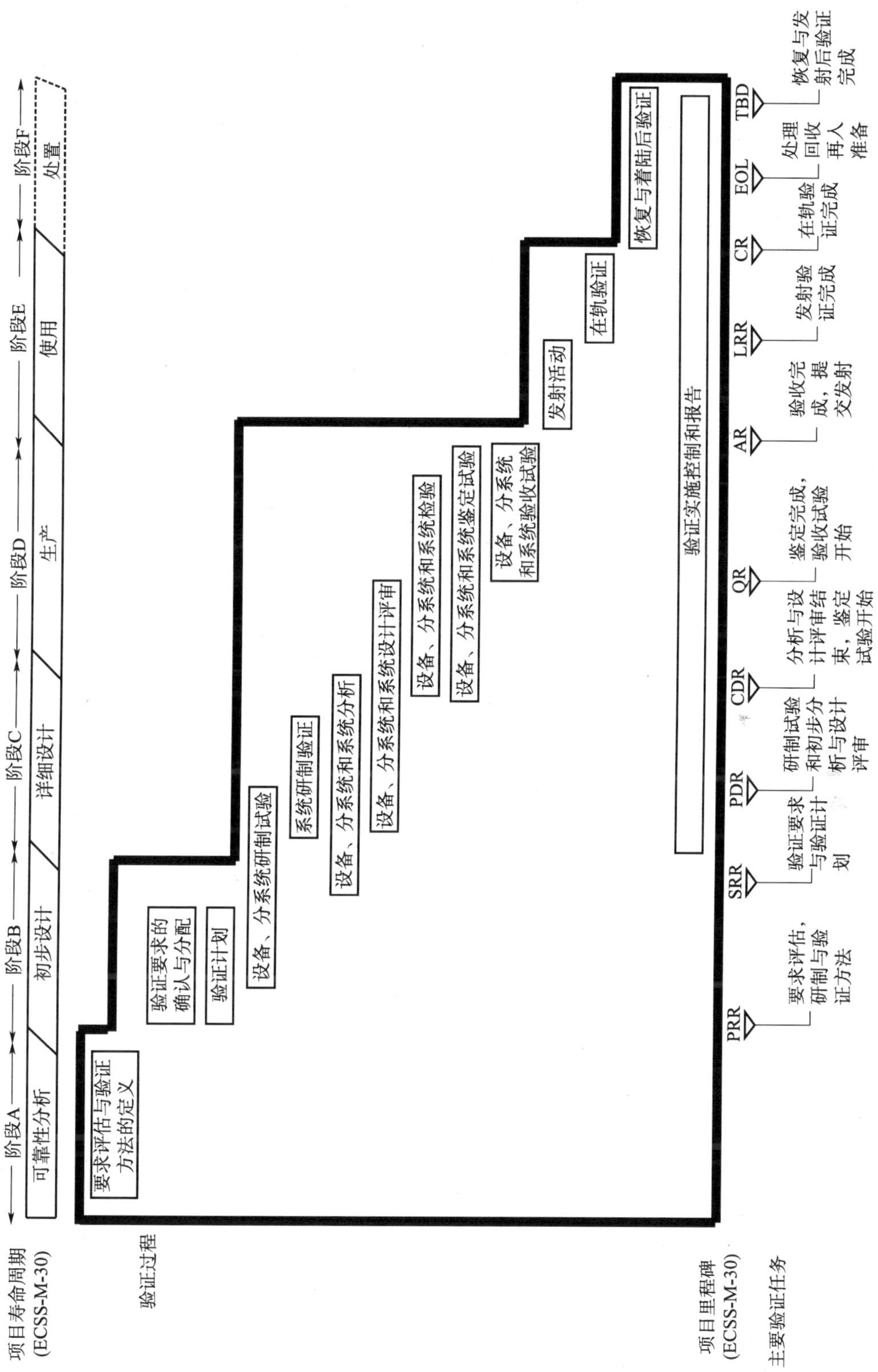

图 8－4　某项目寿命周期内验证过程的典型阶段划分

（2）设计验证活动的策划

通常设计验证活动策划包括以下方面：

1）验证什么。确定验证的对象及内容。成功的验证开始于一组好的设计要求（设计输入），每一项设计要求必须是单一的、清楚的、简单的、可度量的。应当规定对设计要求的验证判据，包括精度、方法。

2）如何验证。确定验证的产品层次和方法。验证应做到充分性、完整性、协调性，避免重复或漏项。选择有效的验证方法。

3）在何时、何地验证。确定验证的阶段与活动。验证贯穿于整个研制阶段，要确定什么验证要求在什么阶段，在什么产品层次按什么工作条件验证最有效。

4）试验样机的需求。当采用试验验证设计时，就需要试验样机。要确定样机的技术状态、样本数、样机质量要求等。

5）设施、工具要求。

6）建立或利用现有数据库，采集有关验证数据。

7）编制验证实施大纲。

8）验证报告要求。

（3）设计验证的方法

设计验证的方法有：

①试验

试验用来验证功能特性是否符合要求。试验过程将产生数据，这些数据通常是由精确的测量设备或方法记录下来，随后对数据进行分析或评审，以评价功能特性的符合性。

②演示

演示是另一种形式的试验方法，用来验证功能特性是否符合要求。演示验证不使用复杂的测量设备，而是借助通过或不通过准则来验证。

对于试验或演示所用的产品样机应具有代表性，即其技术状态应与正式产品一致。试验或演示的环境条件应真实。

③分析

分析有三种方法：

1）根据已建立的数学模型或通过仿真得出的数据来验证产品特性是否符合要求。

2）通过相同或相似产品的相似性分析来验证产品特性是否符合要求。

3）复核复算，即利用同行专家和相关专业专家的设计经验和专业知识对关键的影响成败的技术参数、指标，重大的设计问题等，进行审查或分析、计算，验证设计是否符合要求。

分析方法主要用于不能或不能经济地用试验或演示方法来进行设计验证之处。往往通过分析后，需要提出一些补充的试验或演示。

④评审

评审是一种验证方法。它是对照标准、规范、惯例以及预先规定的接收准则，检查图样、技术文件是否符合要求。

⑤检验

检验是借助检查以及对照设计图样，验证产品的物理特性是否符合要求。检验对产品一般是无损伤的，通过目视或简单的测量工具来进行。

⑥仿真

建模和仿真能够虚拟地复制产品和过程，并能在易于获得和易于操作的真实环境中模仿这些产品或过程。在任何系统的研制中只要恰当地建模与仿真，就能带来节省费用、加快进度、提高产品质量、降低风险的好处，在某些情况下，建模和仿真是进行验证或确认的唯一途径（见图 8－5）。

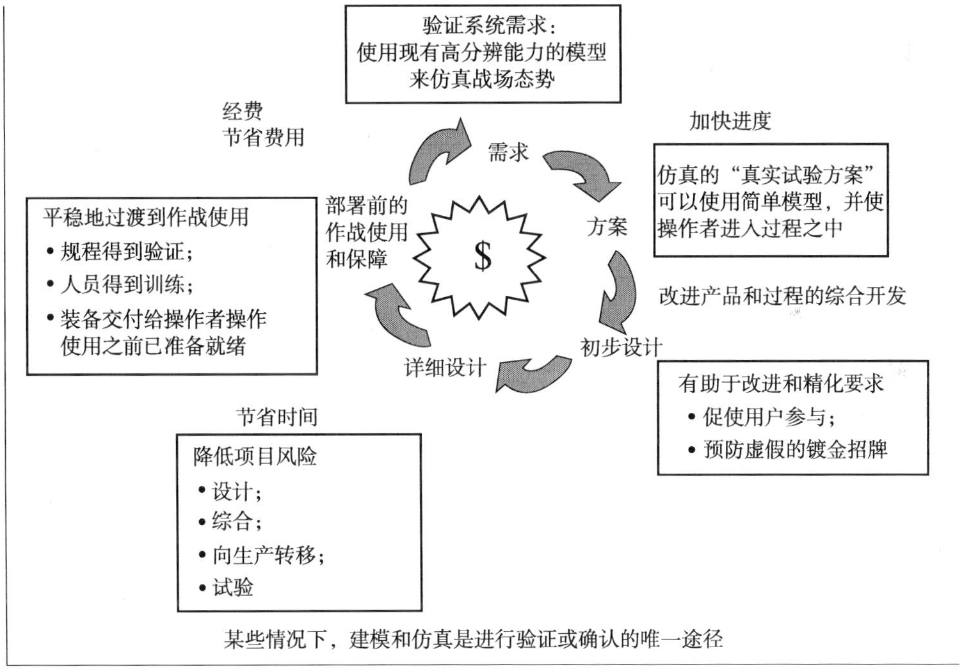

图 8－5　建模和仿真的优越性

选择何种验证方法，取决于验证要求，选取的验证方法的合理性、正确性及其结果的有效性，以及资源的许可。因此应对验证方案进行充分论证并评审决策。对于已确定的关键特性项目，应以演示和试验的方法对所要求的特性进行验证。

（4）设计验证的实施

图 8－6 是规范的设计验证流程，说明了验证过程的输入、输出及活动。

为确保设计验证的实施，防止漏项，保证设计规范的严肃性并规范化管理，某系统在其设计规范文件最后一章“验证和试验要求”中，以表格形式规定了设计验证矩阵（见表 8－3）。

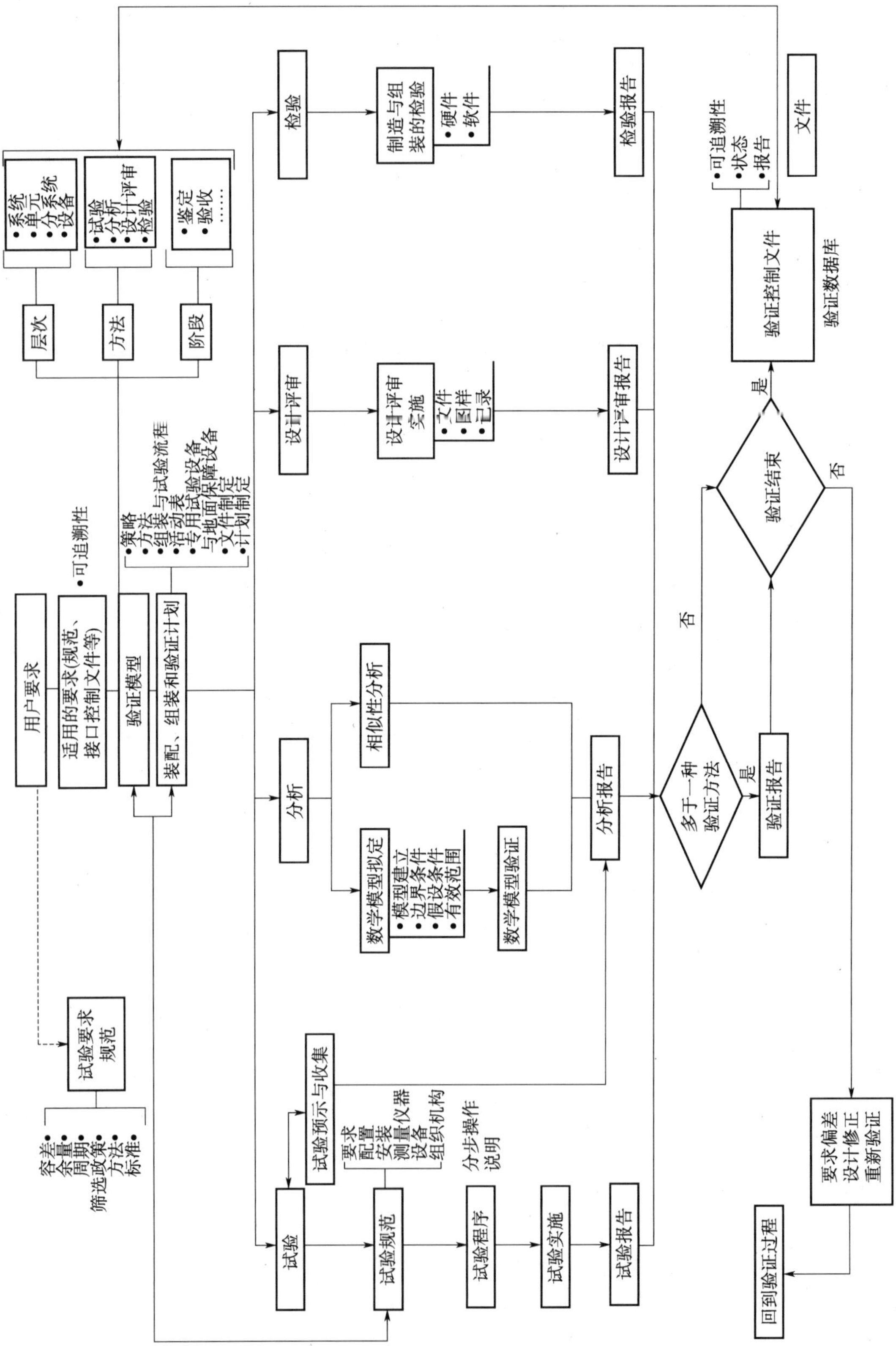
用户要求
适用的要求(规范、接口控制文件等)
•可追溯性
验证模型
装配、组装和验证计划
层次
方法
阶段
•系统
•单元
•分系统
•设备
•试验
•分析
•设计评审
•检验
•鉴定
•验收
……
•策略
•方法
•组装与试验流程
•活动表
•专用试验设备
与地面保障设备
•文件制定
•计划制定
试验要求规范
•容差
•余量
•周期
•筛选政策
•方法
•标准
检验
制造与组装的检验
•硬件
•软件
检验报告
设计评审
设计评审实施
•文件
•图样
•记录
设计评审报告
分析
相似性分析
数学模型拟定
•模型建立
•边界条件
•假设条件
•有效范围
数学模型验证
分析报告
试验
试验预示与收集
•要求
•配置
•安装
•测量仪器
•设备
•组织机构
分步操作说明
试验规范
试验程序
试验实施
试验报告
多于一种验证方法
是
否
验证报告
验证结束
验证控制文件
验证数据库
•可追溯性
•状态
•报告
文件
要求偏差
设计修正
重新验证
回到验证过程

图 8-6 设计验证流程

表 8-3　设计验证矩阵

目次号	技术要求项目	验证方法								一致性		备注
		不适用	模拟	分析	设备试验	分系统试验	检验	系统试验	在轨试验	是	否	

在表 8-3 中，目次号为相应设计规范的章节条目号，技术要求项目即对应条目号的技术要求，一致性是验证结果。在设计评审中，设计验证矩阵表作为评审数据包之一。

为了保证验证的实施，应明确参与实施活动各方的责任。对于大型验证试验必要时要设立验证控制小组，要进行试验准备检查和试验后评审活动。设计验证不合格，要提交不合格审理委员会处理，并按质量控制程序进行纠正。

对大型的试验项目需要制定试验质量控制程序，主要要求为：

1）编制试验大纲并经过评审和批准；

2）做好数据采集、产品参试状态确认、测量和试验设备校准、试验安全等方面的准备工作；经试验前准备状态检查合格后，方可进行试验；

3）参试人员应经过培训并有明确的岗位责任制；

4）严格按试验大纲要求组织试验，并对影响过程的各种因素进行控制，包括事故预防措施；

5）试验结束后，收集、整理试验数据和记录、分析评价试验结果；

6）在试验前应组织试验队伍，明确职责和分工，编制试验大纲并履行审批程序，试验过程应严格按试验大纲组织实施并进行全过程的质量控制。

8.6.2 设计确认

设计确认是一种证实最终产品满足预期使用目的的必要手段，它通过检查和提供客观证据，来确定产品是否符合用户的需要。

设计确认是在成功地、全面地进行设计验证后，在规定的使用条件下（包括操作方式、环境等）对最终产品进行设计确认。设计确认主要是针对最终产品进行的，如果无法或很难在最终阶段对某些特征进行确认，则需要在产品开发过程的各阶段进行设计确认。在某些情况下，设计确认要推迟到产品的最初使用阶段。当产品有不同的预期用途时，可以多次确认。

设计确认中所进行的检查、试验和证实结果应予以记录。确认中发现的问题或缺陷应及时反馈给设计，作为改进和完善设计的依据。

设计确认是承制方的责任。其确认方式可以有所不同，如：

1）可以由承制方单独进行确认；

2）可以与用户一起或邀请用户配合进行确认；

3）通过用户对产品的初期使用来确认，即产品提供给用户，经用户使用后提供试用效果，证实产品是否满足使用要求。

当采用第三种方式时，承制方应确定产品的试用范围，提出试用要求，收集试用记录，并依据试用记录所提供的客观证据，证实产品是否符合使用要求。

军工产品是通过定型（鉴定）来确认设计。为此，承制方应根据《军工产品定型工作条例》、GJB 1362《军工产品定型程序和要求》的要求完成定型（鉴定）准备。这些准备包括完整的产品设计生产和验收（试验）的结论、图样、清单等资料。如果合同有定型评审要求，还要准备相应的评审文件、资料。

8.7 技术状态管控

技术状态管理发端于 20 世纪 50 年代的美国，以后被越来越多的工业发达国家所采用，并引起世界各国的广泛重视。我国颁布的《军工产品质量管理条例》以及《关于加强国防科技工业质量工作若干问题的决定》，都将技术状态管理作为质量管理的重要手段，要求军工产品承制单位建立健全技术状态管理制度，严格控制技术状态的更改。目前已颁发了 GJB 3206《技术状态管理》，规定了实施的程序。

8.7.1 技术状态

所谓技术状态是指在技术文件中规定的并在产品上达到的功能特性和物理特性。

功能特性是指产品的功用，如速度、可靠性等。

物理特性是产品为实现功能所具有的形体特性，如尺寸、质量等。

当功能特性、物理特性用一组定量的或定性的要求来表达并经批准时，即叫基线。通常有三条基线，即功能基线、分配基线、产品基线（见表 8－4）。

表 8－4　基线类型

基线	内容	文件形式	制定时间	制定单位
功能基线	·规定任务和技术要求； ·对各功能段分配要求； ·规定接口关系； ·约束条件	系统规范	论证阶段	用户(军方)或承制方
分配基线	规定各分系统或设备、计算机软件项目技术要求	研制规范 (研制任务书)	方案阶段末	承制方
产品基线	规定生产、试验、验收技术要求	产品规范	工程研制阶段末	承制方
	规定制造工艺(如焊接、铸造等)技术要求	工艺规范		
	规定制造中使用的原材料或半成品生产技术要求	材料规范		
		图　样		
		明细表		

技术状态基线的建立按照以下程序进行：在研制过程中，技术状态基线是逐步演变、逐步完善的动态过程。在方案设计阶段结束转入初样研制时形成功能基线和分配基线；在初样产品试制投产前形成初始的产品基线；在初样阶段结束转入试样阶段时形成全系统的第一条完整的技术状态基线，作为全系统技术状态管理的初始参照基准。在研制各阶段要根据型号产品特点分别建立阶段分配基线，并随着研制过程不断完善，直至型号完成鉴定或定型，确定技术状态基线。

阶段分配基线的形成和管理按照以下要求进行：作为分配基线主体的研制任务书需按研制阶段下达，研制任务书必须由任务提出单位和任务承担单位双方签署，任务承担单位依据签署的研制任务书开展研制工作，并按研制任务书规定的内容交付产品和文件。任务书提出单位应确定任务承担单位需提交的文件清单；当任务提出单位和承担单位对研制任务书有关内容（包括个别技术指标、要求或提交文件清单）不能达成一致意见时，由任务提出单位组织相关方协调，形成暂定要求，填写任务书协调单，经双方签署、上级设计师审批后会同签署后的任务书一并作为本阶段的暂定分配基线；待本阶段研制工作结束后，任务提出单位负责牵头组织相关单位，最终协调确定本阶段的研制任务书，固化并形成本阶段的分配基线。各阶段分配基线建立后，各承制单位编制本单位技术状态项的技术状态基线文件清单，并逐级上报至各任务提出单位技术状态管理部门。产品生产用设计文件，在批准前应进行工艺性审查；产品工艺总方案中应明确规定编制的产品工艺技术状态标识的要求；工艺师应根据批准的设计文件、工艺总方案以及相关的产品规范、工艺规范、材料规范进行工艺设计；工艺总方案，含有关键（重要）件、关键工序的工艺规程及大型复杂工艺装备的设计文件等应在投产前进行工艺评审。工艺装备启用和使用前，应进行加工试用或复检。

8.7.2 技术状态管理

简单地说，技术状态管理是运用行政和技术的手段，建立各种程序，对产品技术状态实施有目的、有计划、有步骤的管理。它包括四个方面，即技术状态标识、技术状态控制、技术状态审核和技术状态纪实。详见 GJB 3206《技术状态管理》。

技术状态管理与技术资料管理和接口管理密切相关。资料管理和接口管理对于正确实施技术状态管理是必不可少的。因此，技术状态管理工作必定要包含资料管理工作和接口管理工作。

在型号研制生产过程中，必须严格控制三条基线的更新，使对这些基线所做出的全部更新都具有可追溯性。确保技术状态项在其研制、生产的任何时刻，都能使用现行有效的、正确的技术文件。各承制单位要按型号要求制定所承制产品的技术状态项控制细则。在方案阶段一般重点控制功能基线；在工程研制阶段一般重点控制分配基线和产品基线；在完成定型后一般重点控制产品基线。

技术状态的更改按照《技术状态管理》文件要求执行，一般应遵循以下要求：

1）充分论证：经过充分论证，确保合理；

2）各方认可：总体、设计、工艺、上下环节等各方认可；

3）有益无害：确保能提高产品的性能、质量和可靠性，并且不对相关方面产生危害；

4）试验验证：更改方案可靠，并经过充分的试验验证；

5）审批完备：按要求履行审批手续，必要时需经相关人员会签，确保签署完备；

6）落实到位：经固化的技术状态和经批准的技术更改，必须在图纸、技术文件上切实落实、更改到位，实现闭环控制。

8.7.3 技术状态管理的目的

实施技术状态管理的目的是：

1）保证有目标、有步骤地研制产品，并以最低的费用，最短的周期研制出满足质量要求的产品。

2）严格控制设计更改，控制偏离、超差。

3）保证文（文件）实（产品）相符，文文相符。

4）保证技术资料完整、配套、协调，用它可以重复生产产品，并且质量是稳定的。保证交付用户的产品可互换、可维修、可保障。

8.7.4 技术状态控制

在研制、生产期间，由于种种原因，难免要对已确定的技术状态（基线）做一些更改。因此，技术状态管理的一个重要方面是建立一种制度来控制技术状态的更改，以保证更改受到系统的评价、协调、批准及实施，并把这种更改正确、完整地反映在技术文件及更改控制文件内，并跟踪产品技术状态的全部历史。

技术状态控制包括对工程更改、偏离和超差的控制。为实施控制，需要有一定的技术状态控制职能的机构来管理。

在技术状态管理过程中，要强化型号技术状态管理策划，强化总体的抓总、策划、指导、协调和把关作用，严格控制产品技术状态，确保型号技术状态受控，确保在任何时间、场合都能使用现行、有效、正确的技术状态文件，做到文文一致、文实相符。各型号、各承制单位应建立健全各级技术状态管理组织机构。

技术状态控制是为了防止进行不必要或可有可无的更改，同时加速有益的更改。更改的目的是：纠正缺陷，改善用户使用效果，节省寿命周期费用，缩短生产周期。

技术状态控制要求承制方各部门（如设计、工艺、生产、质量保证、器材、采购等部门）都要参与对更改的审核，对批准的更改贯彻执行。

对技术状态更改进行控制的原则和要求：

1）保证更改的正确性、合理性、经济性和协调性；

2）所有更改建议的提出、分析、验证、批准和不批准以及执行活动，都要有文件规定并记录；

3）对正式批准的更改，凡所涉及的技术文件、产品实物，都应按更改的要求及时修订或修改；

4）保证不影响相关单位正常工作；

5）贯彻责任制，履行签署手续。

技术状态更改的种类有：工程更改、偏离和超差。

（1）工程更改

工程更改是对产品技术状态的永久性更改。它需要更改标识产品技术状态的基线文件（如规范、图样、明细表等设计文件）。这种更改必须更改设计文件的底图和蓝图，并把更改后的文件作为生产、试验、验收产品的依据。工程更改即通常讲的设计更改。

· 工程更改控制文件：通常用的工程更改控制文件是“更改单”。只有签署完整的更改单才是更改设计文件底图和蓝图的依据。通常，只有设计单位才有权对其编制的设计文件发出更改单。

· 工程更改级别：根据更改对产品技术状态影响的程度，对工程更改应分级，并分别处理、标识标记。

工程更改一般分两级：

Ⅰ类工程更改：凡涉及产品的性能、功能、接口、互换性、可靠性、维修性、费用、进度等的更改属于Ⅰ类工程更改。Ⅰ类工程更改需要严格控制。

Ⅱ类工程更改：Ⅱ类工程更改属于对设计文件编辑性的修改，这种更改不影响产品的性能、互换性、费用和进度。

（2）偏离与超差

除了上述更改外，还有偏离许可和超差特许两种情况。

①偏离许可

偏离许可是指在制造某一产品之前，事前经批准，允许某一定数量的零部件、组件，或某一批产品，或某一段时间生产的产品，可以偏离设计要求，做临时性的变动，例如，代料、临时性的设计更改或工艺方法更改。

偏离不同于工程更改，它不对基线设计文件的底图、蓝图做更改。在一定情况下，对基线设计做临时性的偏离，有时是难以避免的，但要履行一定的批准手续。

控制偏离的控制文件如“技术通知单”，通常由设计部门控制。

②超差特许

超差特许是指经书面（如超差单）批准允许原样使用或使用不符合设计文件要求的返修产品。

技术状态控制的责任和权限：为控制技术状态的更改，从提出更改建议到批准实施更改，要通过一定的审批手续。通常为：

· 涉及基线文件的更改，应由用户或任务提出单位审批；

· 研制阶段对非属基线文件的更改，由设计部门设计师系统审批；

· 对经验证已达到设计要求的技术状态的更改，需按审批权限升级审批。

技术状态控制委员会：必要时，订购方、承制方、分承制方可分别成立技术状态控制委员会。技术状态控制委员会由有关职能机构的代表组成，负责按决策权限审查工程更改建议和重要的偏离、超差申请，提出批准或不批准的建议。承制方的技术状态控制委员会要对所提出的Ⅰ类工程更改建议进行预审。

③对偏离、超差的控制

承制方办理偏离、超差时，一般要根据其后果的严重性进行控制。

除特殊情况外，一般不能申请涉及安全性及致命缺陷的偏离、超差和影响部队使用或维修的偏离、超差。经批准的偏离、超差仅在指定范围和时间内适用，并不构成对功能技术状态文件、分配技术状态文件或产品技术状态文件的更改。应在技术状态项目制造之前办理偏离、超差的申请和审批手续。

1）提出偏离、超差申请。承制方办理偏离、超差时应提出偏离、超差申请。偏离、超差申请的内容应包括：编号，标题，技术状态项目名称及编号，受影响的文件，偏离、超差内容，实施日期，有效范围，对进度、性能、接口、软件、综合保障、费用的影响，相应的措施等。偏离、超差申请的编写格式由承制方自行确定。

2）审批偏离、超差申请。除合同另有规定外，承制方按其现行管理制度对偏离、超差申请进行审批。其中涉及下列因素的偏差、超差应征得订购方同意：人员健康、装备性能、可靠性、维修性、生存性、互换性、重量和尺寸等。

8.7.5 技术状态纪实

技术状态纪实是对已确定的技术状态文件提出的更改状况和已批准更改的执行情况所做的正式记录和报告。技术状态纪实使技术状态演变过程具有可见证性和可追溯性。所有列入技术状态项清单的产品在研制过程中均要开展技术状态纪实工作，各单位应加强技术状态的纪实的管理，指定专人按规定做好技术状态的纪实工作，确保纪实准确、及时、完整。

8.7.6　技术状态审核

技术状态审核是为确定技术状态项是否符合其技术状态文件所进行的检查。在研制生产过程中的相关阶段需进行技术状态审核工作，技术状态审核按单机设备、分系统、系统总体或全系统，自下而上分级进行。

第 9 章　生产过程质量控制

生产过程质量控制是对影响生产质量的因素或环节实施控制，使生产过程质量处于受控状态，确保生产出合格的产品。生产质量控制重点抓：1）关键件、重要件控制；2）特殊过程控制；3）首件鉴定；4）多余物控制；5）不合格品管理；6）批次管理；7）试制和生产准备状态检查；8）产品质量评审。

9.1　关键件、重要件及关键工序控制

9.1.1　关键件、重要件生产过程控制

设计师/设计部门应编制“关键件、重要件项目明细表”，并经工艺师/工艺部门、质量部门会签，主管领导审批；对于关键件、重要件应在产品设计图样和文件上进行标识。

生产、工艺部门应：

1）根据设计规定的关键件、重要件和工艺要求，编制关键过程明细表，对关键过程进行技术、工艺分析，细化工艺方法和检验要求。

2）按 GJB 467 的规定编写关键件、重要件工艺规程和质量跟踪卡，在工艺规程中应按 GJB 190 的标注方法注明关键特性、重要特性。其相应的工艺规程封面或首页及质量跟踪卡上应分别进行标识。

3）应按 GJB 1269 的要求对关键件、重要件的工艺文件进行评审。

4）对关键件、重要件的加工方法、手段以及检验方案的任何更改，应进行验证并经有关部门会签，履行比一般件高一级的审批。

5）按 GJB 1330 的要求对关键件、重要件严格实施批次管理，确保关键件、重要件的质量问题具有可追溯性。

6）关键件、重要件一般不允许超差、代料，确需代料时，应经充分的试验验证，严格审批。

9.1.2　关键工序控制

1）工艺人员依据关键工序识别准则和生产实际条件，组织各专业工艺师对产品涉及的工序进行工艺技术分析，提出关键工序项目，编制“关键工序目录”，经质量部门会签，并报总工艺师/工艺负责人批准。

对于关键件（特性）、重要件（特性）和对产品质量起决定作用的工序即关键工序。关键工序选定原则为：a）形成关键、重要特性的工序；b）关键、重要的外购器材（原材料、元器件、零部件等）的入厂检验工序；c）加工难度大的工序；d）加工质量不稳定的

工序；e）加工不合格易造成较大经济损失的工序。

2）依据批准的“关键工序目录”，编制关键工序的工艺规程和有关质量控制文件，关键工序的工艺规程应进行工艺评审。

3）关键工序的工艺规程应有质量控制程序，对控制项目、内容、方法、步骤、控制用图表、原始记录等做出具体规定，关键工序编号处应加盖关键工序标记。当质量控制程序未编入工艺规程时，应编制“关键工序质量控制卡”或“关键工序作业指导书”，附在该工序工艺规程后面，并在工艺规程上注明其名称和编号。

4）关键工序工艺规程应保持稳定，如确实需要更改，其审批级别应比原签署级别提高一级，直至总工艺师/工艺负责人批准。

5）对关键工序实行“三定”。确定工艺方法、操作人员、仪器和设备。关键工序的操作与检验人员应经考核合格、持证上岗并相对固定，对涉及主要工艺参数的工装、设备、仪器应相对固定。

6）对存有关键工序的产品，在生产过程中生产操作人员应严格执行工艺纪律，严格执行首件三检制度；对关键工序控制点应进行 100％的检验并做详细的实测记录；对关键工序产生的不合格品进行严格处理和隔离。

7）生产部门在关键工序工位应设置明显标识。

8）对批量生产产品的关键工序质量，应用统计质量控制实施过程能力指数监控，提高过程能力。

9.2　特殊过程控制

特殊过程指直观不易发现、不易测量或不能经济地测量的产品内在质量特性的形成过程。

特殊过程的主要控制要求应包括：

1）特殊过程管理部门按识别原则，确定需进行确认的特殊过程项目，由单位责任部门提出特殊过程确认申请，经单位责任领导批准。

2）在特殊过程确认过程中技术人员、检验员应进行现场监督，提供的特殊过程确认证明材料应真实有效。特殊过程确认不合格时，该过程的生产不能进行，应重新进行特殊过程确认，重新确认合格后，才可进行后续生产。

3）对特殊过程验证参数、确认检查报告、确认过程记录等特殊过程确认资料应保存完整、记录详实。

4）出现以下情况，需对特殊过程进行再确认：a）当特殊过程连续停工时间达 1 年以上时，恢复生产前；b）特殊过程使用的设备经过大修或使用新购设备；c）人员发生变化，特别是主要的操作人员发生变动；d）工艺发生重大更改；e）生产场地变更。

5）特殊过程生产必须编制操作工艺文件、技术规范或企业标准，内容应规定工艺参数，明确设备、人员、工装、环境要求及安全防护措施等，同时应对记录方式、记录内容提出明确要求，工艺文件、技术规范或企业标准应经过评审或批准。

9.3 首件鉴定

为了验证和鉴定工艺文件的正确性和可行性，须按设计图纸和技术条件要求，对生产（工艺）定型前试制的第一件零部（组）件进行全面的工序和成品检查、考核，以确定生产工艺和设备、人员能否持续地生产出符合设计要求的产品。在成批生产中，如产品或生产过程发生了重大变更之后首次加工的零部（组）件，应履行首件鉴定程序。此程序还适用于非连续生产的批次，但不要使用试制阶段不同于预期的正常生产过程方法制造的那些试制产品进行首件鉴定。

首件鉴定程序可参见 GJB 908A《首件鉴定》。

9.4 多余物控制

产品中存在的由外部进入或内部产生的与产品规定状态不符的物质称为多余物。

9.4.1 多余物常见产生模式

1）自然物：生物、非生物；

2）加工方法：造型加工、切割与连接加工、切削与连接加工；

3）系统污染：气体、液压油、燃料、电气和电子仪器；

4）遗留物：生产用品、生活用品；

5）断裂；

6）腐蚀；

7）磨损；

8）能量污染：静电污染、磁场污染、热能污染、射线损伤、光能污染；

9）有机物挥发；

10）其他。

9.4.2 多余物控制要求

1）应以预防措施为主，全员参与，全过程控制；

2）应结合产品特点，制定有针对性的多余物控制管理流程、方法和相应的控制程序，具备预防和控制多余物的厂房、环境，配备相应的设备、仪器、工具，并正确使用；

3）针对设计、工艺、加工、装配、测试（调试）、包装、运输、贮存、维护、飞行试验前等过程中产生多余物的主要环节，采取有效措施，实行过程重点控制；

4）在产品研制总结报告或生产质量检查确认报告中应有明确的多余物控制结论；

5）应把多余物的预防和控制措施的有效性作为工艺评审和产品验收评审的内容之一，

并重点审查产品在生产和试验过程中多余物的预防和控制措施、曾经出现的多余物问题及处理情况，以保证验收产品的质量。

9.4.3　生产现场多余物的预防和控制

1）生产厂房有空气洁净度级别要求的，应符合洁净室（区）内洁净度级别及评定（QJ 2214）的规定，并根据产品特点规定厂房的温度、湿度、压力等环境要求；

2）进入生产现场、精密装配车间、总装调试厂房的工作人员应按规定着装，按要求程序出入；

3）生产区域应实行定置，设备、零（组）件、工（量）器具、资料等应按标识规定放置有序，并保持清洁整齐；

4）应设置收集多余物的容器，必要时可由专人管理并及时清除；

5）部（组）件的装配车间（或区域）应与零件的加工车间（或区域）分开，一般不应在同一空间内进行操作。

多余物控制可参见 QJ 2850A《航天产品多余物预防和控制》。

9.5　不合格品管理

不合格品管理是对不合格品的适用性做出判断，并采取措施防止不合格品的非预期使用或安装。

对不合格品的管理既适用于本单位自己生产的产品，也适用于本单位接受的产品。

9.5.1　承制单位应制定并执行不合格品管理程序

程序主要包括：

1）确定产品是否可能成为不合格品，及时做出标识，并及时报告；

2）规定不合格品标识方法；

3）做好不合格品的记录，确定不合格品的范围，如产品名称、型号、图号、研制阶段、批序号、生产时间、地点、生产设备等；

4）评价不合格品的性质，确定严重程度；

5）确定不合格品的处置方式，明确处置程序，对不合格品做出处置；

6）对不合格品的进一步加工进行控制，如返工、返修后应重新检验；

7）规定通知有关部门的方式，适当时通知用户、分承制方等；

8）规定不合格品审理组织进行审理的职责和权限、人员资格、报告方式、处理步骤等；

9）对于承制方，应规定设计师系统处置不合格品的表格形式和批准权限。

9.5.2　不合格品审理系统

应根据不合格品的性质，并充分考虑可能承担的风险，建立不合格品审理系统。

包括：

1）成员资格应经过确认；

2）明确职责和权限；

3）对不合格品进行分级审理；

4）保证其独立行使职权。

9.5.3 不合格品的处置

不合格品处置方式一般可包括：

1）返工；

2）返修；

3）报废；

4）让步接收；

5）降级使用；

6）退回供方。

9.5.4 不合格品处理

不合格品处理应做到：

1）坚持“三不放过”；

2）尚未设计定型产品的不合格品，应以设计部门为主负责处理；

3）不合格品的处理结论一次有效；

4）未经履行书面批准手续的不合格品不能进入下一道工序或交付出厂；

5）不合格品责任涉及两个以上单位或难以确认时，由授权处理不合格的人员仲裁。

不合格品管理程序可参见 GJB 571A《不合格品管理》。

9.6 批次管理

批次管理是产品批量生产中按批组织生产，确保投入产出数量清、质量清的管理制度。实行批次管理的产品要做到“五清六分批”，即产品批次清、质量状况清、原始记录清、数量清、炉批号清；分批投料、分批加工、分批入库、分批装配、分批出厂。为此，要按批次建立生产过程质量跟踪卡，详细记录投料、加工、装配、装试过程中投入产出的数量、质量状况，以及操作者、检验者。

GJB 1330《军工产品批次管理的质量控制要求》规定了批次管理的范围、办法和程序。

9.7 试制和生产准备状态检查

试制和生产准备状态检查指军工产品承制单位在产品进入试制阶段和转入批生产前，

对其是否具备开工试制和成批生产的条件进行检查。

生产过程质量控制的目的是保证生产的产品质量达到规定的要求。生产准备是否充分，将直接影响产品的质量和交付周期。生产准备包括图纸、设计资料、工艺文件的齐套、完整、有效；生产设施、环境条件、工装设备、仪器仪表配置和采购供应状况；人员培训与质量保证工作状况。也就是说，生产准备包括设计图纸资料齐套，又包括生产五大要素人、机、料、法、环的准备。通过充分的生产准备并达到一定的标准，才能保证产品生产的顺利进行。

试制准备状态检查的目的是通过检查来促进和评价生产准备的完善程度，评价生产准备工作质量。通过检查防止或降低风险，即防止由于准备不好，而造成进度拖延、费用增加和质量难以保证的状况。

试制准备状态检查内容包括：

1）产品设计文件齐套性；

2）生产资源充分性；

3）生产方案与计划；

4）材料和元器件采购；

5）质量保证。

试制和生产准备状态检查程序可参见 GJB 1710A《试制和生产准备状态检查》。

9.8　产品质量评审

产品质量评审是实施分阶段质量控制的重要措施，也是产品出厂前质量把关的一种方法。产品质量评审是在产品检验合格之后，交付之前，对研制产品的质量及其质量保证工作所做的全面与系统的审查。产品质量评审应分级分阶段进行。产品质量评审着重评审产品的性能、可靠性、维修性、安全性和保障性符合情况，产品性能的一致性和稳定性，产品技术状态控制情况，偏离、超差（含原材料、元器件等）的控制情况，关键过程、特殊过程控制情况，缺陷、故障的分析、处理及质量问题归零情况，采购产品质量控制情况等；对于批生产可运用统计数据评价批产品性能的一致性、稳定性和对环境的适应性、可靠性，审查产品质量凭证、原始记录、产品档案的完整性。

在研制和生产中进行不同级别、不同阶段的产品质量评审的目的在于，通过对产品质量评价，从而全面评价产品的质量和质量保证工作是否满足规定的要求。评审结论作为产品交付试验和出厂的重要依据，同时为各级决策提供依据。对评审中提出的问题，应进行跟踪管理，以及时解决，并避免重复发生。

产品质量评审程序可参见 GJB 907A《产品质量评审》。

型号产品质量评审条件需满足下列要求：

1）产品技术文件齐套，如有质量与可靠性数据包要求，应完成数据包及清单的准备；

2）产品按要求已通过设计评审、工艺评审及首件鉴定；

3）产品发生的质量问题均已完成归零或有明确的处理结论；

4）产品经检验或试验合格，质量证明文件和配套文件齐全；

5）产品按照型号产品质量正向确认规则完成质量确认的各项准备工作；

6）产品包装符合规定要求，配套、数量满足合同要求；

7）提交的质量评审文件完整、齐全。

型号产品质量评审依据如下：

1）合同或研制任务书、设计图样、技术条件、验收大纲/细则、工艺规程、产品规范等；

2）型号质量（产品）保证大纲；

3）适用的标准、规范、法规及承制单位有关质量管理体系文件。

研制型号产品质量评审需提供的评审材料如下：

1）研制总结报告；

2）质量分析报告；

3）测试报告（分系统及以下产品质量评审时适用）；

4）综合测试报告（导弹质量评审时适用）；

5）遥测报告（导弹质量评审时适用，此报告内容也可并入综合测试报告中）；

6）工艺状态审核报告（导弹质量评审时适用）；

7）风险分析报告（全系统质量评审时适用）；

8）按文件完整性及产品质量与可靠性数据包要求，需要提供的备查文件包括：质量与可靠性数据包清单、产品检验/测试报告或记录、软件/元器件等专项报告、专题复查报告、元器件选用报告、元器件装机清单、可靠性系统工程分析报告、试验报告、质量问题归零报告、图纸等。

如果型号有特殊要求的，会议报告可以在上述基础上进行增减。

批生产型号产品质量评审需提供的评审材料包括：

1）生产/工艺总结报告；

2）质量分析报告；

3）图纸及其他备查文件，包括：质量与可靠性数据包清单、技术状态报告（技术状态有变化的产品）、专题复查报告、试验记录、试验报告、归零报告等。

如果型号有特殊要求的，会议报告可以在上述基础上进行增减。

研制阶段的评审包括以下内容：

1）产品的性能、可靠性、维修性、电磁兼容性、保障性及安全性等是否满足规定要求；

2）产品性能的一致性和稳定性；

3）产品环境应力筛选试验、环境试验情况；

4）新工艺、新材料、新技术、新器材和新设备及技术攻关的应用；

5）关键过程、特殊过程控制情况和关键、重要特性的质量控制结果；

6）质量成功数据包络情况（弹上产品适用）；

7）产品技术状态控制情况；

8）产品偏离、超差（含原材料、元器件等）、代料的控制情况；

9）外协、外购产品质量控制情况；

10）产品放行的控制情况；

11）不合格品审理及纠正措施的落实情况；

12）生产过程中质量问题的归零情况；

13）质量保证文件的执行情况；

14）产品质量证明文件和质量记录、质量凭证、原始记录的完整性。

1）～11）有关内容在研制总结报告中体现，6）～13）有关内容在质量分析报告中体现。

批生产阶段的评审包括以下内容：

1）产品的性能、一致性和稳定性是否满足规定要求；

2）产品环境应力筛选试验、环境试验情况；

3）质量成功数据包络情况（弹上产品适用）；

4）产品技术状态/工艺状态控制情况；

5）产品偏离、超差（含原材料、元器件等）、代料的控制情况；

6）外协、外购产品质量控制情况；

7）产品放行的控制情况；

8）不合格品审理及纠正措施的落实情况；

9）生产过程中质量问题的归零情况；

10）质量保证文件的执行情况；

11）产品质量证明文件和质量记录、质量凭证、原始记录的完整性。

1）～8）有关内容在生产/工艺总结报告中体现，4）～10）有关内容在质量分析报告中体现。

第 10 章　试验质量控制

按照航天型号科研生产规定和要求，航天型号、产品在研制生产过程中需要完成各类试验。试验不仅是一种检验、验证、鉴定、验收的手段，也是设计完善、产品改进、质量保证必不可少的过程。因此，试验方案设计的充分性、试验实施的符合性、试验工作的质量、试验结果的正确性，对型号、产品质量保证、目标实现至关重要。

试验质量控制是试验质量管理的重要内容，为确保满足试验质量要求，实现试验预期目的，需按照《大型试验质量管理要求》（GJB 1452—1992），结合试验项目特点、试验方案，做好试验全过程控制，包括：

1）试验前质量控制；

2）试验过程质量控制；

3）试验后质量控制。

10.1　试验前质量控制

10.1.1　试验前准备状态检查

承制单位按本单位质量管理体系文件要求组织进行试验准备检查，必要时，承制单位应组织对试验准备情况进行评审。大型试验由单位科研生产部门组织试验前准备状态检查，完成进场准备，并形成报告。

试验前准备状态检查的主要内容：

1）技术文件的准备情况；

2）试验产品、设备、设施、物资等的准备情况；

3）人员培训和考核情况；

4）岗位责任制落实情况；

5）参试产品技术状态和质量状况；

6）技术安全、保密安全状况。

10.1.2　受试产品状态

1）受试产品的状态应符合试验任务书规定的产品技术状态，配套的工具、备件、附件等应齐全。如果产品技术状态（特别是接口部分）有变化应提前通知试验单位。

2）试验单位应对交付的受试产品进行检查、验收，并办理交接手续。

10.1.3　试验资源保证

试验资源是进行试验的物质基础。试验单位应根据试验任务书要求配置必需的资源，以保证试验任务的完成。资源包括：

（1）人力资源

应保证参试人员资格资质符合要求，能力满足需要，参试人员应接受技术、技能培训，考核上岗。

（2）试验设备与测量装置

试验设备与测量装置是试验的主体，其状态及准确度应满足任务书要求。

（3）试验设施

针对试验要求、特点配置试验设施，包括试验场地或实验室，为其配套的修理车间以及为试验服务的电源、气源、水源等能源设施，通信及运输设施等。试验设施还包括各类安全、环保以及应急等设施。

（4）工作环境

创造适宜的试验工作环境是试验任务圆满完成的保证条件之一。

10.1.4　试验设备与测量装置

试验需要专用的试验设备和一套完整的测量装置，它们是试验必备的物质条件。

为了获得可信的数据，从质量控制角度，需要确认试验设备和测量装置是否可用，确认试验设施、设备和测量装置是否保持适宜的准确度并符合验收标准，以及识别它们状态的手段。

GJB/Z 9001《质量管理体系要求》规定了对试验设施、设备和测量装置的控制要求，包括：

1）根据型号产品任务书、图纸、技术条件等文件要求，确定测量方法及所要求的测量准确度，选用、配备适用的试验和测量设备。所选的测量设备的检测能力，包括功能、量程、准确度、分辨率、稳定性等，应满足测量任务的要求；设备使用前，检查所有测量设备，确保设备处于校准有效期内。

2）对型号产品研制、生产和试验中使用的所有测量和试验设备，按规定的时间间隔进行检定或校准。校准周期应符合相应测量设备检定规程规定的周期，自定检定或校准周期的应有依据；检定或校准的量值应能溯源到国家基准，或通过企业最高测量标准、国防最高测量标准间接溯源到国家标准，确保量值的统一和数据的准确与可靠。

3）对测量和试验设备的校准过程控制应做出相应的规定，包括：编制设备清单或台账；制定并执行按周期进行检定或校准的计划，如周期检定表；规定所用的各种检定或校准规程、校准方法、验收准则，并确保这些技术文件现行有效，且应与国家或部门的有关检定规程、技术标准一致。

4）在设备上应有标明其校准状态的合适标志。经有资格的单位检定或校准以证明其合格的设备，方可使用“合格”标志，并以在有效期内的校准报告或记录作依据。标志上应注明有效期、校准单位或人员的标识；测量设备存在部分功能或量程经检定证明处于超差状态的，应有“限用”的标志，并注明限制使用的范围；对只用于功能检查的设备应标有“完好”或“准用”的标志，并应有对设备进行周期检查的记录作依据；超差、有故障的设备，应有明显的“停用”或“禁用”标志；因近期无生产任务而闲置、不使用的设备，应作“闲置”或“封存”，并隔离保存。

5）填写并保存检定或校准记录。每台检定或校准的设备应有逐次（连续）的、由有资格的单位出具的检定证书或校准证书；对自检自校的测量设备，应制定测量设备的鉴定规程，按规程进行并保存原始记录，包括鉴定或认可的记录。

6）发现检验、测量和试验设备偏离校准状态时，对设备失准可能造成的影响进行分析；对已检验和试验结果进行接受、拒收或重新检测的处置；必要时，进行追溯等，应形成文件。

7）确保校准、测量、试验和保存具备适宜的环境条件。承试方应在校准规范所要求的环境条件下保存量值传递所用的标准设备，应有温、湿度控制措施及相应的连续的记录；校准、测量和试验设备应在适宜的环境条件下工作。

8）对测量设备的搬运、防护和贮存做出规定，保持设备的准确度。规定设备在内部搬运、送外单位校验的运输过程的防护措施；搬运或运输后，设备进、出库前应检查、验收。规定设备贮存的环境条件要求及防护措施。

9）所有进入试验场所的测试设备，包括存放靶场的，各系统、分系统带入的以及试验基地提供的，必须经过计量确认，并加挂统一的确认标识；有效的校准证书、产品履历书或产品证明书必须随测试设备一起带入试验基地；带入试验基地的测试设备必须加挂统一的“靶场测试设备使用证”。

10）对多参数综合类专用测试设备，可以使用等效器、工艺件、标准件等进行校准，并能溯源到测量标准。

10.2 试验过程质量控制

试验过程必须严格按试验大纲进行。由试验队领导确定现场指挥人员、安全员和各岗位的操作人员，明确分工，落实岗位职责，并组织编制试验计划，组织开展质量、计量、安全、保密等监督检查工作，对关键岗位实行“双岗制”。关键岗位人员要做到三清楚（技术要求、测试程序、操作要领）、三检（自检、互检、专检）。

在试验过程中应严格控制技术状态，对参试产品、软件产品、试验大纲、程序等的更改应按规定履行审批程序。

各参试单位须对试验中的原始记录进行归纳、整理并形成文字资料归档，试验相关过程记录要完整、准确。原始记录不得涂改。所有质量记录表格、报告必须签署完整。对试验过程中使用的设计更改单、技术通知单和其他临时性文件，应及时整理、归档，并将技术内容反映在相应的图纸和技术文件中去，以保持文文一致，文实相符。

现场出现的质量问题，须按型号质量问题归零的要求进行归零并完成评审。若因条件限制等原因，在试验现场不能完全按“双五条”标准归零时，要进行充分的试验验证、风险评估和评审。质量部门组织专家审查，形成审查结论，并向试验队通报审查建议与结论。在不影响试验成败的情况下，按照例外放行准则履行相关手续。

10.3　试验后质量控制

试验结束后，应进行试验总结，分析评价试验结果，编制试验报告，对整个试验过程进行描述、分析和评价。

及时整理归档试验数据和试验记录，保证原始数据的完整性和正确性，归档的资料有：试验大纲、试验实施细则、试验原始记录、试验报告、试验总结报告（含试验评审意见）、照片、声像资料、软件、试验前准备状态检查表及检查报告、参试测量设备计量复查报告、质量问题归零报告、产品质量故障（问题）反馈单等。

质量部门负责组织清理试验过程出现的质量问题，梳理试验过程中质量问题的归零情况，组织试验遗留质量问题的归零工作，跟踪、监督所有质量问题归零措施的落实；科研生产部门负责组织质量问题归零措施的落实。

10.4　试验数据处理

试验的输出是数据，应保证试验数据的准确性和完整，以对产品质量做出正确判断并做出决策。在实际中，往往存在着对试验取得的数据处理不当，而造成数据的不可信。因此应对试验数据的采集、整理与分析进行控制。

试验数据控制一般包括：

1）明确采集数据目的，明确数据采集、整理与分析责任人。

2）规范数据采集记录表和记录方法。

3）熟悉测量数据数值的准确度和精确度，按数据运算法则和数据舍入法则（GB 8170 — 87《数值修约规则》）整理数据。

4）控制异常数据的取舍。在试验中有时在一个样本数据中，出现少量过大或过小的数据，此为异常数据。有充分根据认为是所谓过失原因（如外界干扰、测量条件意外改变，测量者疏忽大意）引起的异常数据才舍弃。对原因不明的异常数据则应根据统计学准则决定取舍（正态总体异常值的判断和处理可参照 GB/T 4883《数据的统计处理和解释 正态样本离群值的判断和处理》，指数分布异常值的判断和处理参照 GB/T 8056《数据的统计处理和解释 指数分布样本离群值的判断和处理》，Ⅰ型极值分布异常值的判断与处理参照 GB/T 6380《数据的统计处理和解释 Ⅰ型极值分布样本异常值的判断和处理》）。

5）对测量结果的不确定度进行估计。测量结果的可信性虽可用测量的准确度来说明，但最终则以所含测量误差的大小来估计。然而，由于被测量的真值通常是未知的，因此，从理论上讲，测量误差也是未知的。但是，在一定的测定方法条件下，可以通过试验或由其他依据，估计出测量结果对真值可能偏离的一个区间，而被测量的真值则以给定的置信概率位于这个区间之内。该区间充分地反映了在此测量方法条件下，测量结果自身的不确定性。测量不确定度就是用以表征测量过程中，由各项误差综合作用所引起的测量结果对其真值可能偏离的一个区间。相对于具有给定置信概率区间的置信限即为测量不确定度的表征值，实质上也是测量误差限。因此，测量不确定度是一个描述尚未确定误差特征的指标。

6）采用适当的统计技术对试验数据进行分析或对产品特性评定。

10.5 大型试验质量控制程序

大型试验除执行上述要求外，还应按以下要求实施控制。

1）型号在大型飞行试验进场前需完成“一次成功”技术保障分析和质量复查工作。

2）大型试验受试产品应满足如下要求：

a）受试产品的技术状态必须满足试验要求；

b）受试产品必须通过出厂（所）评审；

c）受试地面设备必须通过地面对接联调试验；

d）A、B级软件必须通过软件评测并有明确可以参加试验的结论。

大型试验由质量部门组织进场评审。会议由主管质量的高层领导主持或委托质量部门领导主持。评审组组长应由非本型号的技术专家担任，评审组应由同行专家、主要参试单位、上级管理机关和顾客代表、试验基地、质量、技术和管理等方面的代表组成。评审会主要评审技术报告（含试验风险分析）、产品质量报告和试验准备报告三方面内容，以确定是否具备进场条件。

技术报告一般应包括：受试产品技术状态报告、试验风险分析报告和安全性分析报告等，由总体单位和相关单位编制。

产品质量报告一般应包括：产品质量状况、质量复查情况、产品符合放行准则情况等，由质量管理部门编制。

试验进场准备报告一般应包括：参试产品和设备准备情况、放行准则和试验大纲批复情况，以及试验队组织机构、与试验基地协调情况、产品和人员运输策划等内容，由科研生产部门编制。

质量管理部门负责按照要求组织完成进场评审，对评审中提出的问题进行分析，有明确的结论意见，并填写《型号进场放行准则落实情况检查表》。

大型试验进场设备展开后，试验队应组织对试验准备状态进行检查，组织对进场的测试计量设备进行核查；试验开展过程中组织并落实飞行试验前的质量“双想”活动，对“双想”提出的问题逐一审查并解决落实。

大型试验应按型号放行准则的要求，完成技术阵地、加注和发射前各项工作，组织完成相应评审，具体包括：

1）试验队负责按照型号产品放行准则要求完成技术阵地各项工作，组织完成转场评审，并填写《型号转场放行准则落实情况检查表》。

2）试验队负责按照型号产品放行准则的要求完成加注前各项工作，通过了规定的加注前相关评审，有同意加注的结论，并填写《型号加注放行准则落实情况检查表》。

3）试验队负责按照型号产品放行准则的要求完成发射前各项工作，试验队组织编写发射预案和事故处置方案，组织开展射前评审，审查发射前技术问题的归零情况，并填写《型号发射放行准则落实情况检查表》。

4）参加大型试验的型号出厂、进场、转场、加注、发射前如出现不满足型号放行准则要求的，按照要求编写《型号飞行试验例外放行申请表》，办理审批手续，并按时限和要求完成相应工作。

5）大型飞行试验，试验组织部门负责组织，根据试验基地试验结论进行试验总结工作，完成报告编制、评审和签署，总结报告一般应包括：技术总结、试验组织管理工作总结、出现的质量问题及处理情况总结和后续改进措施等。

第 11 章　售后服务质量管理

11.1　售后服务的内涵

保证装备可用、好用、管用、耐用、实用，成建制、成系统地形成战斗力，是新时期武器装备建设的重点。装备售后服务工作必须服务于新时期军事斗争的需要，确保武器装备的完好性和保障性，提高综合保障水平。

装备售后服务是指在装备交付之后所提供的各种服务。装备售后服务工作主要包括以下内容：

1）装备日常维修服务；

2）用户走访；

3）重大任务技术保障；

4）维修备件保障；

5）装备返厂修理；

6）用户维修能力建设支持；

7）用户技术培训、技术指导；

8）用户技术资料完善；

9）装备发生问题处理指导；

10）用户沟通；

11）用户信息搜集和处理；

12）售后服务信息管理。

11.2　售后服务工作流程及要求

11.2.1　职责和权限

1）装备总包单位售后服务负责人全面负责售后服务工作，负责单位售后服务工作总体策划、组织实施和重大事项决策，负责装备售后服务资源配置和统筹。型号两总或型号售后服务行政负责人、技术负责人负责型号装备售后服务工作策划、组织实施和重大事项决策，负责组织型号重大质量问题处理，提出型号装备改进意见。

2）装备产品承担单位负责本单位产品售后服务工作，负责组织产品质量问题处理，提出产品改进意见和方案。

3）科研生产部门负责型号装备售后服务体系建设、任务规划、计划制定和实施；负责与上级机关、各军兵种机关和装备部队等信息沟通管理，负责用户需求管理，负责收集用户反馈的信息；负责分解、下达售后服务任务；负责用户满意度测量和评价。

4）质量管理部门负责售后服务产品质量特性及趋势分析、质量问题归零监督检查。

11.2.2　程序内容和要求

（1）维修信息接收

科研生产部门负责收集用户以电话或传真等各种形式反馈的装备故障信息，售后服务管理机构负责对用户反馈的信息进行核实、确认，协调维修地点、现场条件、维修时机等。

（2）任务分解、下达

售后服务管理机构在与装备故障责任单位沟通的基础上，对用户需求进行分解，向相关承制单位以书面的形式下达任务，提出工作内容、完成时限及安全保卫保密等相关要求，并抄送相关部门和单位。

（3）故障处理与维修

①现场维修

装备承制单位在收到调度通知单后，应及时与用户取得联系并再次核实装备故障情况及故障产生的现象和原因，对不能通过电话指导用户自行解决的故障，及时安排技术人员携带必要的器材、设备等到部队现场开展售后服务工作，迅速完成装备故障处理。

必要时，对重大故障问题的处理，各承制单位应编制修理方案，经本单位型号技术负责人审查确认，报型号两总审查后，由各承制单位组织实施。

现场维修工作完成后，现场技术服务人员应填写《武器装备技术服务工作统计表》。《武器装备技术服务工作统计表》由各承制单位留存备查。各军兵种有单独要求的，按各军兵种的要求执行。

②返厂产品维修

当受客观条件限制而无法在部队现场排除故障时，应将故障设备返回产品承制单位修理，返厂前必须与用户办理交接手续。同时，尽可能利用部队或承制单位的相应备件临时替代需要返厂的故障产品。返厂产品的维修具体按《在役装备返厂产品维修工作管理细则（暂行）》进行。

（4）维修过程技术状态的控制

售后服务日常维修过程中，产品的技术状态原则上不允许变更，应与设计定型或鉴定确定的技术状态保持一致。如技术状态（含软件）确实需要变更，应按定型后产品技术状态变更程序完成审批后方可实施。

对已办理技术状态变更手续需要落实到现役装备的措施，要与用户进行沟通交流，并征得用户许可。状态变更措施落实后，现场要进行必要的试验验证，并邀请用户、主管军代表室参加，对状态变更实施情况进行审查。

（5）日常维修人员要求

各承制单位安排日常维修售后服务人员时，应对技术服务人员进行考核、遴选，确保参加技术服务的人员具备处理问题的素质和能力。

(6) 质量管理

①维修过程质量管理

装备承制单位应确保日常维修过程符合要求，质量受控。维修产品技术状态清晰，维修所用技术资料完整、正确、现行有效；维修使用的计量器具量值准确，在计量检定期内；维修使用的备品、备件应有质量证明文件；必要时应编制现场返修工艺和质量保证文件。

②质量监督管理

装备承制单位在日常维修过程中，应贯彻军代表工作条例，主动与军代表沟通信息，配合军代表执行质量监督和军检工作。

在售后服务中排除装备重大故障时，应主动向主管军代表室报告，请军代表参加原因分析、制定解决措施及实施的各项工作。

③质量问题分析、归零

装备承制单位负责对日常维修中出现的产品质量问题开展技术分析，组织质量问题归零。

11.3 维修信息的管理

(1) 维修信息的收集

各承制单位型号主管人员负责做好现场维修和产品返修过程中相关售后服务信息的收集和整理工作，并定期将装备日常维修信息按照规定要求填写完整，经本单位质量部门审查、确认，主管部门领导审批后，上报装备保障管理部门。

(2) 维修信息的载体售后服务调度通知单及各类统计表的格式按“武器装备技术保障和售后服务管理办法”有关的规定执行。

(3) 维修信息的传递

售后服务管理机构依据各单位上报的信息统计表，汇总、分类整理售后服务工作信息，并及时向型号两总、售后服务负责人及院机关相关部门、主管军代表室报告装备故障和修理情况。

(4) 维修信息管理、分析

售后服务管理机构负责动态管理各承制单位上报的售后服务信息并存档，定期收集用户对故障修理工作的反馈意见。对维修信息定期进行分类统计分析，发现高发故障和重复性问题，向型号两总系统、售后服务负责人反馈。

质量管理部门对售后服务质量信息、质量问题归零情况等产品质量状况进行分析，提出装备质量改进意见和单位质量体系改进意见。

第12章　外协外购质量控制

组织应确保外部提供的过程、产品和服务符合要求。外协外购产品是组织最终产品的组成部分，其质量直接影响最终产品的质量。外协外购产品控制坚持：

1）“谁采购、谁负责”。控制外协外购过程，确保外协外购产品符合规定要求。

2）外协外购单位对本单位的最终产品质量负责，对用户负责；供方对所提供的产品质量负责，对外协外购单位负责。

12.1　外协外购控制要求

外协外购控制的对象包括对外协外购产品（硬件、软件、过程等）及对供货单位（包括内部、外部配套协作单位）的控制。外协外购控制包括以下要求：

1）评价和选择供方；

2）对外协外购文件的控制；

3）对外协外购产品的验证；

4）入厂验收与保管、使用；

5）建立厂际质量保证体系。

由于用于型号的外协外购产品种类繁多，为使外协外购活动在有序和受控的状态下进行，避免因多头和分散外协外购造成因管理失控而影响外协外购产品的质量，因此应由授权的职能部门进行外协外购。

12.2　对供方的评价

外协外购方对外协外购的质量控制活动要延伸到供方。因此，外协外购方应对供方满足合同要求的能力，包括质量保证能力进行评价，选择合格的供方，以确保外协外购产品能满足要求，减小外协外购风险。对供方的评价，外协外购方可根据外协外购产品的重要程度，采用不同的评价方法，如：

1）对供方的生产能力、人员或质量体系状况进行现场评价；

2）对产品样品进行评价；

3）对比类似产品的历史情况；

4）对比类似产品的试验结果；

5）对比其他使用者的使用经验；

6）利用第三方试验机构的评价结果。

外协外购方在选择供方时，应执行外协外购定点（如元器件、印制板等）和科研许可证制度，在取得产品科研生产许可证的单位中，选择供方。

承制单位应制定选择、评价和重新评价供方的准则，通常形成文件，从外协外购产品的质量、价格、交货情况以及对问题的处理情况等方面，对供方按承制单位的要求提供外协外购产品的能力进行评价，并根据评价结果选择合适的供方。

承制单位应在分析是否及时供货、外协外购产品质量是否稳定等外协外购风险基础上选择、评价供方，定期按规定的评价要求进行重新评定，根据评定的结果编制或修订合格供方名录作为选择供方和外协外购的依据。对顾客要求控制的外协外购产品，应在有关文件中予以明确，并邀请顾客参加对供方的评价和选择。

各承制单位在制定选择、评价和重新评价供方的准则时，可以考虑以下几个方面的因素：

a）供方产品功能性能是否满足要求，以及产品质量、价格；

b）供方质量管理体系的质量保证能力和遵守法律法规的情况；

c）供方交付和后续服务情况；

d）供方的履约能力及有关的财务状况等。

外协外购产品对承制单位的产品实现过程和各承制单位所提供的最终产品质量的影响程度不同，因此，承制单位对不同外协外购产品及其供方的控制类型和程度也就不同。承制单位应依据外协外购产品的重要程度、技术复杂程度和规模等方面，规定选择合格供方的标准，结合产品特点，通常可采用以下评价方法：

a）对供方的质量管理体系、设计与生产能力等进行现场考察与评价；

b）参照认证机构评价结果或国防科技工业局、总装备部、航天及其他行业机构外协外购定点要求，进行评价；

c）依据供方历年类似产品的质量状况及其技术能力进行评价；

d）依据其他使用方的经验，参考使用效果和满意度进行评价；

e）依据产品样品试验结果进行评价。

承制单位产品（质量）保证部门应参与供方的选择和评价，对供方的研制、生产能力和质量保证能力进行审查。供方的评价工作应在合同签订之前进行，未通过合格供方评价，不得与该单位签订合同。

输出结果：

a）对供方的选择、评价和重新评价的准则；

b）按照准则进行供方评价/重新评价、动态管理的情况，以及采取的必要措施方面的记录，包括对风险控制的措施；

c）基于风险分析、根据评价结果编制的合格供方名录。

本系统以外单位的定点，要在有关行业主管部门确定的有条件的单位中组织招标，择优定点，并逐步推行科研生产许可证制度。研制、生产单位一旦确定，不得随意变动。如确需变动时，报主管部门和主管领导批准。

对分供方进行评价时，应注意供方按期交货的业绩及其财务状况。尤其涉及价格高、交货期长的合同，如果供方不能按期交付或合同半途而废，将会给外协外购方带来很大风险。

对供方评价后，应编制合格供方名单，建立供方档案，作为今后选用的依据。对合格供方名单应实施动态管理，根据供方的实际业绩和质量保证能力变化，及时修正。合格供方名单应纳入成套技术资料管理。对合格供方的确认应通知用户或其代表，征得他们的同意。对用户指定的供方也应进行评价。

外协外购方应根据外协外购产品的重要性、复杂性、可检查性、标准化程度，以及供方的质量保证能力及提供产品的质量业绩等因素，通过合同确定对供方的控制类型和程度，如：

1）派常驻或流动的质量代表；

2）定期或不定期到供方进行监督检查或审核；

3）设监督点对关键工序或特殊过程进行监督检查；

4）可以由外协外购方与用户一起到供方实施联合最终验收；

5）要求供方提供进行产品质量审核、过程控制的记录或产品质量履历书及质量保证大纲；

6）要求供方及时报告设计变更及生产条件的重大变更情况。

外协外购方应保存合格供方质量记录，作为供方档案的一部分。这些记录是追溯外协外购产品质量和评定供方质量保证能力的重要证明材料。

12.3　外协外购文件

外协外购文件是明确外协外购技术要求的文件，是外协外购产品的依据。在外协外购文件中应明确、完整地全面说明订购产品的有关信息。外协外购文件一般包括外协外购清单、外协外购计划以及外协外购合同等。外协外购文件发放前应经审批。

外协外购文件的内容可根据外协外购产品特点、重要程度，包括如下部分要求或全部要求：

1）产品类别、形式、等级或其他标识方法。

2）规范、图样、检验规程等的名称和适用版本，说明是采用国家级标准、行业标准，还是采用企业标准作为交货依据和验收条件，还应包括一些特殊质量要求及专门的技术要求等。

如外协外购方把有关键特性和重要特性的过程或关键工序分包给了供方时，则应将外协外购方相应的控制要求传递给供方，以确保这些过程能得到有效的质量控制，同时也确保在验收时无法验证的特性已由供方进行了充分的质量控制。

3）质量保证要求，即质量管理体系要求，以及其他质量保证要求等。

外协外购方在签订合同或订单时，还要考虑对外协外购产品的特殊检验和试验要求，如对半导体器件进行的破坏性物理分析、颗粒噪声检验、对火工品进行的射线检查，对标准紧固件的验证等，应按相应的产品技术与管理标准、法规的规定，在合同或订单中明确这些质量控制要求。

外协外购方需采购进口材料、元器件等基础配套产品时，应按照相应标准的要求，对采购产品的质量要求、性能指标和采购渠道进行充分的论证。对国外供方或中间商的质量保证能力和资信进行评价，并要经过批准。使用前必须经过严格的检验测试，全面掌握其功能、使用条件和接口关系。进口元器件按规定进行控制。

承制单位物资部门应根据经评审通过的物资选用清单和型号研制、生产计划要求，汇总编制本单位外协外购文件（含下厂监制、下厂验收要求），并组织设计部门、计划部门、质量部门、物资部门、元器件保证部门进行外协外购文件评审。物资部门汇总各单位外协外购文件（含下厂监制、验收要求），形成统一外协外购文件并组织评审。元器件外协外购文件评审按《元器件外协外购文件评审实施细则》执行。

由承制单位设计、外协生产的产品，设计师系统应严格按有关规定，编制完善的设计文件和验收大纲，相应外协产品的技术文件由外协厂家进行工艺审查、确认，并将厂际协调互换工艺文件纳入验收大纲，由外协厂家编制验收细则。必要时，也可由承制单位编写验收细则并应经质量、检验部门会签。

由承制单位提出研制任务书（技术要求），由外协单位研制的产品，设计师系统应编制研制任务书（或技术要求，包括接口关系），明确贯彻标准的要求，并签署完整、归档。由承担外协任务的单位，按任务书编制产品专用技术条件，按专用技术条件编制验收大纲，并经承制单位设计、工艺、质量、检验部门主管人员确认。必要时，也可由承制单位设计师系统编写验收大纲。

外协合同或任务书必须有质量条款，必须向供方明确提出产品质量管理的相关要求，其中除对外协产品的质量要提出明确要求外，还应包括以下内容：供方应该执行的有关型号产品（质量）保证系列文件，包括质量可靠性标准或文件；明确供方提供的产品适用的技术标准（国际标准、国家/军用标准、行业标准或企业标准）；对供方的过程质量控制环节的监控要求。包括以下内容：

a）产品的质量要求；

b）供方应按标准要求建立质量管理体系；

c）要求供方执行的有关质量、可靠性等国军标、航天行业标准或文件；尽量将航天标准中的具体要求在任务书或合同中直接明确；

d）明确供方使用的规范、图样、检验规程等文件应符合国际标准或等同标准、国家标准、国家军用标准、行业标准或本企业标准；

e）供方应有健全的检验系统；

f）供方对所承担产品进行的检验、试验；

g）供方随发运的产品提供的配套技术资料；

h）产品验收前，必须进行的环境试验项目；

i）产品验收时，对外协产品进行的测试项目；

j）产品验收应按本标准和委托方程序文件的有关要求进行。

12.4　外协外购过程的质量控制

对外协外购产品的验证可依据产品的性质，以及供方的质量保证能力，采用不同的验证方法。对于关键的外协外购产品，即对最终产品质量影响重大的，或涉及产品安全性的外协外购产品，外协外购方应严加控制。除提出质量体系要求外，还可以派出常驻或流动的质量验收代表，对外协外购产品生产过程进行监督和控制。

12.4.1　外购产品质量控制

严格在选用目录及合格供方名录规定的范围内选取，外协外购单位按照航天要求开展研制型号元器件选用评审。外协外购单位应要求供方对产品建立完整的质量记录，实行批次管理制度，确保产品质量的可追溯性。经检验、试验合格的产品应有合格证明或识别标志，必要时应附测试和试验数据、试验报告和记录等。产品交验时应对相关质量记录进行检查。

对飞试产品关键、重要国产外购产品和地（舰）面关键设备的关键、重要国产外购产品应组织下厂验收，必要时进行下厂监制；对曾出现重大质量问题的国产外购产品关键控制点应组织下厂监制；不具备复验筛选条件且外协也无法解决的国产外购产品，应组织有关单位进行下厂验收。

外购产品必须进行复验或元器件补充筛选；不具备复验筛选条件的送其他资质单位进行外协复验筛选或出具不能复验筛选证明；对于其他资质单位也无法检测的进口器件，应按照航天要求进行缺项筛选试验，给出缺项筛选试验报告。

进口电子元器件须 100％进行补充筛选；国产低于“七专”技术条件的元器件、生产厂家没有进行筛选或筛选条件不满足航天要求的元器件都要进行补充筛选。元器件复验筛选工作具体按航天要求执行。

金属材料复验按 QJ 1386A 执行；非金属材料复验按 QJ 977B 执行；标准紧固件复验按 QJ 3112A 执行；电线电缆复验按航天要求执行。

超过有效贮存期的元器件，应按 QJ 2227A 实施超期复验。

12.4.2　外协产品质量控制

型号产品外协工作贯彻“甲方负责制”的原则。外协项目、供方确定后，必须与供方签订正式的外协项目合同或协议，外协合同正式签订前，承制单位必须组织进行合同的评审；评审后的外协合同须履行规定的审批程序后方可与供方签订。

禁止外协产品转包。原则上不允许关、重件的多次外协，如确实需要，供方必须提供书面报告，承制单位应予以确认，并报型号两总审批。

外协产品过程控制一般应采取以下方式：

a）确认外协产品的产品（质量）保证大纲和技术条件；

b）参加外协产品的设计评审、工艺评审和产品质量评审，并监督评审遗留问题的解决；

c）参加或检查外协产品首件鉴定、产品鉴定和环境试验等试验项目；

d）会签外协产品关键件、重要件清单和特殊过程外协工序，参加产品工艺总方案、关键工序等工艺评审；

e）审查外协产品可靠性预计、FMECA、FTA、环境应力筛选等可靠性试验大纲或文件；

f）必要时，应采取下厂监制的方式进行。

承制单位应明确要求供方在生产组织过程中，严格技术状态、批次管理，技术状态更改必须通报院属有关单位，并办理审批手续。研制产品与批生产产品、批生产不同批次产品要严格分开，并标识清楚，做到过程可追溯。

必需的代料、变更设计文件或工艺文件、更改检测方法或工装设备，须通过承制单位和顾客代表的评审或会签。

承制单位应加强与供方的沟通、交流与反馈，建立多层次的沟通渠道。当上级合同有要求时，复杂产品应组织建立所（厂）际质量保证体系并开展活动，特别是对研制型号关键重要外协项目的生产，质量信息要及时通报，并按要求做好外协产品进入验收之后发生质量问题信息的收集、处理、反馈、贮存、使用和上报工作，为保证院质量信息系统及故障报告、分析纠正措施系统的有效运行提供支持。

通过评审、验收、试验等活动对外协产品进行质量监督与控制，必要时采取措施，保证其所供产品符合规定的质量要求。承制单位对外协产品的合同或任务书中应规定质量要求，其主要内容为：

a）定性、定量要求与相应的验证方式和要求；

b）外协单位应开展的工作项目和要求；

c）资料要求。

在合同或任务书提出明确要求的基础上，承制单位应根据任务书的规定对外协产品进行监控，必要时进行现场监督，外协产品验收交付时，应对产品进行可靠性系统工程工作审查和评价。对外协产品可靠性系统工程进行监控的主要内容包括：

a）产品可靠性系统工程要求实现情况；

b）产品可靠性系统工程工作项目和计划实施情况；

c）产品可靠性系统工程设计和试验完成情况；

d）产品的故障报告、分析和纠正措施系统（FRACAS）运行情况；

e）对下级供方可靠性系统工程的控制和监督。

承制单位必须严格按照外协合同等要求认真组织验收工作，落实责任制。如采用下厂验收方式对外协产品进行验收时，验收组应：

a）要求供方出具质量报告，并且调阅外协产品制造和试验过程的所有记录，特别是关重件、关重工序、特种工艺过程的记录，重大技术状态变更，元器件装机、复验筛选、失效分析以及DPA的记录，可靠性系统工程试验的记录，质量问题归零的记录以及不合格品审理的记录等。

b）按照验收依据（验收大纲、验收细则或验收技术条件）对产品性能进行测试；外协产品为软件，按照验收依据（测试大纲、测试细则等）对产品进行验收，当该软件为弹上软件或地面设备重要软件时，必须经过有软件评测资格的第三方测试；将检测数据填写在检验记录中。检测结论必须写明产品检测是否合格，是否满足使用要求。

c）交付、接收双方必须对产品外观及包装进行检查，明确产品名称、批次、产品编号、数量，保证产品的附件、配套件齐全，外观及包装满足技术文件的要求。

d）验收过程中发现产品不合格，验收组有权拒收产品，如同意接收产品，必须由被验收方先行办理不合格品审理手续，同意交付使用后，由验收组组织办理让步接收手续，填写《让步接收审批单》。

下厂验收的外协产品到货后，承制单位要组织有关人员对照《产品验收检查记录表》和装箱清单，检查产品和配件的数量、编号与记录是否一致。随产品交付资料是否完整并对外观和包装进行检查。对合格的才能入库，对不合格的要拒收；《产品验收检查记录》及被验收方交付的技术文件和资料、验收过程中形成的技术资料（记录）应作为质量档案，按要求送交档案部门归档。

12.5　入厂检验与保管使用

12.5.1　入厂检验

1）一般情况下，外协外购品未经检验不得入库；

2）应按相关的程序实施入厂检验；

3）对检验不合格的外协外购品，应按不合格品处理程序处理；

4）保持进货质量记录。

12.5.2　外协外购品的保管和使用

建立严格的外协外购品保管制度，对入库、保管、发放的每个环节进行有效控制。

1）对保管人员进行培训、考核，做到应知应会；

2）未经验收和不合格的外协外购品不得入库；

3）存放场地的环境条件应满足安全、可靠、不变质和其他特殊要求；

4）分类保管，分清批次；

5）账、物、卡相符；

6）需油封或需采取其他防护措施的，应按规定执行，并定期检查；

7）对有保存期的外协外购品，应“先进先出”，保证在其有效期内使用；

8）出库时应有合格标记或证明文件。

12.5.3 使用过程中的注意事项

在使用过程中应特别注意：

1）凡投入使用的外协外购品必须具有合格标志或质量证明文件，未经复验证明合格的器材不能投入使用；

2）有特殊要求的外协外购品，在使用前按规定进行检验，合格后方可投入使用；

3）代料时，必须按规定办理审批手续；

4）外协外购品在使用中出现的质量问题，应进行分析、研究，进行技术鉴定；

5）与供方就外协外购品在使用过程中出现的质量问题建立有效的信息反馈制度；

6）建立质量记录，定期统计分析，为外协外购品的质量追溯和改进提供依据。

12.6 厂际质量保证体系

建立厂际质量保证体系是《军工产品质量管理条例》提出的控制配套协作单位提供的产品质量的重要措施之一。

厂际质量保证体系是以整机、系统产品为对象，由整机总装单位和有关供方组织起来的横向质量保证的有机整体。厂际质量保证体系是外协外购方和供方共同保证整机系统质量的一种有效形式。在当前合同制环境下，厂际质量保证体系原则仍可适应，它可以通过合同以及在贯彻质量与可靠性保证大纲条件下，开展厂际质量保证体系活动。

第 13 章　质量检验

13.1　质量检验的内涵

质量检验是对产品的一个或多个质量特性进行观察、试验、测量，并将结果与规定的质量要求进行比较，以确定每项质量特性合格情况的技术性检查活动。

美国质量管理专家朱兰对质量检验所做的定义是：所谓检验，就是这样的业务活动，决定产品是否在下道工序使用时适合要求，或是在出厂检验，决定能否向消费者提供。现代工业生产是一个极其复杂的过程，由于主客观因素的影响，特别是客观存在的随机波动，要绝对防止不合格品的产生是难以做到的。因此，质量检验是很有必要性的。在工业生产的早期，生产和检验是合二为一的，生产者也就是检验者。后来，由于生产的发展，劳动专业分工的细化，检验才从生产加工中分离出来，成为一个独立的工种，但检验仍然是加工制造的补充。生产和检验是一个有机的整体，检验是生产中不可缺少的环节。从质量管理发展过程来看，最早的阶段就是质量检验阶段，质量检验是保证产品质量的主要手段，后来的统计质量管理阶段和全面质量管理阶段都是在质量检验的基础上发展起来的。

质量检验活动包括：1）熟悉规定的质量要求，选择试验方法，指定检验规程；2）观察、测量或试验；3）记录；4）比较和判定；5）确认和处置。

质量检验是质量管理所不可缺少的一项工作，它要求企业必须具备三个方面的条件，即：足够数量的合乎要求的检验人员；可靠而完善的检测手段；明确而清楚的检验标准。

调查表也称为查检表、核对表等，它是用来系统地收集和整理质量原始数据，确认事实并对质量数据进行粗略整理和分析的统计图表。常用的调查表有不合格品项目调查表、不合格原因调查表、废品分类统计表、产品故障调查表、工序质量调查表、产品缺陷调查表等。

13.2　质量检验的方法

质量检验的方法一般有两种：

1）全数检验；

2）抽样检验。

根据产品的不同特点和要求，质量检验的方式也各不相同：

1）按检验工作的顺序分，有预先检验、中间检验和最后检验。

2）按检验地点不同，分为固定检验和流动检验。

3）按检验的预防性可分为首件检验和统计检验。

13.3 质量检验的作用

（1）把关作用

把关是质量检验最基本的作用，也可称为质量保证职能。这种作用存在于质量管理发展的各个阶段。如前所述，企业的生产是一个复杂的过程，人、机、料、法、环等诸要素都可能对生产过程的变化产生影响，各个工序不可能处于绝对的稳定状态，质量特性的波动是客观存在的。因此，通过质量检验把关，挑出不合格品以保证产品质量，是完全必要的。当然，随着生产技术和管理工作的完善化，可以减少检验的工作量，但检验工作是不可取消和替代的。只有通过质量检验，实行严格的把关，做到不合格的原材料不投产，不合格的半成品不转序，不合格的零部件不组装，不合格的产品不出厂，才能真正保证产品质量。

（2）预防作用

质量检验不仅起着把关作用，而且起着预防作用，这是现代质量检验区别于传统质量检验的所在。广义说，原材料和外购件的入厂检验、前工序的把关检验，对后面的生产过程和下工序生产，都起到了预防的作用。预防作用还表现在：在生产过程中通过检验收集一批或一组数据，进行工序能力测定或绘制控制图，以了解工序能力状况。如发现工序能力不足或生产过程出现异常状态，则要及时采取技术组织措施，以提高工序能力、消除生产过程的异常状态，预防不合格品的发生。在一批产品生产开始时、投产前，或工序要素变化后的首件产品，都要进行首件检验；在正式成批生产后，还要定期或不定期地对生产出的产品进行巡回抽查（即巡检），发现问题及时采取措施加以解决，以预防不合格品的发生。

（3）报告作用

报告作用也就是信息反馈作用。为了使各级管理者及时掌握生产过程中的质量状态，评价和分析质量体系的有效性，做出正确的质量决策，质量检验部门必须把检验结果（特别是计算所得的指标），用报告的形式，反馈给领导及有关管理部门，以便做出正确的评价和决策。

（4）改进作用

充分发挥质量检验的把关和预防作用的关键是质量检验参与质量改进工作，这也是质量检验部门参与提高产品质量活动的具体体现。质量检验人员一般都是由具有一定生产经验、业务熟练的工程技术人员和技术工人担任。他们工作在生产第一线，了解影响生产的各种因素，质量信息灵通，能提出切实可行的建议和措施。在生产中实行设计、工艺、检验、操作、质量人员多方结合搞质量改进，会取得良好的质量效果。

13.4　质量检验的步骤

1）根据产品技术标准明确检验项目和各个项目质量要求；

2）规定适当的方法和手段，借助一般量具或使用机械、电子仪器设备等测定产品；

3）把测试得到的数据同标准和规定的质量要求相比较；

4）根据比较的结果，判断单个产品或批量产品是否合格；

5）记录所得到的数据，并把判定结果反馈给有关部门，以便促使其改进质量。

13.5　质量检验的主要管理制度

在质量管理中，加强质量检验的组织和管理工作是十分必要的。我国在长期管理实践中已经积累了一套行之有效的质量检验的管理原则和制度，主要有：

（1）三检制

三检制就是实行操作者的自检、操作者之间的互检和专职检验人员的专检相结合的一种检验制度。

①自检

自检就是生产者对自己所生产的产品，按照图纸、工艺和合同中规定的技术标准自行进行检验，并做出产品是否合格的判断。这种检验充分体现了生产者必须对自己生产的产品质量负责。通过自我检验，使生产者充分了解自己生产的产品在质量上存在的问题，并开动脑筋寻找出现问题的原因，进而采取改进措施，这也是生产者参与质量管理的重要形式。

②互检

互检就是生产工人相互之间进行检验。主要有下道工序对上道工序流转过来的半成品进行抽检；同一机床、同一工序轮班交接班时进行相互检验；小组质量员或班组长对本小组生产者加工出来的产品进行抽检等。

③专检

专检就是由专业检验人员进行的检验。专业检验是现代化大生产劳动分工的客观要求，它是自检和互检不能取代的。而且三检制必须以专业检验为主导，这是由于现代生产中，检验已成为专门的工种和技术，专职检验人员对产品的技术要求、工艺知识和检验技能，都比生产者熟练，所用检测仪器也比较精密，检验结果比较可靠，检验效率也比较高；其次，由于生产者有严格的生产定额，定额又同奖金挂钩，所以容易产生错检和漏检。那种以相信群众为借口，主张完全依靠自检，取消专检，是既不科学，也不符合实际的。

（2）重点工序双岗制

重点工序双岗制就是指操作者在进行重点工序加工时，还同时应有检验人员在场，必要时应有技术负责人或用户的验收代表在场，监视工序必须按规定的程序和要求进行。这里所说的重点工序是指加工关键零部件或关键部位的工序，可以是作为下道工序加工基准的工序，也可以是工序过程的参数或结果无记录，不能保留客观证据，事后无法检验查证的工序。实行双岗制的工序，在工序完成后，操作者、检验员或技术负责人和用户验收代表，应立即在工艺文件上签名，并尽可能将情况记录存档，以示负责和以后查询。

(3) 留名制

留名制是指在生产过程中，从原材料进厂到成品入库出厂，每完成一道工序，改变产品的一种状态，包括进行检验和交接、存放和运输，责任者都应该在工艺文件上签名，以示负责。特别是在成品出厂检验单上，检验员必须签名或加盖印章。这是一种重要的技术责任制。操作者签名表示按规定要求完成了这道工序，检验者签名表示该工序达到了规定的质量标准。签名后的记录文件应妥善保存，以便以后参考。

(4) 质量复查制

质量复查制是指有些生产重要产品的企业，为了保证交付产品的质量或参加试验的产品稳妥可靠、不带隐患，在产品检验入库后的出厂前，要请产品设计、生产、试验及技术部门的人员进行复查。

(5) 追溯制

追溯制也叫跟踪管理，就是在生产过程中，每完成一个工序或一项工作，都要记录其检验结果及存在问题，记录操作者及检验者的姓名、时间、地点及情况分析，在产品的适当部位做出相应的质量状态标志。这些记录与带标志的产品同步流转。需要时，很容易搞清责任者的姓名、时间和地点，职责分明，查处有据，这可以极大加强职工的责任感。

(6) 质量统计和分析制

质量统计和分析制就是指企业的车间和质量检验部门，根据上级要求和企业质量状况，对生产中各种质量指标进行统计汇总、计算和分析，并按期向厂部和上级有关部门上报，以反映生产中产品质量的变动规律和发展趋势，为质量管理和决策提供可靠的依据。统计和分析的指标主要有：品种抽查合格率、成品抽查合格率、品种一等品率、成品一等品率、主要零件主要项目合格率、成品装配的一次合格率、机械加工废品率、返修率等。

(7) 不合格品管理制

不合格品管理不仅是质量检验也是整个质量管理工作的重要内容。对不合格品的管理要坚持“三不放过”原则，即：不查清不合格的原因不放过；不查清责任者不放过；不落实改进措施不放过。这一原则是质量检验工作的重要指导思想，坚持这种思想，才能真正发挥检验工作的把关和预防的作用。对不合格品的现场管理主要做好两项工作，一是对不合格品的标记工作，即凡是检验为不合格的产品、半成品或零部件，应当根据不合格品的类别，分别涂以不同的颜色或做出特殊标记，以示区别；二是对各种不合格品在涂上标记后应立即分区进行隔离存放，避免在生产中发生混乱。对不合格品的处理有以下方法：1）报废；2）返工；3）返修；4）原样使用，也称为直接回用。

(8) 质量检验考核制

在质量检验中，由于主客观因素的影响，会产生检验误差。据国外资料介绍，检验人员对缺陷的漏检率有时可高达 15%～20%。检验误差可分为：

1）技术性误差。它是指由于检验人员缺乏检验技能造成的误差。

2）情绪性误差。它是指由于检验人员马虎大意、工作不细心造成的检验误差。

3）程序性误差。它是指由于生产不均衡、加班突击及管理混乱所造成的误差。

4）明知故犯误差。它是指由于检验人员动机不良造成的检验误差。

测定和评价检验误差的方法主要有：

1）采用重复检查：由检验人员对自己检查过的产品再检验一到两次，查明合格品中有多少不合格品及不合格品中有多少合格品。

2）复核检查：由技术水平较高的检验人员或技术人员，复核检验已检查过的一批合格品和不合格品。

3）改变检验条件：为了解检验是否正确，当检验人员检查一批产品后，可以用精度更高的检测手段进行重检，以发现检测工具造成检验误差的大小。建立标准品，用标准品进行比较，以便发现被检查过的产品所存在的缺陷或误差。由于各企业对检验人员工作质量的考核办法各不相同，还没有统一的计算公式；又由于考核同奖惩挂钩，各企业的情况各不相同，所以很难采用统一的考核制度。但在考核中一些共性的问题必须注意，就是质量检验部门和人员不能承包企业或车间的产品质量指标；再就是要正确区分检验人员和操作人员的责任界限。

13.6　质量检验的组织工作

（1）质量检验的方式

质量检验的方式可以按不同的标志进行分类：

1）按检验的数量划分为全数检验、抽样检验。

2）按质量特性值划分为计数检验、计量检验。

3）按检验性质划分为理化检验、官能检验。

4）按检验后检验对象的完整性划分为破坏性检验、非破坏性检验。

5）按检验的地点划分为固定检验、流动检验。

（2）基本检验类型

①进货检验

进货检验是指企业购进的原材料、外购配套件和外协件入厂时的检验。为了确保外购物料的质量，入厂时的验收检验应配备专门的质检人员，按照规定的检验内容、检验方法及检验数量进行严格认真的检验。凡是原材料、外购件、外协件进厂时必须有合格证或其他合法证明书，否则不予验收。

②工序检验

工序检验是指为防止不合格品流入下道工序，而对各道工序加工的产品及影响产品质量的主要工序要素所进行的检验。其作用是根据检测结果对产品做出判定，即产品质量是否符合规格标准的要求；根据检测结果对工序做出判定，即工序要素是否处于正常的稳定状态，从而决定该工序是否能继续进行生产。工序检验通常有三种形式：

1）首件检验；

2）巡回检验；

3）末件检验。

（3）完工检验

完工检验又称最后检验，是指在某一加工或装配车间全部工序结束后，对其生产的半成品或成品的检验。

第 3 篇　型号质量保证

第 14 章　通用质量特性保证

按照质量管理体系建设要求，装备建设坚持质量至上，突出满足作战使用需求和实战运用要求，装备使用于严酷的作战环境，其质量关乎战争胜负、关乎官兵生命，质量管理体系特殊要求突出装备的可靠性、维修性、保障性、测试性、安全性和环境适应性等通用质量特性要求。根据装备产品特点，建立通用质量特性工作过程，按照 GJB 450、GJB 368、GJB 3872、GJB 2547、GJB 900、GJB 4239、GJB 1909 等标准要求，确定通用质量特性定性、定量要求及工作项目要求，制定通用质量特性工作计划；综合系统设计，综合权衡、分解通用质量特性定性、定量要求，实施通用质量特性分析、设计、验证，提出并落实预防、控制、改进、保证措施。

14.1　可靠性保证

（1）可靠性定性要求

①简化设计

在满足系统功能和性能的前提下，简化设计，降低装备的复杂性。

②冗余设计

在设计时，用多于一种的途径来完成规定的功能，以提高系统的任务可靠性和安全性。

③降额设计

通过设计使元器件、零部件承受的应力低于元器件、零部件的额定应力，以降低设备故障率，提高装备的安全性和可靠性。各类元器件的降额参数和方法可参照 GJB/Z 35—1993，结合产品具体特点和使用情况确定。

④确定关键件和重要件

按照 GJB 190—1986 进行特性分类，在产品研制各阶段都应确定影响可靠性的关键件和重要件，并进行严格管理，明确标识，加以控制。

⑤环境防护设计

按照产品可靠性设计准则和环境适应性设计准则，采取改善环境或减小环境影响的措施，如冷却措施、减振措施，进行如三防、密封等环境防护设计等，选用耐环境能力强的设计方案、结构形式、材料、元器件和工艺等，考虑适当的耐环境设计余量，采取防止瞬态过应力作用的措施，将环境防护的具体操作使用要求编入使用维护手册，落实日常维护的环境适应性措施。

⑥热设计

按照产品可靠性设计准则的要求，必须通过元器件的选择、电路设计、结构设计、布局的调整等来减小温度对设备可靠性的影响，提高武器装备对温度环境的适应性。电子产品的可靠性热设计可参照 GJB/Z 27—1992 进行。

⑦软件可靠性设计

按照 GJB/Z 102A—2012 进行软件可靠性和安全性设计，并开展软件工程化设计和管理，保证软件的可靠性。

(2) 可靠性设计与分析工作项目

①建立可靠性模型

参照 QJ 2933—1997 建立可靠性模型，随着设计的深入与变更应做相应的修改，包括：

1）装备系统、分系统、设备都应进行功能分析，建立相应的功能和可靠性模型；

2）应分别建立基本可靠性模型与任务可靠性模型，可靠性模型包括可靠性框图和可靠性数学模型；

3）产品的可靠性模型应该随系统研制进程中试验信息的增多，系统结构、性能、任务要求和使用条件的更改而修改。

②可靠性分配

可靠性分配工作参照 QJ 2933—1997 执行。包括基本可靠性与任务可靠性指标分配，可靠性分配包括：

1）按照 QJ 2933－1997 规定的方法，将产品的可靠性指标自上而下逐级地分配到规定的产品层次，借此落实相应层次的可靠性要求，并使整体与部分之间的可靠性相互协调；

2）可靠性分配值的层次应与可靠性模型相一致，一般应到组合与组件以上层次产品；

3）可以根据可靠性预计的结果进行适当的调整；

4）各层次产品的可靠性指标分配结果应报总体或任务提出方。

③可靠性预计

可靠性预计时，对于设计改进的产品用应力分析法预计；对于新研制的产品，可以采用相似设备法或元器件计数法，在设计方案确定之后，用应力分析法重新预计。

1）可靠性预计的数据来源。可靠性预计应采用符合 GJB/Z 299C—2006 的数据；如果采用了其他数据，应做详细说明。

2）可靠性预计的温度条件。高于规定的环境严酷度时，用高的严酷度等级；可靠性预计的温度用＋55℃。

3）质量系数。质量系数按照实际装机的元器件等级选取，但应满足可靠性定量要求。

4）环境系数。进行预计时，环境系数应参考 GJB/Z 299C — 2006 中表 4.3－1 执行。

④故障模式、影响和危害性分析

故障模式、影响和危害性分析包括：

1）按照 GJB/Z 1391－2006 的分析程序和所使用的表格进行故障模式、影响和危害性分析（FMECA）；

2）系统、分系统和设备应进行故障模式与影响分析，必要时可进行故障模式、影响和危害性分析；

3）设备级以下产品（含可更换单元）采用硬件法，系统和分系统可采用功能法；

4）故障模式与影响分析进行到组件层次，对于产品的关键单元，分析工作应做到元器件级；

5）故障模式与影响分析为确定关键产品、设计改进和过程控制提供依据；

6）分析结果应形成报告并报任务提出单位。

⑤元器件、零部件和原材料的选择与控制

按照航天要求选择和控制元器件、零部件和原材料。参考执行 QJ 2227A—2005 的规定，减少元器件、零部件和原材料品种，元器件的质量等级应与可靠性要求相匹配，降低保障费用和系统寿命周期费用，保证达到和保持设备的固有可靠性。

⑥可靠性关键产品的确定和控制要求

应利用故障模式、影响及危害性分析（FMECA）、故障树分析（FTA）、热分析等技术方法确定关键产品。在整个型号研制过程中，制定并实施控制可靠性关键项目的程序和方法，并使有关人员都了解这些项目的重要性和控制要求。可靠性关键件、重要件（产品）的判别准则为：

1）故障会严重影响系统工作或使系统不能达到规定的任务目标，存在一个或多个单点故障的产品；

2）故障危及人员和设备安全的项目；

3）价格昂贵、难以采购或生产的产品；

4）使用表现不理想且曾经导致试验失败的产品；

5）故障可能导致重要信息丢失的项目；

6）采用新技术、新产品、新工艺有较大风险的项目；

7）实际使用的超过降额准则要求的元器件；

8）有使用限制、贮存期有限或对环境敏感的产品和项目；

9）在运输、装卸、贮存、包装和测试时需要特别关注的项目。

具体控制要求应按照 GJB 450A－2004 进行。

⑦有限元分析

1）目的。在设计过程中对产品的机械强度和热特性等进行分析和评价，尽早发现承载结构和材料的薄弱环节及产品的过热部分，以便及时采取设计改进措施。

2）工作项目要点。在产品研制进展到设计和材料基本确定时应进行有限元分析（FEA）。对安全、任务关键的和必需的机械结构件和产品应尽量实施 FEA。

（3）可靠性试验与验证

①环境应力筛选试验

环境应力筛选的目的是建立并实施环境应力筛选（ESS）程序，以便发现和排除不良元器件、制造工艺和其他原因引入的缺陷造成的早期故障。

结合 GJB 1032—1990 和本型号的要求制定适用于武器系统型号各级电子、机电产品的 ESS 要求，其他类产品可根据自身特点采用适当的方法筛选。

ESS 应 100%在电子元器件、插板（组件）、组合、设备的电子产品层次上进行，以剔除低层次产品组装成高层次产品过程中引入的缺陷。

电子元器件按照航天要求的规定进行筛选。

②可靠性验证与评价

结合武器系统的特点，即型号样本量少，对武器系统可运用工程分析方法，通过综合利用与产品有关的各种信息，在军贸鉴定试验前，评价武器系统是否达到了规定的可靠性要求。

武器系统产品的可靠性分析评价，可采用部分可靠性试验与工程分析结合的方法（将一定数量的产品可靠性试验信息，与可靠性预计、FMECA、FTA、同类产品可靠性水平对比分析、低层次产品可靠性试验数据综合等方法结合），评估装备的可靠性水平。

充分利用武器系统相似产品及联调或外场试验获取的各种试验数据和实际使用数据，完成武器系统装备或分系统的可靠性分析评价。在分析评价方案和结果报告中，应详细说明所利用的各种数据、采用的分析方法和置信水平。

14.2　维修性保证

（1）维修性定性要求

①可达性

产品的配置应根据其故障率的高低、维修的难易、尺寸和质量的大小以及安装特点等统筹安排，使总体布局合理。维修部位看得见、摸得着，拆装方便，同时有足够的维修作业空间。

②标准化

产品尽量通用化、系列化和组合化，减少维修备件的品种和数量。优先选用标准化的产品，减少其品种、规格和生产厂家，减少基层级维修的专用工具。

③模件（块）化

采用模块化设计，要求产品按功能、结构划分为外场可更换单元（LRU）和内场可更换单元（SRU）。

④互换性

同种产品之间在实体上（形状、尺寸）、功能上能够互相替换。同一型号的设备、单元以及组件、部件、零件等在功能和实体上都应具有互换性；不同厂家的相同型号的成品、附件必须具有功能和结构的互换性。

⑤防差错及识别标记

产品具有完善的防差错措施及识别标记，以防止差错、杜绝事故。对危及战勤人员安全的部位，应有醒目的警告标志和防护措施；对火工品、易燃品及有毒品，应注明专用标志；各级维护保养的润滑点、测试点、调整点等应具有明显的识别标志。

⑥维修安全

应确保实施维修作业时不会发生人员伤亡、设备损坏等事故。对于运动部位、机件，维修时机体必经的通道、手孔和需要移动的笨重的装置、机构，均应有防机械损伤的设计；维修对象应有防意外通电的保险设计，如防差错接电、防雷电、防静电、防高压等技术措施。

⑦减少维修内容和降低维修技能

要求产品设计能尽量减少维修工作量，缩短维修时间和人员培训时间，应该考虑检测方便，尽量设置不解体检测点；更换 LRU 后，原则上不应进行调试；采用换件的维修方法，降低对维修人员技术水平的要求和维修作业难度。

⑧人素工程要求

要求产品设计符合人素工程，提高维修工作的质量和效率。尽量减少单人无法搬动的 LRU 的维修项目；系统及设备应有保证维修操作人员正常工作的环境防护设计；车内安装的各种监视仪表应便于乘员观察，并按重要程度分层次布置，并且仪表盘对正常工作范围和不正常工作范围应有明显的标志。

⑨维修经济性要求

在确定系统可靠性、维修性、维修保障要求以及机内测试（BIT）、备件等设计时，必须权衡其经济效益，从系统总体上降低全寿命周期费用；贵重部件应为可修复式的；器件的元器件寿命应选配的大致相等；必要时对于某些部件可采用无维修设计。

⑩地面设备的自动检测

武器系统应该具备加电自检、实时监测和故障定位功能，可以实时确定武器系统的功能是否正常。作战装备的自动检测功能应按故障检测率要求覆盖影响作战的故障模式；测试维护软件应将故障隔离到所要求的可更换单元，并能标识发生故障的位置。

必须提高武器系统设备系统检测的自动化程度，提高各分系统检测的独立性，减少对外部测试设备的依赖，简化操作程序，降低对使用人员的要求。各级产品的测试性要求必须反映在相应的研制任务书中。

⑪BIT 设计的要点

把产品按功能和结构合理地划分为 LRU 和组合等易于检测和更换的单元，电子产品的 LRU 一般要设计到插板级，以提高故障隔离能力；设置充分的内部和外部测试点，便于在各级维修测试时使用，测试点应有明确的标记；对影响安全和任务完成的产品，必须进行性能监控，并有报警要求；在完成功能设计的同时，应进行 BIT 设计，杜绝功能设计完成后，未进行 BIT 设计就进行投产和产品生产后再补检测线路的设计。

（2）维修性工作项目

①维修性建模

维修性建模主要用于进行维修性分配、预计、分析和评定，包括：

1）各分系统按照 GJB/Z 57—1994 的要求建立包括维修职能流程图、系统维修功能层次框图的维修性物理模型；

2）建立包括概率模型和统计模型在内的数学模型。

②维修性分配

维修性分配是将产品维修性定量要求按规定分配给规定的功能层次，以保证系统或设备最终符合规定的维修性要求。按照 GJB/Z 57—1994 的要求进行维修性分配，分配方法包括：

1）等值分配法：适用于系统各单元复杂程度、故障率相近，或者缺少可靠性、维修性信息时做初步分配；

2）按故障率分配法：适用于已有可靠性分配值或预计值；

3）按故障率和设计特性的综合加权分配法：适用于已知单元可靠性值及有关设计方案；

4）利用相似产品数据分配法：适用于有相似产品的维修性数据。

③维修性预计

1）目的。维修性预计的目的包括：

a）预先估计产品设计方案可能达到的维修性水平，以便做出设计决策；

b）及时发现维修性设计及保障缺陷，作为更改设计或保障安排的依据；

c）当研制过程中更改设计或保障要素时，估计其对维修性的影响，以便采取对策。

2）基本步骤。维修性预计的步骤为：

a）收集所预计产品的资料和类似产品维修性资料；

b）建立维修性物理模型，进行产品维修职能与功能层次分析；

c）从 GJB/Z 57—1994 中选用适当的方法进行维修性预计；

d）对维修性预计结果及时进行修正。

3）方法。维修性预计的方法按照 GJB/Z 57—1994 的要求进行，方法如下：

a）单元对比预计法：适用于各种产品维修性参数值的早期预计。以某个维修时间已知的或能够估测的单元为基准，通过其他单元与基准单元的对比确定维修时间，再按维修频率求均值，得到修复性或预防性维修时间。

b）时间累计预计法：适用于各种电子设备的维修值初步预计和详细预计，也可用于其他装备。逐项确定维修作业时间，累加求得修复时间、工时等维修性数值，特别注意把测试性结合到预计中。

④故障模式及影响分析（FMEA）——维修性信息

1）目的。分析产品可能的故障模式、故障原因及影响，从而确定与故障检测、故障隔离、故障修复及抢修等有关的维修性设计及设计改进所需的信息。

2）工作项目要点。按照 GJB/Z 1391—2006 的工作项目进行故障模式、损坏模式及影响分析，以获取维修性信息。维修性工程中 FMEA 的深度和范围取决于各维修级别上规定的维修性要求及产品的复杂程度和类别。基层级 FMEA 应到 LRU，其中包括：

a）故障预估；

b）故障检测和隔离方法；

c）确定修复故障的维修活动。

本工作项目应与可靠性的 FMEA 工作项目结合起来进行。

⑤维修性分析

1）目的。维修性分析的目的为：

a）对设计满足维修性定性与定量要求的情况进行评估；

b）确定提高维修性效/费比的最佳途径；

c）积累用于维修计划和后勤保障分析所需要的维修性数据。

2）维修性分析的主要工作项目。维修性分析的主要工作项目包括：

a）确定为消除故障所需的基层级可更换件；

b）确定每种修理活动中要采取的处置方法；

c）确定每项维修所需的工具和操作空间；

d）确定搬运要求及拆卸、更换、调整时的可达性；

e）分析每项故障检测和隔离的可行性；

f）确定故障编码结构和故障码表；

g）确定每项维修的安全保障要求和措施；

h）分析每项维修活动中的潜在危害；

i）需附加的标志、标牌的位置和名称；

j）安排维修的优先顺序；

k）确定合格的可更换件的配置和明细表；

l）评估每项故障的维修时间。

3）分析方法。结合产品的特点，使用 GJB 368B—2009 工作项目 205 的方法进行分析。

⑥维修性设计评价

1）目的。根据维修性检查单，结合维修性演示、试验进行维修性设计检查及评价，发现和鉴别维修性设计缺陷，通过改进设计或改善保障条件来提高维修性，实现维修性增长。

2）工作项目要点。维修性设计评价工作适用于整个研制过程，在关键点（阶段节点）明确维修性的设计目标，结合产品的技术设计评审进行维修设计的审查。

根据维修性要求编制维修性检查单，检查和评定产品维修性设计符合维修性设计准则的程度和水平，并对检查出的设计缺陷及时采取措施，改进设计。

开展本工作项目后，应形成包括维修性设计符合性、维修性设计评价、设计改进意见等内容的设计评价（分析）报告。

3）方法。维修性设计评价的方法如下：

a）制定维修性设计检查单：把产品的维修性设计要求改写为检查单的表述形式，用来检查和评定维修性设计符合维修性设计要求的程度和水平，并对检查出的设计缺陷及时采取措施，改进设计；

b）简单分析评价法（是/不是评分法）：简单、直观，一般用于研制阶段设备级及设备级以下的产品的设计评审，也适用于设计人员自查；

c）详细分析评价法（加权评分法）：在研制阶段系统级和分系统级的维修性设计评审时采用，评审应根据检查单每一条目的重要程度和符合性情况，进行加权评分。

4）维修性设计评价报告。维修性设计评价包括：

a）维修性设计要求检查单；

b）维修性设计评价（评分）报告；

c）维修性设计改进意见。

（3）测试性设计要求

测试性设计要求如下：

1）系统、分系统、设备在整个研制过程中，都应开展以 BIT 为主的测试性设计工作，与产品的性能设计同步进行，并融合到一起；

2）武器系统测试维护具有三种工作状态：加电自检、实时监测和维护测试，对 BIT 系统和测试维护软件应按这三种状态设置；

3）总体应进行武器系统测试性总体方案设计，确定武器系统 BIT 的硬件及软件组成，规定基层级测试维护的三种工作状态，分系统、设备需完成的软件、硬件支持，进行测试性分配；各分系统、设备相应制定测试性方案，根据测试项目，划分加电自检、实时监测和维护测试的测试内容，确定各级别的测试方式及故障隔离定位方法，将分配到的指标再次分配，设计三种工作状态的 BIT 及对应软件，提出诊断设计应考虑的因素；

4）在工程研制阶段，各分系统、设备按照测试性设计准则进行详细设计，按照优化原则，确定诊断方案，合理选用故障检测和隔离用检测点，设计故障诊断树和故障字典，进行测试性预计和分析；

5）武器系统测试维护软件应包括系统加电自检、实时监测（作战过程中监测）和维护（根据维修等级不同做相应的加电自检、故障诊断、定位等）功能；

6）反复修改设计直到测试性水平达到或超过定性、定量要求。

14.3 保障性保证

（1）保障性定性要求

①使用保障定性要求

使用保障定性要求如下：

1）作战装备和保障装备都应便于操作，尽量减少操作人员，对保障人员的技术水平要求低，工作强度小，便于替换和补充；

2）具有较高的运输性，装备能适用铁路、水路装载工具和运输；

3）具有良好的替换功能，功能相似或相近的通道在特殊情况下应可以替代或重组；

4）所需能源应做到通用化、系列化、模块化，使用的品种、数量少。

②维修保障定性要求

维修保障定性要求如下：

1）用于维修工作的时间要短，检测时间、更换部件时间等尽量短；

2）减少基层级预防性维修，即降低预防维修的频率，减少维修人员数量；

3）采用的维修专用设备、工具尽量少，并要求携带、使用方便；

4）装备必须配置机内测试设备，要求故障隔离率、检测率较高，虚警率低；

5）筒弹在部队级只进行加电测试维护。

③保障资源定性要求

保障资源定性要求如下：

1）考虑部队编制限额，合理进行专业划分，尽量降低对维修人员数量和技能的要求；

2）尽量减少备件和消耗品的品种和数量，在保证质量的前提下，尽量采用价格便宜，便于筹措、储存和供应的标准件和通用件；

3）保障设备应与装备相匹配，尽量采用通用的保障设备，减少专用和特殊保障设备，减少保障设备的种类、规格和数量；

4）使用与维修装备所需的技术资料应配套齐全，满足平时和战时使用与维修的需要，内容系统、完整，易懂易学；

5）装备使用与维修人员应及时得到训练，训练内容、训练方法、训练资料、训练器材以及教员，应满足训练需要；

6）使用与维修装备内计算机所需的硬件、软件、检测仪器、保障工具、文档、设施及人员，应满足平时和战时的需要；

7）保障设施应满足平时和战时使用、维修、储存装备及训练的需要，应尽量利用现有保障设施；

8）装备包装、装卸、储存和运输所需保障资源应与装备相匹配，与包装储运环境相适应，保证装备能安全地由生产厂运送到外方，并在规定的储运期内保持可用状态。

（2）使用保障设计

①使用保障方案的主要内容

根据订购方的使用保障约束条件和初始使用保障方案，制定和完善使用保障方案。使用保障方案的内容主要包括：

1）装备使用方案和在预期环境下使用功能的简要说明，包括导弹技术准备、发射准备、发射的步骤，武器系统的工作任务、阶段及工作流程；

2）使用保障的组织机构及其职责分工；

3）使用保障资源及要求；

4）战时使用保障安排建议；

5）使用保障工作的组织与实施要求。

②规划使用保障的一般程序

规划使用保障的一般程序如下：

1）在论证阶段，订购方应提出初始保障方案和使用保障约束条件。

2）在方案阶段，应通过使用工作分析和对初始使用保障方案的评价，在装备设计方案和使用保障方案之间进行协调，在费用、进度和战备完好性之间进行权衡，优化使用保障方案，为规划使用保障资源提供输入。

3）在工程研制阶段，结合装备和保障资源研制、建设情况及有关信息，进一步修订、完善使用保障方案。在后续阶段，可根据需要，继续修订和完善。

（3）维修保障设计

①一般要求

按照GJB/Z 1391 — 2006的要求，进行故障模式影响及危害性分析；按照GJB 2961 — 1997的要求，进行修理级别分析、维修工作分析；按照GJB 1378A－2007的要求，进行装备预防性维修分析；确定维修体制和维修保障需求，制定并完善维修方案。

②维修方案的主要内容

维修保障方案的内容主要包括：

1）维修保障组织机构及其职责分工；

2）维修类型（预防性维修、修复性维修）及其主要内容；

3）维修策略（不修复、部分修复、全部修复）；

4）维修级别及其任务；

5）实施维修工作的时机及工时要求；

6）主要保障资源；

7）维修活动约束条件（费用、供应、环境条件、运输等）；

8）战时保障安排建议；

9）维修工作的组织与实施要求。

③规划维修的一般程序

规划维修的一般程序如下：

1）首先，订购方应提出初始维修方案和维修保障约束条件。

2）在研制和军贸鉴定阶段，进行保障性分析，制定并优化维修方案，为规划维修保障资源提供输入。同时结合装备和保障资源研制、建设情况及有关信息，进一步修订、完善维修方案。在后续阶段，可根据需要，继续修订和完善。

（4）维修体制

①工作项目要求

工作项目包括：

1）确定维修体制划分；

2）确定维修保障设备及任务。

②维修体制划分

武器系统采用两级维修体制，即部队级、基地级。部队级维修在使用阵地和本级维修中心，基地级维修在军内修理厂或装备承制厂。

③维修保障装备及任务（见表 14－1）

表 14－1　维修保障装备及任务

保障内容	维修级别		
	部队级(使用部队)	部队级(本级维修中心)	基地级
实施地点	装备使用阵地	装备使用阵地(支援保障)/本级维修中心	军内大修厂或承制单位
实施人员	以装备战勤人员为主,支援维修为辅	专业维修人员与装备战勤人员协同	专业技术人员和专业工人
主要任务	定期检查;保养、加添燃料、润滑油,更换现场可更换单元	周期性维护检修;排除疑难故障	综合维修;武器系统大修;部件维修;备件补充;导弹检修
维修方式	保养、维护、诊断、更换简单 LRU	更换 LRU 和其他具备条件的单元组件、部分维护、调整、测试和检查	修理、调整或校准
维修设施	机动	机动	固定
维修资源	1)维修所需材料、备件; 2)BITE; 3)工具; 4)技术手册等	1)BITE; 2)车内工具; 3)专用和通用的自动测试设备; 4)导弹测试设备; 5)维修车; 6)技术手册等	1)专用和通用的自动测试设备; 2)导弹测试设备; 3)模拟设备; 4)校准和计量设备; 5)BITE; 6)工厂的工具; 7)文件、图纸

（5）保障资源设计

①一般要求

通过规划保障资源对规划使用保障和规划维修过程中提出的初步资源保障需求进行协调、优化和综合，并形成最终的保障资源需求。

②人力和人员

制定出合理的人员数量和技术等级要求，装备部署后能及时得到所需的人力和人员保障。

③供应保障

以最低的费用及时、充分地提供装备使用与维修所需的物资。基本要求如下：

1）供应物资尽量标准化，使装备易于获得供应保障；

2）尽量减少使用与维修所需供应物资的种类和数量；

3）进行备件和消耗品需求分析研究，确定备件种类与数量、消耗品种类与数量，并及时编制准确、详细的供应物资清单，其内容包括供应物资的种类、数量、规格、供应编码、用途、单价、生产厂等。

④保障设备

以最低的费用及时提供使用、维修装备所需的保障设备。基本要求如下：

1）保障设备机动性应与装备的使用、维修方式相适应；

2）保障设备应有良好的可靠性、维修性和保障性；

3）专用的复杂设备应具有自检功能；

4）保障设备应具有保障要求，特别是计量要求。

⑤训练和训练保障

及时训练出装备使用与维修所需的合格人员，获取训练所需的保障资源。

制定训练方案，提出训练教材清单和训练器材清单，并按规范的体例编制教材。

⑥技术资料

及时提供正确使用与维修装备所需的技术资料。

结合目前已有防空导弹武器系统现有的资料，按照顾客的要求，整合资料体系，编制技术资料目录，并按规范编写技术资料。

⑦包装、装卸、储存和运输

结合武器系统的特点，在装备设计时应考虑包装储运问题，使装备设计得便于包装储运；保证装备能安全到达使用地，并在规定的储运期限内保持完好无损，包括：

1）明确包装、装卸、储存和运输的具体方式；

2）规划包装、储运资源，明确包装储运设备、储存设施、包装储运资料和包装储运人员的训练等。

14.4 测试性保证

(1) 测试性要求

1）测试性参数和指标，包括故障检测率、故障隔离率和虚警率等，是产品技术指标的一部分；

2）测试项目、测试参数、测试容差设计；

3）可观测性、可控性、兼容性；

4）测试点设计；

5）BIT、BITE设计。

(2) 测试性工作项目

①测试性管理

型号应建立由产品设计师、测试性专业设计师、科研生产管理部门、质量保证部门等组成的测试性保证工作系统，落实型号承制单位、产品设计师、测试性专业设计师的测试性职责，制定测试性工作项目计划并纳入型号研制总计划，对外协外购产品明确测试性要求和测试性工作项目要求并对其测试性工作实施监督和控制，实施测试性评审，收集、分析和管理好测试性数据。

②测试性设计与分析

1）制定测试维护方案。依据维修体制、测试性指标，综合考虑维修策略、维修时间、维修环境、维修人员素质、维修测试费用约束，进行综合测试性设计，提高测试能力；依据产品使用保障和维修保障要求确定测试维护方案，确定产品测试需求；依据产品使用要求、性能和特点，提出测试维护方案。测试维护方案主要内容：a）型号产品测试维护设计原则；b）合理划分现场可更换单元；c）测试性建模、预计和分配；d）规划测试项目、类型及测试方法；e）合理划分装备的测试维护层次；f）规划测试维护诊断策略和流程；g）确定诊断信息的格式及传递过程；h）规划故障编码和故障字典。

2）测试性建模。测试性建模用于测试性分配、预计和评价，以及测试点优化和诊断策略设计。测试性模型包括测试性逻辑模型、图示模型、数学模型。

3）测试性分配。装备承制方应将型号测试性定量要求逐层分配到规定的产品层次，以明确型号产品各层次的测试性定量要求。测试性分配以所建立的测试性模型为基础，不同的研制阶段采用不同的测试性分配方法。主要分配方法包括：a）等值分配法，取各组成部分的测试性指标全部等于系统要求的指标，一般用于方案阶段；b）按故障率分配法，仅考虑各组成部分的故障率的分配方法，一般用于方案阶段和工程研制阶段；c）加权分配法，考虑各组成部分的故障率和设计特性的分配方法，一般用于工程研制阶段。

4）测试性预计。测试性预计预先估计型号产品测试性设计可能达到的程度，确定所提出的设计方案在规定的保障条件下，是否满足规定的测试性定量要求，以做出测试性设计决策。

测试性预计可采用 GJB 2547 规定的方法预计。主要预计方法包括：a）相似产品法，利用相似产品的数据，预计产品测试性指标，可用于论证阶段、方案阶段和工程研制阶段；b）工程预计法，根据产品的测试特性和故障率，预计产品测试性指标，可用于工程研制阶段。

5）测试性详细设计和分析。产品测试性详细设计和分析是在工程研制阶段把测试性设计到产品中，评审并评价达到的程度。

6）故障模式、影响及危害性分析——测试性信息。参照 GJB/Z 1391，实施产品 FMECA，获取产品测试性信息，确定关键故障模式的故障检测及隔离方法，对 BIT、自动测试和人工测试等方法开展详细分析。本工作项目可以结合可靠性、维修性实施的 FMECA 进行。

7）制定、贯彻测试性设计准则。结合可靠性、维修性、保障性、电磁兼容性设计准则，制定型号测试性设计准则；从型号方案设计阶段开始，贯彻测试性设计准则，随着设计进展不断完善设计准则；核查、评审测试性设计准则落实状况。

③测试性验证和评价

1）测试性验证。测试性验证可在工程研制阶段开始实施并积累测试性样本信息，在设计定型阶段确认和评定；测试性验证试验应与可靠性试验、维修性试验及其他性能试验等结合实施。

2）测试性评价。测试性设计检查和评价在研制全过程开展。根据测试性设计准则，检查和评定产品测试性设计准则符合性、产品测试性，针对产品设计缺陷和不足，采取措施，改进、完善设计。

14.5 安全性保证

安全性保证工作包括确定安全性要求和安全性工作项目要求、安全性管理、安全性设计与分析、安全性验证与评价、装备的使用安全、软件安全性等工作。

（1）初步危险分析

①目的

初步危险分析的目的是初步识别、分析装备设计方案中可能存在的危险，进行初始的风险评价，初步确定安全性关键项目，并提出后续的安全性管理和控制措施，以便在方案的选择和权衡中考虑安全性问题。初步危险分析应在型号方案阶段实施。

②要求

应根据装备特点和设计方案，并利用有效信息（包括相似装备的安全性信息与工程经验、适用的危险检查单等），初步识别具有危险特性的功能、产品、材料以及与环境有关的危险因素，分析可能发生的危险。初步危险分析对象为：

1）火工类：战斗部、发动机、弹射装置、电点火器、安全执行机构、燃气发生器、助推器等。

2）机械类：a）尖角、锐边、粗糙表面；b）零部件及材料碎屑：发射筒（箱）抛盖碎片等；c）设备之间或设备与人的冲撞：导弹与发射平台干涉、大转动惯量装置转动干涉等；d）承载结构件失效：吊装用的链条或钢丝绳断裂等；e）机械防护缺陷：未提供防护装置的运动部件、缺少锁定/联锁装置等。

3）温度类：a）高温设备或物质：燃气轮机工作时的高温排气、发动机点火后的高温气流等；b）低温物质：液氮、液氢、液氧等液体推进剂的泄漏等；c）热扩散能力不足或冷却系统故障：电机过热、减速器过热等。

4）电气类：a）与有源电路的意外接触：触摸裸露导体、不良绝缘体、电气工具或装置安装有误等；b）电路短路：绝缘体老化、污染物、电路受潮、错误搭接等；c）导体之间的气孔：开关、继电器、断路器等的开路、电弧焊等；d）静电荷积聚放电：含能燃料（如复合固体推进剂）在静电激励下爆炸、未采取有效防护措施的静电敏感设备或器件等；e）电路过载：电源故障、电源脉冲使保险丝开路等。

5）电磁类：a）电磁环境：微波天线辐射、射频辐射、超高压电场等；b）电离辐射：空间带电粒子（X射线、β射线、粒子、质子、中子、高能电子束等）、γ射线等。

6）压力类：a）过量增压：承受高压的压力容器及管道爆炸（如液体燃料输送管路、液态燃料贮罐），经受最大压力波动的压力敏感设备爆炸（如超出规定压强的姿控发动机燃烧室）等；b）减压：无减压阀或通气孔、减压阀或通气孔故障、减压不足等；c）正常压力：压力容器或管道老化、接头故障或松脱、连接不牢、性能不良的约束装置等。

7）生化类：a）自燃性物质：铍粉、锆粉、锌粉等；b）有毒物质：氰化钠、甲基肼、偏二甲基肼、四氧化二氮等；c）腐蚀性物质：发烟硝酸、盐酸、硝酸等；d）危险化学反应：燃料与氧化剂同时泄漏、相溶性的两种或多种材料相接触等；e）化学污染：油、化学处理剂或有毒物质贮罐的冲液/冲水、发动机燃油溢出等。

8）环境类：a）自然环境：高温、低温、低气压、湿热、盐雾、雷击等；b）力学环境：冲击、加速度、振动、噪声等；c）空间环境：热真空效应等。

9）其他：软件安全、潜在状态、强激光等。

针对危险源逐个进行初步危险分析，参考表 14－2 进行，其中风险指数参考表 14－3 进行。

表 14－2　初步危险分析表

型号＿＿＿＿＿＿　系统名称＿＿＿＿＿＿　分系统名称＿＿＿＿＿＿

研制阶段＿＿＿＿＿＿　编号＿＿＿＿＿＿

序号	产品名称	任务阶段	危险说明	对系统影响	风险指数	建议的控制措施

编写		日期		校对		日期		审核		日期	

表 14－3　危险的风险指数

危险可能性等级	危险严重性等级			
	Ⅰ(灾难的)	Ⅱ(严重的)	Ⅲ(轻度的)	Ⅳ(轻微的)
A(经常)	1	3	7	13
B(很可能)	2	5	9	16
C(偶然)	4	6	11	18
D(很少)	8	10	14	19
E(极少)	12	15	17	20

（2）系统危险分析

①目的

随着装备研制的逐步具体与细化，在初步危险分析的基础上，进一步全面、系统地识别、评价和消除或控制系统或分系统中可能存在的危险，提高装备的安全性。系统危险分析应在工程研制阶段（初样、试样）实施。

②要求

应在装备各层次（如武器系统、地面装备、导弹、分系统、设备、部件、组合等）全面展开，并在研制阶段持续、迭代进行，直到确认装备的危险均得到消除或风险降低到可接受水平，安全性要求得到满足。

应在确认的初步危险分析所制定安全性措施的有效性和充分性的基础上，应用风险指数评价法，对危险进行风险评价，对不可接受的危险，提出安全性改进措施。

按照 GJB/Z 1391—2006 的要求进行故障模式和危害性及其影响的分析。对安全性具有灾难性、严重后果影响的故障模式应引起特别重视，将其作为故障危险源，提出安全性改进措施。

系统危险分析表参考表 14－4 进行。

表 14－4　系统危险分析表

型号＿＿＿＿＿＿　　**系统**＿＿＿＿＿＿　　**分系统**＿＿＿＿＿＿

研制阶段＿＿＿＿＿＿　　**编号**＿＿＿＿＿＿

序号	代号	产品名称或功能	危险源	任务阶段	危险事件	原因	后果	严重性	可能性	风险评价	安全性改进措施		采取安全改进措施后				备注
											消除	控制	验证方法	严重性	可能性	风险评价	
编写			日期				校对		日期		审核			日期			

（3）使用与保障危险分析

使用与保障危险分析识别由装备使用与保障规程、人员、环境等造成的危险，评价用于消除、控制或降低风险措施的充分性和有效性。使用与保障危险分析适用于工程研制阶段，在形成使用与维修保障方案时开始，并在后续各寿命周期阶段中不断完善。

使用与保障危险分析包括证实设计人员制定的操作和保障规程使操作人员伤亡和设备损坏的危险、研究由于操作人员偏离设计人员制定的规程可能导致的意外灾难性事故，以及控制任何可能产生危险的措施，对装备生产、部署、安装、装配、试验、使用、维修、服务、运输、贮存、改进、退役和报废处理等工作规程进行安全评价。

（4）安全性关键项目清单

将危险严重性为灾难性（Ⅰ类）、严重性（Ⅱ类）及危险风险高的项目（风险指数为 1～9，包括功能、软硬件产品及操作规程）确定为安全性关键项目，风险指数与处理原则对应表见表 14－5。按表 14－6 编制安全性关键项目清单，按关键项目要求进行质量控制。

表 14－5　风险指数与处理原则对应表

风险指数	1～5	6～9	10～17	18～20
处理原则	不可接收	不希望，需要设计决策	可接受，需要评审	不需评审即可接受

表 14－6　安全性关键项目清单

型号＿＿＿＿＿＿　系统＿＿＿＿＿＿　分系统＿＿＿＿＿＿

研制阶段＿＿＿＿＿＿　编号＿＿＿＿＿＿

序号	代号	产品名称或功能	危险源	任务阶段	危险事件	严重性等级	可能性等级

（5）安全性验证与评价

安全性验证是验证装备安全性是否达到了合同规定的安全性要求，并对采取的安全性措施的有效性和充分性进行确认。

通过试验、演示、仿真、分析、设计评审或其他方法验证装备安全性是否符合要求，对装备安全性关键项目（关键的硬件、软件和规程等）进行专门的安全性鉴定和认证，以确保其符合规定的安全性要求。

在研制阶段转阶段前、系统飞行试验前、装备产品交付前，应严格进行安全性验证，对型号、装备产品的安全性或风险水平进行综合评价，确保研制阶段安全性工作符合要求，确保关键过程安全，确保飞行试验安全。

（6）安全性措施

针对危险源、危险事件，核查对型号、装备产品所采取的安全性设计措施。对存在安全性薄弱环节的产品，应进一步采取、完善安全性设计措施或防护措施，降低危险，将风险控制到可接受水平。

对系统级产品包括大型试验安全性设计，应制定应急措施和应对预案。

对软件产品的安全性要予以充分关注，要高度重视软件安全性需求与分析，确保软件安全性需求的正确性；强化软件设计安全性，保证软件安全性需求的实现正确性和可测试性，以及安全关键软件部件和模块标识的正确性，对软件设计是否维持系统处于安全状态，是否对潜在失效提供正确充分的响应进行复核；分析源代码，识别没有恰当实现的安全特征，验证软件实现覆盖软件安全性设计的全部特征与方法；保证全部软件安全性需求和安全关键软件单元必须通过测试和非测试的方法进行验证；对外购与重用软件实施安全性评价，控制、减小其给系统带来的风险。

14.6　环境适应性保证

（1）环境分析

①武器系统使用环境分析

根据武器系统的使用环境和顾客的要求，针对不同装载平台和气候环境，将武器系统及其相关产品进行环境划分，并进行环境效应分析。

各承制方应对承制产品的具体使用环境（含微环境）进行分析。

②确定寿命期环境剖面

武器系统的使用特点是长期贮存，即时使用。因此要求武器系统的各级产品均具有较高的环境适应性和长期贮存性。

（2）制定环境条件

根据武器系统使用环境特点和环境因素分析，随着研制工作的深入，逐步修订环境条件。

（3）环境适应性设计

环境适应性设计应根据产品使用环境寿命周期剖面和相应的环境条件，对产品在环境应力作用下预计的响应进行工程分析，确定在这种环境应力下设备所用元器件和材料的性能，对不能满足环境条件要求的产品要采取防护措施。

武器系统的环境适应性设计准则应该从以下几个方面考虑：

1）低气压防护设计；

2）高温防护设计；

3）低温防护设计；

4）湿热防护设计；

5）防盐雾设计；

6）防霉菌设计；

7）防沙尘设计；

8）太阳辐射适应性设计；

9）风环境适应性设计；

10）振动、冲击和噪声适应性设计。

（4）环境试验

在设备进行环境适应性设计后，应按照规定的环境试验要求进行环境试验，确保产品环境适应性设计能够满足使用要求。

按照试验目的，环境试验可具体分为环境研制试验、环境响应特性调查试验、环境验收试验、环境鉴定试验等。

环境研制试验适用于各阶段，目的是通过环境试验发现产品在环境适应性方面的薄弱环节，指导设计改进；对产品环境适应性进行验证和摸底，适时做出环境适应性评价。

环境响应特性调查试验主要适用于方案和研制阶段，通过环境数据测量，查明产品的环境响应特性、耐环境能力极限及薄弱环节等，为实施后续试验与评价，以及指导产品的使用提供有用的信息。

环境验收试验适用于研制和批产阶段，目的是检查产品生产过程工艺和质量控制过程的稳定性，验证产品是否满足规定的环境适应性要求。

环境鉴定试验适用于状态鉴定阶段，目的是考核装备（产品）的环境适应性是否满足要求，在规定的条件下，对规定的环境项目，按一定顺序进行鉴定试验。

14.7　电磁兼容性保证

(1) 电磁兼容性保证工作目标

电磁兼容性保证工作目标为：

1) 系统达到系统内电磁兼容和系统间电磁兼容；

2) 最大限度减少产品电磁干扰问题，以降低研制费用和缩短研制周期；

3) 提高系统装备的完好性和成功性。

(2) 电磁兼容性保证工作基本原则

坚持以电磁兼容性规范为依据、电磁兼容性设计为重点、电磁兼容性试验考核验证相结合的工作方针，开展电磁兼容性工作，包括：

1) 根据系统功能特性、电磁特性和电磁环境条件，制定和剪裁选用电磁兼容指标、设计、试验等相关标准，规范电磁兼容性工作；

2) 分析可能存在的电磁干扰问题，有选择、有重点地采取屏蔽、接地、搭接、滤波、布线等相应的多层次综合性电磁兼容性设计措施，确保满足电磁兼容性要求；

3) 通过电磁兼容性试验，寻找和发现可能存在的电磁干扰问题，并采取电磁兼容性改进措施，确保武器系统最终达到电磁兼容性设计要求；

4) 对新研制产品应开展本大纲规定的电磁兼容性设计、试验、分析、管理等全部电磁兼容性工作项目；

5) 对直接采用的或仅结构做了少量更改的其他型号的产品，其电磁兼容性工作可直接进入工程研制阶段，按本大纲要求开展必要的电磁兼容性试验工作，为完善产品电磁兼容性提供依据。

(3) 电磁兼容性保证工作项目

①制定电磁兼容性指标

提出各级产品电磁兼容性指标，并纳入研制任务书中。

②电磁兼容性分析

对产品设计方案的电磁兼容性或者技术状态更改对产品电磁兼容性的影响进行分析；对产品电磁兼容性试验结果进行分析。

③电磁兼容性设计

各级产品可剪裁各型号系统电磁兼容性设计准则和其他相关电磁兼容性设计规范，形成产品的可应用电磁兼容性设计准则；在产品功能设计的同时应进行电磁兼容性设计。

④电磁兼容性试验

按电磁兼容性指标要求，各级新研产品进行电磁兼容性试验，针对电磁兼容性试验和功能调试中出现的电磁干扰问题，有针对性地开展产品电磁兼容性设计改进工作，确保产品能够满足电磁兼容性要求。

⑤电磁兼容性审查

进行产品电磁兼容性工作审查，确认产品是否符合任务书中规定的电磁兼容性要求，审查有关电磁兼容性文件及其完整性。

（4）电磁兼容性指标要求

①系统电磁环境条件

根据 GJB 1389A—2005、GJB 151A—1997 和系统作战使用要求与典型运用模式，确定系统电磁环境条件。

②装备电磁兼容性指标要求

1）电场辐射敏感度指标。以相关规定的电磁环境条件作为战车、装筒导弹、导弹的电场辐射敏感度指标，即在该电磁环境条件作用下，作战装备及所属设备不应出现任何故障和功能特性的降低超过规范允许的指标容差。

2）电磁兼容性安全裕度。战车整车电磁兼容性安全裕度不低于 6 dB。

③设备电磁兼容性指标要求

根据 GJB 151A—1997 对陆军地面设备（车载设备）和空间设备（弹载设备）规定的电磁兼容性指标项目，为战车车载设备与弹载设备剪裁采用指标项目，并同步采纳与各指标项目相对应的电磁兼容性指标。

（5）电磁兼容性设计要求

电磁兼容性设计应根据产品功能特性与结构和电磁兼容性指标要求等，针对产品可能存在的电磁干扰问题，借鉴其他型号设计经验，规定电磁兼容性设计要求、方法和应用措施。

根据设计对象的电磁特性、结构特性、电磁环境，预测和分析可能存在的电磁干扰问题，有选择、有重点地采取屏蔽、接地、滤波、布线等相应的多层次综合性电磁兼容性设计措施，确保满足电磁兼容性要求。

①电磁环境防护设计

针对武器系统面临的外部电磁环境，进行武器系统电磁环境防护设计，设计包括：

1）屏蔽设计：对发射装置、光电跟踪系统设备、指控系统设备、搜索雷达设备、供配电系统设备机柜结构上的缝隙应采取电磁屏蔽设计措施；

2）频率隔离：为了保证多辆战车协同工作状态下的电磁兼容能力，搜索雷达应配置多个工作频点，通过不同频点选择实现频域隔离；采用抗异步干扰和提高接收机抗过载等措施。

②机壳及箱体屏蔽设计

机壳及箱体屏蔽设计包括：

1）屏蔽材料选用高电导率和磁导率材料；

2）结构屏蔽设计时，结构上的接缝和开口的数量尽量少，面积尽量小，开口的尺寸尽量小于被屏蔽的强辐射波长的二十分之一；

3）机柜和箱体上的通风、散热孔采用金属网、穿孔金属板、蜂窝板或其他具有良好屏蔽性能的类似物体封闭；

4）机箱、机柜的电连接器或滤波器的安装不应降低壳体的整体屏蔽效能；

5）屏蔽设计应保持电气连续性和封闭性，机柜、箱体的金属搭接面均做导电处理；

6）屏蔽壳体的搭接优先使用焊接，必须使用螺钉或螺栓搭接时，可考虑在搭接面间填入导电密封橡胶；

7）增加缝隙的深度和接缝处的重叠尺寸，提高接合面的加工精度；

8）屏蔽壳体必须接地。

③接地设计

为避免战车车载设备间接地回路出现共阻抗地线干扰，战车系统应进行以下接地设计：

1）战车电气系统按照分组接地的原则，在转塔和车舱内机柜建立分基准接地点，然后接到战车车体的基准接地面上。

2）每个组合设置独立的接地插座或集中的接地接点，将这些接点区分为机壳地、数字地、模拟地、噪声地；电路中的地线分别汇接到上述各类接地接点上，不得混连。

3）装有多个组合的机柜，在机柜内设置接地线束，将机柜内所有组合的接地插座汇接在该线束上。

4）在转塔高频设备中，进行多点等电位接地，组合的金属底板作为信号参考平面。

5）雷达发射机设有独立接地点，并有独立接地回线，不使用波导、机架、机壳作为回流线。

④电缆布线设计

电缆网设计的基本原则是：按信号特性划分类型、按类布线、相互隔离，最大限度抑制线间干扰耦合，布线设计包括：

1）不同类线应分开敷设，尽量拉大间距；如果不同类线必须捆扎为一束时，应采用屏蔽电缆线，尽量减小不同类信号线缆的捆扎长度。

2）不同类线尽量不使用同一连接器，否则应在连接器内将低电平信号线插针与其他插针分开或利用备用、接地插针进行隔离。

3）大功率线、电引爆线应单独敷设，与其他电缆线分开，并且不能使用同一连接器。

4）对于频率高于 12 MHz 的基准信号，调频脉冲信号、雷达中频接收信号和发射触发信号可选用双层屏蔽同轴线。

5）电缆线屏蔽层尽量与连接器外壳做 360°搭接。

⑤滤波隔离设计

滤波隔离设计包括：

1）雷达和通信接收端口采用滤波、限幅措施；

2）车载设备机柜电源输入端加装电源滤波器；

3）设备二次电源输入和输出端都应采取滤波措施；

4）高压电源、伺服电源、设备二次电源有隔离措施；

5）使用光电隔离器件、隔离变压器隔离收发设备；

6）直接从配电组合向用电器和二次电源配电。

⑥导弹电磁兼容性设计

1）导弹各舱段之间的连接接触面具有导电的连续性。

2）导引头、复合引信结构设计可采用分区或分舱设计，隔离大功率电路和小信号电路。对敏感器件、敏感电路及引线采取屏蔽措施。

3）弹上设备二次电源输入和输出端应采取滤波措施。

4）火工品电路采用单独的电缆线和连接器，电缆应使用双绞屏蔽线。

（6）电磁兼容性试验与评定

①电磁兼容性试验

在系统研制阶段应进行产品的电磁兼容性试验，以验证产品电磁兼容性是否满足要求，并为电磁兼容性设计改进提供依据。

电磁兼容性试验要求如下：

1）电磁兼容性试验对象包括战车、战车新研车载设备、导弹及弹载设备，以规定的电磁兼容性指标项目为试验项目，以相应的电磁兼容性指标为考核指标。电磁兼容性试验方法按 GJB 152A—1997 规定的方法进行。

2）系统不进行专门的电磁兼容性试验，而是以是否通过系统联调验证达到系统内电磁兼容性要求为判定标准。

3）电磁兼容性试验依照试验大纲进行。电磁兼容性试验大纲详细规定产品的技术状态和试验的要求、方法、判据等。

4）电磁兼容性试验应针对产品的各种典型工作状态进行，确保试验结果能真实反映产品的电磁兼容性。

5）在产品验收中，质量管理部门组织对电磁兼容性试验大纲、实验室出具的电磁兼容性试验报告、试验中电磁干扰故障及其改进措施等进行评审，确认试验有效和产品电磁兼容性满足要求。

②电磁兼容性评定

1）设备电磁兼容性评定。电磁兼容性试验证明，设备满足为其规定的各项电磁兼容性指标要求，则判定设备电磁兼容性满足要求。

2）装备电磁兼容性评定。电磁兼容性试验证明，战车、装筒导弹及所属设备均满足电磁兼容性要求，并且通过系统联调试验，则判定装备满足电磁兼容性要求。

3）武器系统电磁兼容性评定。电磁兼容性试验证明，各装备及其组成设备均满足电磁兼容性要求，并且通过了系统联调试验，则判定系统电磁兼容性满足要求。

第 15 章　工艺保证

工艺是使各种原材料、半成品成为产品的方法和过程（GB/T 4863—2008），工艺是指人、机器、材料、方法、环境、计量与检测六大影响因素对产品质量综合起作用的过程（标准化词典）。工艺管理是科学地计划、组织和控制各项工艺工作的全过程（GB/T 4863—2008）。

工艺是制造技术的一部分，服务于产品制造。工艺保证致力于提供工艺要求会得到满足的信任，着力提高制造能力和水平，确保产品质量，缩短制造周期，降低制造成本，实现绿色安全生产。

航天工艺工作应遵循落实规章，科学管理；统筹规划，合理布局；技术创新，持续发展；优化流程，保证质量；合理消耗，提高效益的原则。航天型号工艺工作应遵循需求牵引，技术推动；落实规章，科学管理；自主可控，制造可靠的原则。航天工艺保证工作是通过策划、组织、控制等手段和过程，充分利用资源，以先进的制造技术生产出符合设计要求、质量合格、成本适宜的产品。

15.1　型号研制阶段工艺工作总体要求

1）论证阶段：了解型号可行性论证情况和方案设想，提出工艺关键技术攻关方案设想和拟采用的新工艺、新材料及重大技术改造项目，明确需进行工艺研究的主要项目并开展工艺预先研究立项准备。

2）方案阶段：提出型号研制工艺可行性方案，做好工艺方案择优和工艺技术研究，完成重大技术改造项目初步论证，完成设计工艺性分析与审查，完成关键工艺的识别，确定工艺攻关项目，促进设计与工艺的并行、协同，完成型号设计方案技术交底和对口专业工艺协调。

3）工程研制和设计定型阶段：审查设计文件工艺性，编制工艺总方案，开展数字化工艺设计，按型号研制阶段做好相应的工艺准备，进行工艺技术攻关，配合生产及协调处理技术问题，对关键重要工艺进行评审，改进与优化工艺，保证型号研制顺利实施。严格型号研制阶段工艺可行性把关。按要求做好设计定型工艺考核工作。

4）生产（工艺）定型和批量生产阶段：按照生产要求和生产当量，形成适宜的生产条件，定岗位、定工艺、定设备，严格控制产品批量生产技术状态，针对批生产产品工艺性开展工艺优化和工艺试验，进行工艺流程优化，提高生产效率，降低生产成本。装备设计定型后，要根据批量生产情况适时进行工艺定型。依据工装配置原则，补充工装，完成状态鉴定与列装定型阶段相关工艺工作。

5）售后服务阶段工艺工作：及时了解型号交付后出现的故障、问题，对型号出现的工艺相关故障、问题进行分析、判断，查找原因，提出解决措施，协同解决；综合分析型号使用、维修中出现的问题，提出工艺改进、完善方案，向装备产品设计部门、生产部门和使用部门反馈，协同落实装备维修、改进。

型号工艺工作要充分实施数字航天战略，通过数字化转型、智能化升级，不断加强数字化工艺与智能化生产线建设、改造与应用，形成适应多品种、多规格、变批量生产的数字化柔性混批共线批生产能力，加快型号工艺技术水平、工艺管理水平与产品制造能力提升，满足高质量发展要求。

贯彻落实设计与工艺协同要求，型号技术设计工作应与工艺设计工作同步实施、相互支撑，确保设计工艺性符合要求，充分发挥工艺在型号科研生产中的技术支撑作用和批生产中的技术主导作用。

型号要实施工艺技术分解（TTB），编制型号工艺技术体系表，明确本型号拥有的核心工艺技术、关键工艺技术、独有工艺技术、一般工艺技术等，每个阶段结束时，要给出并着力提高型号工艺技术成熟度。在型号全寿命周期内实施工艺技术状态管理，制定工艺技术状态管理计划，确保工艺技术状态标识、控制、纪实、审核的系统、完整、有效、可追溯。

型号工艺方案的制定要贯穿于型号立项到研制全过程。型号产品实现策划须包括型号工艺工作策划，工艺策划中要明确型号每阶段产品实现过程工艺工作内容、任务清单、责任体系，确认型号工艺工作输入、输出及其载体、形式和标志。要确定型号工艺要求验证、确认和接收准则。型号每一阶段结束时，要编制型号本阶段工艺可行性分析报告，给出工艺可行性与否结论；完成型号阶段工艺工作总结，产品研制工艺总结中核实、确认工艺工作符合度，给出本阶段工艺工作符合度评价结果；制定型号工艺工作不符合要求事项完成计划。

型号进入工程研制阶段后，存在因工艺工作未完成而影响型号产品性能实现、合同履约的情况，型号不得转入下一个阶段，不影响型号产品性能、合同履约的，要列出任务和责任清单，并限时整改、完成。

针对边研制、边鉴定（定型）、边批产的型号或尚未工艺定型，且暂时不具备工艺定型条件，又明确进行批生产的产品，在其批生产设计技术状态明确的条件下，要按照工艺定型管理办法要求，严格工艺技术状态管控，结合批生产任务，制定针对性的工艺强化措施。

型号要认真贯彻落实《装备安全性工作通用要求》（GJB 900），确保工艺工作符合安全生产管理要求，确保工艺安全。

型号要推行数字化工艺平台与设计平台的集成与融合，建立基于数字化平台的设计与工艺协同机制，按照工艺信息化建设总要求，实施数字化工艺设计、工艺过程仿真，加强数字化工艺准备，编制结构化、可视化工艺规程，实现产品工艺模型化，实现基于模型的数字化制造。

在型号科研生产工艺工作全过程实施成本管控，在工艺可行性论证、设计工艺性审查、工艺方案制定等环节开展工艺方案对比择优、经济性分析等工作，并制定相应的降本增效措施，提升成本控制能力。

在型号研制生产过程中要实现绿色安全生产，优选先进环保的工艺、材料，淘汰落后工艺技术，推广应用国产制造装备。对于已工艺定型但随科技发展出现更适合工艺的，应在不影响产品质量且提高生产效率的前提下，经验证并按程序审批后更改工艺。

型号工艺推行量化控制要求，确保工艺要素实现量化要求、准确控制、有效验证。实施单位工艺评价、型号工艺评价、产品工艺评价，实施全系统、全过程、全要素工艺评价，持续改进工艺不足和缺陷。

按照《航天型号产品质量问题归零实施要求》对工艺质量问题进行归零。按照《航天工艺纪律检查规范》，对型号各阶段进行工艺纪律检查，确保工艺纪律受控。

按照工装配置原则，配置型号工装，提高型号工装标准化、通用化水平。按照《航天产品工艺文件管理制度》要求，编制、管理型号科研生产各阶段工艺文件并及时归档。

型号将工艺知识产权创造、运用、保护、管理和服务纳入型号科研生产工艺工作中，明确知识产权管理的目标和要求并有效落实。

15.2　工艺选用

设计师、工艺师按照工艺保证大纲要求，坚持工艺可行性、产品可制造性标准，优先选择标准工艺、成熟工艺。根据型号所选择材料的工艺性和所设计产品的结构工艺性，充分考虑承制单位现有的生产条件和工艺保证能力等因素，充分考虑产品的环境适应性，编制产品材料清单、零件清单和工艺清单，确定关键材料、关键零件、关键工艺项目。严格控制限用工艺的使用，严禁使用禁用工艺。在设计评审时应将设计所选用的工艺技术作为评审内容之一。

15.3　工艺策划和开发

工艺师应根据产品设计文件的要求，对制造过程工艺质量控制进行统筹规划和安排，将材料、设备、工艺装备、生产环境、能源、操作人员和专业技能等生产要素合理地组织起来，明确规定确保产品质量的生产制造方法和程序。

工艺策划和开发的内容包括：

1）编制工艺总方案，主要内容包括：

a）制定生产质量控制计划；

b）验证工序能力并开展工序质量控制；

c）对技术难度大、工艺不稳定、难以保证质量和影响产品研制进度的工艺技术进行攻关，只有经鉴定并确认能满足设计要求后，才能纳入工艺文件，并用于生产；

d）确定成批生产工艺优化项目；

e）确定首件鉴定项目及实施要求；

f）确定专用工艺装备的配置、设计、验证原则和鉴定要求。

2）编制工艺文件和工装设计。

3）工艺文件评审、实施及工艺过程控制。

工艺策划和开发工作可分成两类：

1）样机试制的工艺策划和开发工作；

2）成批生产的工艺策划和开发工作。

15.4 设计工艺与协同

从产品的方案论证阶段开始，工艺人员就应参与设计活动，包括：

1）了解设计方案和采取的技术途径；

2）提出设计工艺性方面的建议；

3）了解产品生产对环境、设备、工装、工艺试验、新材料、新技术的需求及内容，提前准备进行技术改造和技术攻关。

15.5 产品设计工艺性审查

工艺性是指所设计的产品及其零部件，在一定生产条件下，进行制造和检验的可行性和经济性。

工艺性审查是对产品设计文件中有关产品结构工艺性、加工合理性、装配的可操作性、可检测性、所采用的标准、验收准则等进行审查。

工艺审查是设计工作的重要环节，应列入型号的科研生产计划，给予必要的审查周期。设计人员应向工艺人员交底，说明产品的结构特点、技术性能、使用要求等，以便工艺人员掌握设计意图。设计评审前，应先完成工艺性审查工作，应有产品的工艺性分析内容，设计工艺性审查意见。设计发生变更，应重新进行工艺性审查。

工艺性是否符合要求主要取决于产品的设计阶段。因此，工艺性审查应在设计阶段进行，设计人员、工艺人员、质量人员等共同参加。

对于机械产品工艺性审查主要内容包括：

1）零件结构的铸造和锻造工艺性；

2）零件结构的机械加工工艺性；

3）产品结构的装配工艺性；

4）产品结构的维修工艺性等。

15.6　编制工艺文件

生产按工艺文件执行，工艺文件的质量直接影响生产的质量。工艺文件包括：工艺方案、工艺路线、工艺规程、工艺装备设计等。

15.6.1　工艺方案

工艺方案提出产品试制或生产中的技术关键及解决办法，规定各项工艺工作应遵循的基本原则，是制定工艺路线、工艺规程和工艺装备设计等的依据文件。

不同生产阶段，其工艺方案是不同的，如：新产品样机试制工艺方案、新产品小批试制工艺方案与批量生产工艺方案的内容有所不同。

工艺方案设计应包括可生产性和技术先进性两个方面的内容，即：工艺方案既要保证实现产品设计规定的各项技术要求和质量标准，又要保证产品质量和制造产品的生产率较高而成本较低。

15.6.2　工艺规程

工艺规程规定了产品制造的工艺过程及要求。工艺规程包括：产品加工、检验和试验规程、产品验收（拒收、拒付）准则等。

工艺规程应落实文件细化、量化要求，按照可操作、可检验的原则进行工艺编制。明确对特殊过程的设备、人员及参数监控要求，对工艺过程中的停止点或强制检测点，必须明确检查内容、检查人员、检查方法、检查记录和评定标准的相关要求，明确生产过程中成品、半成品的包装、搬运和贮存的防护要求。

关键工序的工艺规程应进行工艺评审，更改提高一级级别签署。

15.6.3　工艺装备设计

工艺装备是产品制造过程中所用的各种工具的总称，包括刀具、夹具、模具，专用计量器具、辅具、钳工工具和工位器具等。工艺装备是用来保证工件加工精度、表面质量、互换性以避免零部件的磕、碰、划伤的重要手段。工艺装备设计必须满足使用要求，结构性能可靠，操作安全、方便，有利于实现优质、高产、低耗和改善劳动条件。工艺装备设计要尽量提高工艺装备的标准化、通用化、系列化水平。对工艺装备要进行验证，验证工艺装备能否满足工艺要求，以及是否可靠、合理、安全。

15.7　工艺评审

工艺评审是产品质量评审的重要内容，是型号研制阶段必不可少的重点评审内容，列入型号研制计划，是由非直接参与工艺设计的专业技术人员参加的，为保证产品符合性质量而进行的有计划、有组织的活动。它按照设计要求、研制合同、有关标准和规范，对工艺的先进性、经济性、可行性进行详细的分析、审查和评价，是为确认工艺提供决策咨询的一项重大活动。

工艺评审的主要内容包括：

1）工艺可行性、设计工艺性；

2）工艺总方案，工艺说明书等文件正确性、可行性、有效性；

3）关键件、重要件、关键工序工艺规程和特殊过程的工艺文件正确性、可行性、有效性；

4）新工艺、新技术、新器材选用的正确性、先进性、可行性；

5）工艺技术攻关方案的正确性、可行性；

6）工序能力的符合性、先进性。

工艺评审应分级、分阶段进行。

工艺评审程序参见 GJB 1269A《工艺评审》。

15.8 工艺定型

工艺定型是生产定型的组成部分。通过工艺定型，为批量生产奠定基础。

工艺定型的主要内容：

1）工艺准备：编制工艺定型工艺总方案，完善工艺文件，补充设计工装和非标设备，修订材料消耗工艺定额文件，评估外协外购合格供方的工艺技术保障能力；

2）文件验证：完成工艺攻关、工艺试验、生产验证，考核工艺文件、工装和非标设备使用情况；

3）对工艺总方案、关键工序等工艺文件进行评审，核定材料消耗工艺定额，鉴定工装和非标设备，完成定型工艺文件编制；

4）工艺定型：完成工艺定型文件编制和工艺定型审（鉴）定，完成定型文件上报、归档。

工艺定型的申报文件一般包括：工艺定型鉴定申请报告、工艺定型报告、工艺定型产品质量分析报告、工艺定型产品工艺经济分析报告、工艺定型标准化审查报告、用户使用意见报告、工艺定型鉴定（审查）结论、工艺定型生产工艺总方案、工艺文件总目录。

第16章 元器件保证

元器件的质量、可靠性是型号装备、产品质量、可靠性保证的基础。元器件保证是指采取各种质量保证措施，使元器件在型号装备、产品寿命周期内，满足型号装备的功能、性能、可靠性、安全性、环境等要求。

元器件保证要贯彻技术与管理相结合的方针，严格执行元器件“统一选用、统一采购、统一监制和验收、统一筛选和复验、统一失效分析”的“五统一”管理要求，实施全过程质量控制。

16.1 元器件保证总体要求

在型号方案阶段，编制型号元器件保证大纲，明确元器件质量等级要求，确定元器件选用和控制的原则。

在型号工程研制初样阶段，按照可靠性设计准则，结合可靠性预计等工作，进行元器件选用评审。严格元器件选用控制，超目录选用的元器件，严格履行审批手续；在型号工程研制试样阶段，做好初样转试样转阶段元器件评审，关注初样阶段元器件选用问题的整改落实、元器件质量问题归零及整改措施落实、元器件可靠性保证措施落实、元器件风险评价等。

为确保装机用元器件质量受控，型号用元器件应进行复验和补充筛选，并发放型号用元器件装机许可证，电装齐套环节应进行齐套元器件质量符合性检查，整机级产品所厂检验、验收环节要进行元器件装机许可证检查。

16.2 元器件“五统一”管理

为保证型号用元器件的质量，要对元器件实施统一选用、统一采购、统一监制和验收、统一筛选和复验、统一失效分析，即“五统一”的质量保证工作。型号承制单位应结合本单位研制产品特点，制定元器件“五统一”管理办法，明确职责、程序，全面实施“五统一”管理。图16-1是“五统一”管理程序。型号应建立元器件验收、筛选、复验、发放以及失效分析等信息的信息库，保证元器件信息的可追溯性。应定期发布有关元器件的信息，供相关型号研制单位使用。

16.2.1 统一选用

统一选用即统一元器件的技术标准和选用范围。

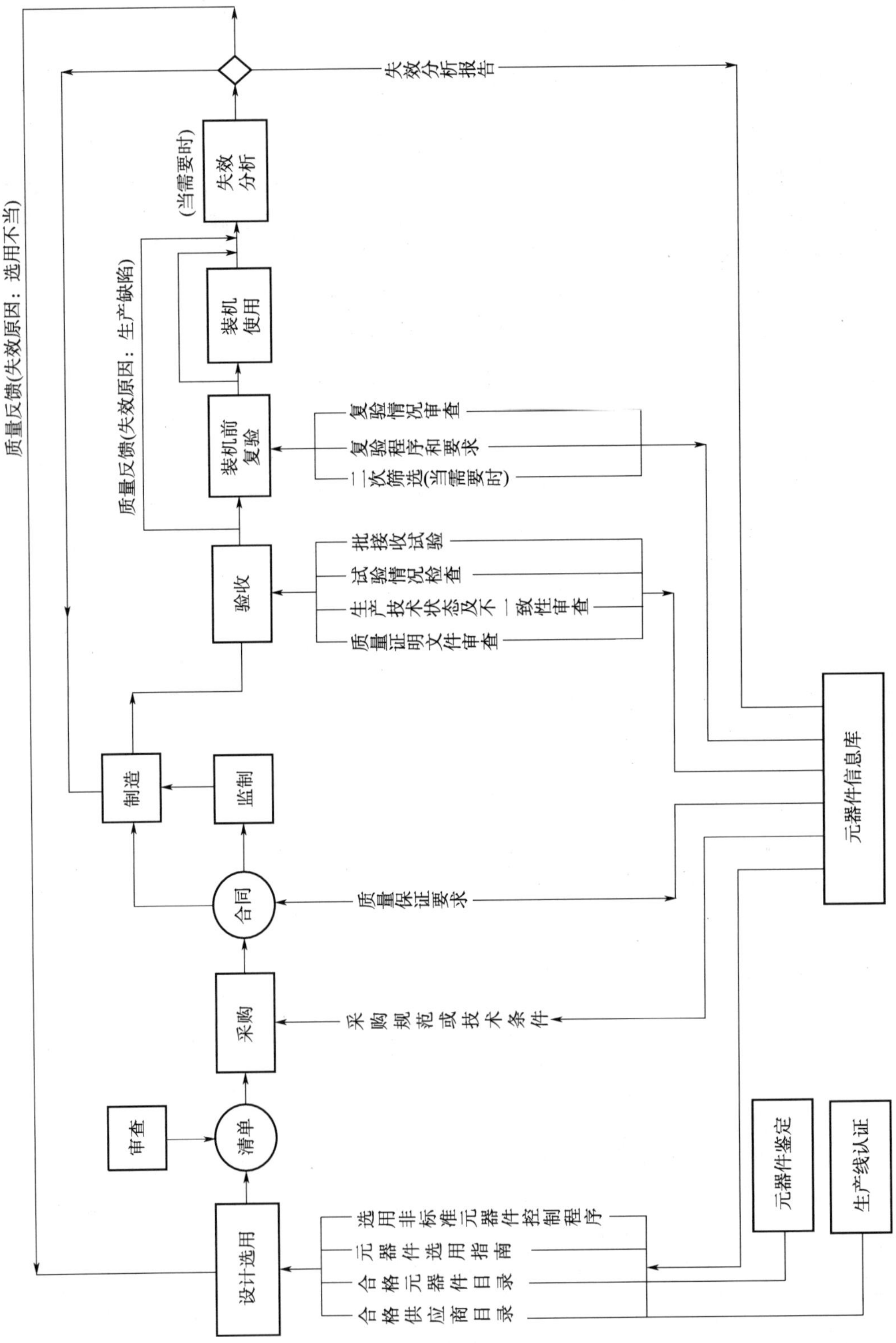

图 16-1　电子元器件质量控制程序

型号应根据国家或行业批准的“电子元器件选用目录”，结合型号特点制定本型号用元器件选用目录或优选目录。设计人员应按型号用元器件优选目录选用元器件。必须选用目录外元器时，应按规定办理审批手续。

制定型号元器件选用目录时应规定技术条件、元器件品种、厂家。应尽可能压缩元器件品种和厂家。对国产元器件，要选择生产线质量受控、元器件性能稳定、信守合同的单位作为供货厂家。必须选用进口元器件时，应组织专题论证，按规定办理手续。严禁选用淘汰、废型、停产或即将停产、不稳定的元器件。

设计人员应根据电路功能、性能和可靠性要求，正确选择元器件品种和质量等级。元器件质量等级可查阅 GJB 299B、MIL－HDBK－217 等资料。

设计应编写型号选用的元器件明细表，对其应组织评审，并经批准。表 16－1 是一张元器件选用明细表实例。

表 16－1　元器件选用明细表

型号：　　　　　　　　系统代号：　　　　　　　　分系统或设备代号：

序号	元器件名称	型号规格	采用标准	质量等级	单机用量	生产单位	降额等级	曾用于何型号	备注
编制人：(签名) 日期：　年　月　日			审核：(签名) 日期：　年　月　日		评审组长：(签名) 日期：　年　月　日			批准：(签名) 日期：　年　月　日	

16.2.2　统一采购

统一采购要求承制单位制定统一的技术标准或要求，以控制元器件品种、选用范围和供货单位，并由授权的部门统一协调组织采购。

1）根据元器件明细表编制采购文件。采购文件应提出元器件监制、验收方式、技术标准、信息提供以及质量问题反馈等质量保证要求，并在合同上明确。表 16－2 是采购文件的实例。

2）控制进货渠道。根据元器件供应单位的质量保证能力，供货配套进度和价格水平，以及国家主管部门的意见，确定合格元器件供应单位。

3）进口元器件的采购。按“统一归口、集中引进、确保质量”的原则，统一通过国外生产商或可信供应商采购进口元器件。不允许在国内商店、公司采购。严格审查进口元器件的采购文件。

表 16－2　型号用电子元器件采购文件

生产单位：　　　　　　　　　　　　　　　　　　　　　　　　　　采购文件编号：

序号	产品名称	型号规格	用于何工程何分系统（整机）	单机用量	申请采购数量	进度	主要参数	封装形式	技术规范标准	附加技术条件名称	质量等级	下厂监制验收单位（或复验单位）	是否列入选用目录		

填报单位：　　　　　　　　　　制表人：　　　　　　　　　　批准人：　　　　　　　　　　填报日期：

16.2.3　统一监制和验收

监制和验收是指元器件使用方质量代表到元器件供应单位，根据采购合同规定的品种及技术条件，对制造中的元器件进行质量检验、控制和对提交的合格品进行验收，并了解供应单位的质量管理情况。

订货合同有监制和验收要求时，由元器件使用单位统一组织有监制、验收资格的人员，按合同规定的标准或协议到供货单位进行监制、验收。监制、验收人员应向本组织提交下厂监制、验收报告。

监制要重点关注关键件、重要件、曾出现质量问题以及功能复杂、下场验收难以发现问题的元器件，可重点工序监制和全过程监制；验收要重点关注关键件、重要件、曾出现质量问题不具备复验条件的元器件。

16.2.4　统一筛选和复验

这里筛选是指补充筛选或二次筛选。凡已采购的元器件在筛选试验（生产厂的）没有满足使用方规定的项目、应力、时间或有其他特殊要求的技术条件时，由使用方进行筛选。

复验是指入库复验、装机前复验和超期复验。筛选、复验标准或要求，应由行业或研制单位统一规定。应由授权的单位进行入库复验、补充筛选。对筛选、复验合格的元器件应按规定开具合格证，随同合格的元器件一起提供委托单位。凡无合格证的元器件不得装机使用。

经复验、补充筛选合格的元器件，但在装机使用前已超过规定贮存期的，应按规定进行超期复验。只有复验合格的元器件才能装机。

为保证发放合格的元器件，元器件使用单位应建立元器件发放制度，以控制元器件发放。

16.2.5　统一失效分析

凡型号用元器件在入厂验收、复验、补充筛选、超期复验以及在型号研制、生产和使用等过程中出现的失效必须进行失效分析。凡属元器件供货单位制造缺陷造成的失效，应向供方反馈并按失效性质（批次或个别）采取相应措施（退货、重新筛选、更换等）。如果是使用方设备故障或操作失误导致的失效，应由责任单位采取相应纠正措施，防止再发生。

需要进行破坏性物理分析的，按 GJB 4027《军用电子元器件破坏性物理分析方法》执行。

元器件失效分析应由授权的失效分析单位进行，并应给委托单位提交失效分析报告。

16.3 破坏性物理分析（DPA）

为验证和评价型号用半导体器件（包括分立器件和单片、多片以及混合集成电路）的质量，查明可能影响性能、可靠性的异常情况，要求“重点型号的关键元器件应做好破坏性物理分析（DPA），颗粒碰撞噪声检测试验（PIND），确保装机元器件质量”。

DPA 一般适用于下列情况：

1）成品或在制品中半导体器件的质量验证；

2）半导体器件的验收（对半导体器件生产厂）；

3）半导体器件的超期复验。

DPA 主要项目有：

1）键合强度试验；

2）剪切强度试验。

型号应规定进行 DPA 的范围、抽样与方法、合格判据、不合格处理以及有关的管理办法。

（1）成品或在制品中半导体器件的 DPA

鉴于目前元器件本身质量不高，对于成品或在制品所用的关键半导体器件，如果这类半导体器件的生产厂未进行 DPA，则需补做 DPA。应抽取与已装入产品中相同厂家、相同批次、相同规格、性能合格的器件作为 DPA 的样品。应规定做 DPA 抽样数、方法和判据。DPA 方法按 GJB 4027《军用电子元器件破坏性物理分析方法》要求进行，进口分立器件按 MIL－STD－750 要求进行。

DPA 不合格的器件，型号两总应组织专家进行 FMEA 分析，根据是否会造成单点故障以及后果的严重性，做出决策。

（2）半导体器件的验收

DPA 应当是在器件生产厂按要求进行。因此在采购器件时，应在采购文件中提出按 GJB 4027 进行 DPA 的要求，作为器件验收条件之一。

（3）超期半导体器件的复验

当器件贮存期超过规定的期限，需按 GJB 4027 的规定进行 DPA。DPA 不合格的器件，不能使用。

（4）DPA 管理

DPA 应由认可的失效分析中心进行。承担 DPA 的单位应对 DPA 结论的准确性负责，并将有关的信息按要求传递至信息中心。

当 DPA 器件的失效模式或失效机理具有普遍性时，型号管理机构应采取相应的措施。

第 17 章　型号计量

型号计量保证是使型号产品的测量、测试达到准确、统一和科学而开展的一系列计量管理和计量技术工作。型号计量保证旨在分析型号产品测试方案，建立必要的计量测试手段和完善的量值溯源渠道，实现测量过程受控和产品量值溯源，确保型号测量数据准确可靠。

型号计量保证工作主要包括：计量保证工作策划、计量需求确定、计量确认、测量过程控制、计量标准保证评审、专用测试设备计量管理、大型试验计量管理、外包产品计量保证。

1）型号应根据《中华人民共和国计量法》《国防计量监督管理条例》《国防科技工业计量监督管理办法（暂行）》等计量管理的有关规定，结合型号任务的具体情况制定计量保证大纲。

2）重点型号可设置型号计量师（或型号计量工作系统），计量师可由设计师、计量人员等担任（兼任）。由设计师系统与计量系统人员共同完成型号计量保证与监督工作。

3）可行性论证阶段，总体及分系统单位应分析计量保证方面的需求，有针对性地提出需完善配套的计量保证任务和项目，组织开展计量技术研究。

4）方案阶段，应根据型号总体和分系统的技术指标，将其转化成计量要求，提出计量工作要求和研究项目。研制单位对所研制产品的主要战术技术指标进行分析，初步确定需要检测或校准的项目或参数，同时提出对研制产品需开展的测量过程和所需的计量器具，进行测量溯源性分析，包括计量测试保证资源与能力的初步分析。方案评审时，应对研制单位的计量保证能力进行评审。在建立型号设计师系统的同时，建立型号计量工作系统，制定型号计量保证大纲，组织设计师系统计量培训。

5）工程研制阶段，随着型号产品研制的进展，及时分析计量保证能力，提出补充要求，组织开展测量过程的控制，完成计量测试研究，开展专用测试设备的方案评审、校准方法评审和验收评审。

6）定型阶段，应围绕大型试验等各项工作对监视与测量过程进行确认，组织完成计量测试任务，进行计量保证措施检查，对量值溯源渠道、校准周期、计量技术文件和记录等进行确认。状态鉴定和工艺定型评审时，应含有计量保证的内容。

根据交付产品的检测和校准需求，按 GJB 5109 的要求编制《装备检测需求明细表》《检测设备推荐表》和《校准设备推荐表》或《校准系统推荐表》，并编制《装备检测和校准需求汇总表》。

7）生产阶段，为保证批生产质量，在生产定型时应合理确定各部分产品加工参数的允许误差，对计量器具的配备和涉及产品技术性能、量值准确等的技术文件以及计量保证能力进行验收。生产单位的计量标准、校准人员、环境条件和有关计量管理规定应符合要求。工艺过程和产品质量检验应符合计量管理的要求，按产品技术标准、工艺规范的要求确保计量器具配备率和检测率满足要求，并有重点地开展抽查校准工作，对重要环节使用的不合格计量器具及其测量数据进行必要的追溯，以保证批生产质量。生产单位计量机构应参与工艺评审、质量评审、生产定型等工作，进行计量审查。交付时应保证交付的计量器具配套齐全，符合技术文件要求，有校准/检定证书，计量标志齐全，校准方法、测试方法等完整，符合要求。

8）专用测试设备的计量管理。专用测试设备研制方案论证时应充分考虑计量校准要求。专用测试设备研制方案评审时，应对其计量性能的科学性与合理性、可校准性及其计量保证条件等进行充分的审查，评审应有计量人员参加。专用测试设备的校准方法应由计量机构组织评审并有计量专家参加。专用测试设备验收评审时，评审会和测试组应有计量人员参加，测试过程应依据校准方法等制定测试方案，并在受控的条件下进行，测试过程应有详细的原始记录，并向评审会提交完整的测试报告。专用测试设备应按校准方法进行校准，经计量确认符合使用要求后方可使用。

9）产品交付时的计量管理。应证实配备的计量器具的参数、测量范围、最大允许误差、计量确认有效期等适合于被测参数的预期使用要求，并填写《产品测量需求表》和《计量器具计量确认表》。院产品保证部组织对《产品测量需求表》和《计量器具计量确认表》以及有关资料进行评审通过后，测量方可实施。

10）大型试验的计量管理。

a）计量器具检定/校准日期与大型试验的计划结束日期的间隔不得超过六个月，否则，必须重新检定/校准并计量确认。

b）应对参试计量器具进行检查，确认计量器具的参数、测量范围、最大允许误差等满足被测参数的预期使用要求，并填写《试验计量测试需求表》和《试验参试计量器具计量确认表》报产品保证部。

c）参试单位提供计量器具满足使用要求的资料，经产品保证部组织检查通过后，方可将计量器具带入试验现场。

d）进入试验现场后，经试验队组织开展计量复查通过并粘贴“复查通过”标志后，计量器具方可使用。

第 18 章　型号标准化

18.1　概述

型号标准化是以型号为主体开展的标准化工作，是型号研制工作的重要组成部分，既要贯穿于型号研制、生产过程，又要先于型号的研制工作，以充分发挥标准化对型号研制的指导、支撑、约束和保证作用。

型号标准化工作的主要任务是：开展型号标准化工作策划，确定型号标准化工作目标，提出型号标准化工作计划，组织制定型号专用标准，组织型号实施标准并对标准实施情况进行监督、评估，完成型号产品通用化、系列化、组合化（以下简称“三化”）工作。

（1）产品“三化”

“三化”是通用化、系列化、组合化（模块化）三者的简称。标准化工作的一项重要任务就是促进型号装备各层次产品——系统、分系统、设备、组件、零件、元器件、原材料开展“三化”设计，充分利用已有资源和成果，最大限度地减少同一水平上的重复，以有限的品种满足多样化的需求，达到降低成本、缩短研制周期、提高产品质量与可靠性、简化维修与保障、提高装备保障力和战斗力的目的。

（2）“三大规范”编制与实施

“三大规范”是设计规范、试验规范、工艺规范三类规范的简称，是型号的成熟经验和技术诀窍的结晶，属于企业技术标准范畴。“三大规范”是型号设计与试验输入，对“三大规范”的贯彻情况同样是型号各类技术评审的重要内容。

（3）标准文献资源

标准文献信息（包括技术标准、各级标准化期刊）是技术研究和型号研制的重要技术资源，现行有效的技术标准反映或代表了当前技术发展的最新技术动态，如计算机总线接口标准、信息传输方面的标准。有些技术标准内容也是技术人员必须掌握的基本技能，如机械制图、电气制图规则方面的标准，如设计文件、研试文件、工艺文件等技术文件管理制度和规则方面的标准。

（4）型号标准化的作用、任务和特征

1）型号标准化是型号系统工程的技术基础和组成部分，型号标准化工作贯穿于型号工程的所有领域和全过程。型号所有结构和功能系统的硬件和软件及形成产品的所有工作环节，从型号论证开始到产品定型的所有过程都需要标准化。

2）标准化要求是“型号研制总要求”中的一项重要内容，符合标准化要求是型号状态鉴定的必备条件。

型号“研制总要求”是国家或用户对型号研制提出的总要求，是签订研制合同和组织研制工作的基本依据。目前，标准化要求已成为“研制总要求”的一项重要内容。标准化要求一般包括：

a）为达到型号的使用要求和主要战术技术指标，规定的接口标准以及设计、试验验收和使用过程中应遵循的规范和标准；

b）为提高装备的使用效能，减少寿命周期费用，规定的可靠性、维修性、安全性、保障性、测试性、环境适应性、电磁兼容性、人机工程、软件工作等专业工程标准、试验方法等标准的执行要求；

c）为控制型号质量，规定应执行的质量管理标准；

d）与型号研制有关的标准化综合要求、“三化”要求及其他工作项目、控制措施等要求。

《军工产品定型工作条例》规定型号状态鉴定要符合“标准化、系列化、通用化”等标准化要求，“三化”是产品状态鉴定的必备条件。

3）标准是衡量产品适用性的根据，组织好标准的贯彻实施是确保产品质量，达到研制要求的重要标志。

产品的质量体现在产品的适用性，产品适用性的各项要求是以各级型号规范来规定的，其中绝大部分内容是从现有的通用标准、规范中选择适用于该产品的内容加以综合而成的。标准与规范也就成为型号研制的依据。产品研制一开始就采用先进、科学的标准，按照标准、规范规定的性能指标及方法去设计、制造和试验，就能保证产品的性能质量建立在先进的技术水平和可靠的基础上。因此，组织好标准的贯彻实施，符合标准要求是保证型号产品质量，使产品达到使用效能的重要标志。

4）标准化是型号工程科学化管理和优化设计的重要手段，是确保型号研制生产获得最佳秩序，取得经济效益的有效途径。

18.2 型号研制标准化工作

（1）论证阶段标准化工作

①主要任务

1）进行型号标准化要求的论证；

2）提出标准化要求。

②主要内容

1）收集国内外类似型号研制的标准化信息；

2）进行标准化要求的论证，提出标准化要求的建议；

3）在投标时针对标书中的标准化要求提出实施方案。

③形成的文件

一般不形成标准化文件，但投标时，应编制“标准化要求实施方案”。

（2）方案阶段标准化工作

①主要任务

1）建立标准化工作系统；

2）进行标准化方案论证，提出标准化方案。

②主要内容

1）组建型号标准化工作系统；

2）开展型号标准化方案论证，确定型号标准化工作方案；

3）编写系统、分系统及重要设备的“产品标准化大纲”；

4）编制标准选用范围；

5）编制系统、分系统及重要设备的型号标准体系表，并提出标准制定项目的建议；

6）总结方案阶段标准化工作，编写“方案阶段标准化工作报告”；

7）进行方案阶段标准化评审，提出方案阶段标准化评审报告。

③形成的文件

1）型号标准化工作系统管理规定；

2）标准化方案论证报告；

3）型号标准体系表；

4）型号标准制定（修订）规划与计划建议；

5）型号标准化研究课题与工作项目计划；

6）各级产品标准化大纲；

7）标准、原材料、元器件等选用范围（目录）；

8）标准实施规定；

9）系统、分系统和重要设备的“三化”方案；

10）各类技术要求的统一化规定；

11）方案阶段标准化工作报告；

12）方案阶段标准化评审报告等。

（3）工程研制阶段标准化工作

①主要任务

1）实施“产品标准化大纲”，验证型号标准化方案的正确性和可行性，通过工程实践，发现问题，积累经验，进一步修改、完善“产品标准化大纲”；

2）编写“工艺标准化综合要求”，并在样机试制中贯彻实施。

②主要内容

· 设计标准化工作

1）编制实施“产品标准化大纲”的支撑性文件；

2）开展产品“三化”（通用化、系列化、组合化）设计；

3）制定缺项标准；

4）处理标准的超范围选用问题；

5）进行标准实施情况的统计和分析，并开展标准化效益的分析与评估；

6）编写样机设计标准化工作报告；

7）进行样机设计标准化评审；

8）修订和补充“产品标准化大纲”以及标准选用范围。

· 工艺标准化工作

1）编制“工艺标准化综合要求”；

2）编制实施“工艺标准化综合要求”的支撑性文件；

3）开展工装的“三化”设计；

4）协调和处理试制过程中和工装设计、制造过程中出现的标准化问题；

5）进行工艺、工装标准实施情况的统计和分析，开展标准化效益分析与评估；

6）编写“工艺标准化工作报告”；

7）进行样机工艺标准化评审，提出样机“工艺标准化评审报告”。

③形成的文件

· 设计标准化工作

1）设计文件编制标准化要求；

2）大型试验标准化综合要求及相应的标准选用范围；

3）有关标准实施规定；

4）型号标准化工作的年度计划；

5）样机设计标准化工作报告；

6）样机设计标准化评审报告。

· 工艺标准化工作

1）工艺标准化综合要求；

2）工艺、工装文件编制标准化要求；

3）工艺、工装标准选用范围；

4）工装“三化”要求、方案及相应的规定；

5）工艺、工装标准化文件制定计划；

6）样机工艺标准化工作报告；

7）样机工艺标准化评审报告等。

（4）状态鉴定阶段标准化工作

①主要任务

1）全面检查“产品标准化大纲”在产品研制中贯彻实施的情况；

2）对设计过程中的标准化工作进行总结、分析。

②主要内容

1）协调和处理状态鉴定中出现的标准化问题；

2）进行状态鉴定标准实施情况的统计和分析；

3）编写“标准化效果分析与评估报告”；

4）全面检查“产品标准化大纲”实施情况，编写“状态鉴定标准化审查报告”；

5）进行状态鉴定标准化评审，提出“状态鉴定标准化评审报告”。

③形成的文件

1）状态鉴定标准化要求；

2）状态鉴定标准选用范围；

3）设计文件定型标准化要求；

4）状态鉴定申报文件标准化要求；

5）状态鉴定标准化工作报告；

6）标准实施情况的统计与分析报告；

7）标准化效果分析与评估报告；

8）状态鉴定标准化评审报告；

9）状态鉴定标准化审查报告。

（5）列装定型阶段标准化工作

①主要任务

1）对试生产过程中的工艺标准化工作进行全面的审查与考核，确认其已达到规定的目标和要求；

2）对列装定型工作的标准化工作进行总结和分析。

②主要内容

1）协调和处理试生产及定型中出现的标准化问题；

2）进行标准实施情况的统计和分析；

3）编写“标准化效果分析与评估报告”；

4）检查“工艺标准化大纲”实施情况，编写“列装定型标准化审查报告”；

5）进行列装定型标准化评审，提出“列装定型标准化评审报告”。

③形成的文件

1）工艺标准化大纲；

2）列装定型标准选用范围；

3）工艺、工装文件定型标准化要求；

4）列装定型标准化工作报告；

5）工艺、工装标准实施情况的统计与分析报告；

6）工艺、工装标准化效果分析与评估报告；

7）列装定型标准化评审报告；

8）列装定型标准化审查报告。

（6）售后服务阶段标准化工作

①主要任务

协调和处理售后服务阶段中出现的标准化问题。

②主要内容

1）编制用户培训资料编写要求；

2）用户反馈的标准化问题处理。

③形成的文件

1）用户培训资料编写要求；

2）用户反馈的标准化问题处理记录。

18.3 型号标准化文件体系

型号标准化文件对型号研制、生产的标准化工作具有指导、支持、约束和评估作用。构建一个科学、先进、合理、可行的型号标准化文件体系，对完成型号标准化工作具有重要意义。在型号产品研制、批生产和售后服务工作过程中，型号标准化工作系统负责建立和完善标准化文件体系。型号标准化文件可以标准、行政文件、技术文件或其他形式发布。型号标准化文件分为标准化管理文件、标准化技术文件、标准化总结和评价文件、标准化信息文件四类，并组成完整的型号标准化文件体系。型号研制过程中形成的标准化文件体系见表 18－1。

表 18－1 型号标准化文件体系表

类型	文件名称	方案阶段	工程研制	状态鉴定	列装定型	售后服务
标准化管理文件	型号标准化工作计划	△	△	△	△	
	标准化报告、批复、函件	○	○	○	○	○
	新旧标准对照和过渡办法					○
标准化技术文件	型号标准化大纲	△	→	→	→	
	型号层次与组成	△	→	→	→	
	型号产品代号	△	→	→	→	
	型号产品保证系列大纲	△	→	→	→	
	型号技术文件完整性要求	△	→	→	→	
	型号工艺标准化大纲（综合要求）		○	→	△	
	状态鉴定标准化要求			△		
	产品规范		○	△		
	工艺定型标准化要求				△	
	标准选用范围	△	→	→	→	
	标准件、元器件、原材料选用范围	△	→	→	→	
	型号统一化规定	△	→	→		
	用户技术资料编写要求					○
	用户培训资料编写要求					○
	标准化文件更改单	○	○	○	○	

续表

类型	文件名称	方案阶段	工程研制	状态鉴定	列装定型	售后服务
标准化总结和评价文件	标准化工作报告	○	△	△	△	
	标准化评审报告	○	○	○	○	
	标准实施监督检查报告	○	△	△	○	○
	标准化审查报告		○	△	△	
标准化信息文件	标准化审查及处理记录	○	△	△	△	○
	型号标准化年度与月度总结	△	△	△	△	
	标准实施检查记录与跟踪记录		△	△	△	○
	标准培训与实施记录	△	○	○	○	○
	标准实施情况统计表		○	○	○	○
	标准化声像资料	○	○	○	○	○

注："△"表示必须编制；"○"表示根据需要取舍；"→"表示需要动态管理。

18.4　标准化工作系统

（1）型号标准化工作系统特征

型号标准化工作系统是为完成型号研制、生产标准化工作而设置的型号工作组织，它与各研制单位的标准化职能部门既有业务上的密切联系，又有不同的任务目标和内容。型号标准化工作系统是型号工作系统的一个组成部分，它依存于型号，同时接受所在单位标准化职能部门的支持和业务指导。型号标准化工作系统是一个跨行业、跨部门、跨单位的专业化工作系统。

（2）型号标准化工作系统任务

1）贯彻标准化工作的方针、政策、法律、法规、规章和型号标准化工作要求；

2）制定型号标准化工作规章、制度、标准、规范和型号标准化工作系统建设方案；

3）建立型号标准化文件体系；

4）指导、检查、监督、评价型号标准化要求贯彻、实施状况；

5）完成型号标准化审查；

6）指导、参与型号产品“三化”设计；

7）协调和处理标准化问题。

（3）型号标准化工作系统结构

型号标准化工作系统在型号总指挥、型号总设计师、型号标准化工作总师（负责人、分管型号标准化工作的副总设计师）、型号副总设计师等领导下工作，由标准化专业设计师、型号设计师/工艺师、技术专家、管理专家、标准化工作者、型号管理者及相关标准化工作机构等组成。标准化专业设计师可由标准化专业工作者、标准化专家、技术专家、管理专家、管理者等担任。

1）型号标准化工作应设置相应组织和指定人员负责；

2）型号标准化组织、人员是型号系统的组成部分；

3）凡涉及型号研制的标准化事项都应在型号总指挥、型号总设计师的领导下统筹工作。

（4）型号标准化工作保障条件

1）型号所在单位主管领导、职能部门、型号两总及团队重视；

2）型号队伍全线、全员岗位必备的标准化应知（标准化法规、规章、制度、规范、标准、知识等）、应会（标准化技术、方法、工具等）、应备（标准化技能、才能等）等资质资格学习、培训到位；

3）型号标准化工作纳入型号计划、型号考评；

4）型号标准化工作实施的必要资源到位。

（5）型号标准化职责

①标准化专业设计师职责

1）贯彻有关标准化的方针、政策、法律、法规、规章和型号标准化工作要求；

2）负责型号标准化技术策划；

3）制定型号标准化文件体系；

4）负责“三化”产品标准化设计和技术应用推广工作；

5）制定、修订型号相关标准；

6）参与型号技术评审，负责技术文件标准化审查；

7）编写标准化审查报告；

8）负责型号标准化问题技术协调和处理；

9）参与型号相关标准的宣贯、实施、检查和监督；

10）负责型号标准化咨询、指导、评估。

②设计师职责

1）贯彻有关标准化的方针、政策、法律、法规、规章和型号标准化工作要求；

2）完成型号研制各阶段和型号批生产标准化工作；

3）负责产品“三化”要求落实；

4）负责型号标准化问题归零；

5）负责外协、外购产品有关标准化工作要求的传递、指导、检查、监督和评价。

③工艺师职责

1）贯彻有关标准化的方针、政策、法律、法规、规章和型号标准化工作要求；

2）完成型号研制各阶段和型号批生产工艺标准化工作；

3）负责产品“三化”要求在型号工艺工作中的落实；

4）负责外协、外购产品有关工艺标准化工作要求的传递、指导、检查、监督和评价。

18.5　型号“三化”

(1) 型号“三化”目标

1) 实现型号性能优良，提升装备效费比，提高产品质量，缩短研制周期，降低研制成本，简化维修与保障，提高装备战斗力和保障力。

2) 完善“三化”资源库，优化“三化”产品型谱，提高“三化”基础建设能力和水平。

3) 总结、固化“三化”成果，充实“三化”数据库，推广“三化”成果应用。

(2) 型号产品“三化”任务

①全型号“三化”任务

1) 提出型号“三化”工作基本要求；

2) 控制新研系统和项目的数量；

3) 统一全型号接口及互换性要求。

②分系统“三化”任务

1) 贯彻上层次提出的“三化”要求；

2) 采用通用化产品、系列化产品和通用模块为系统配套；

3) 为系统派生留出接口。

③设备级“三化”任务

1) 采用通用模块，进行设备组合化设计；

2) 选用标准零部件、元器件进行设计；

3) 开展设备典型结构的设计。

④零件“三化”设计

1) 零件结构要求通用化、系列化；

2) 零件技术要求的统一。

⑤工艺装备“三化”任务

1) 选用标准的刀、量、模、夹具及通用零件；

2) 开展组合夹具，成组加工夹具设计。

(3) 型号“三化”设计

①论证阶段

完成“三化”总体研究和需求分析，提出“三化”总体要求，提出“三化”工作政策、原则、措施。论证阶段“三化”工作的对象主要是以系统、分系统或关键设备为重点。

②方案阶段

根据“三化”总体要求及研制发展需求，论证和确定“三化”目标和任务、实施途径、资源保障等，并纳入“研制总要求”。

③工程研制阶段

通过设计、试制、试验等，实施“三化”工作，确保“三化”要求落实；验证“三化”效果；提出改进设计、完善“三化”工作的建议；依据 Q/FP 490A—2012《型号产品设计标准化评审规定》，评审“三化”要求实施情况。

④状态鉴定及列装定型阶段

检查、评估“三化”目标、任务和要求是否实现。总结提炼“三化”成果，按照相关规定将具有通用价值的成熟产品纳入“三化”资源库管理。

⑤使用维护阶段

反馈“三化”产品使用信息，从提高装备的维修性和可靠性出发，提出改进设计、提高“三化”技术水平和范围的建议。

(4) 型号技术文件“三化”要求

① 研制任务书

在研制任务书中，应对产品的“三化”提出明确要求，内容一般包括：

1) 产品需达到的成熟度等级、通用产品采用率、成熟产品采用率；

2) 需使用的成熟技术；

3) 需使用的其他型号的产品或图纸；

4) 执行“三化”标准要求。

②方案报告

在方案报告中，有关“三化”的内容一般包括：

1) 在型号总体方案报告中，应对本型号做“三化”总体策划，内容一般包括：

a) 有关接口的统一性要求；

b) 本型号总体的“三化”工作思路，论证“三化”方案和实施途径；

c) 预计可设计为通用模块的产品；

d) 预计可使用的其他型号的成熟技术；

e) 预计可使用的其他型号的成熟产品。

2) 在分系统（设备）的方案报告中，根据任务书的要求，提出本产品的“三化”设计内容和技术措施：

a) 预计可使用的成熟技术；

b) 预计可使用的其他型号的产品或图纸（包括：通用图、空白图、参数图等）；

c) 预计产品可达到的成熟度等级和通用产品采用率、成熟产品采用率；

d) 执行“三化”标准情况。

③设计报告

在设计报告中，有关标准化和“三化”的内容一般包括：

1) 在型号总体设计报告中，应对本型号做“三化”总体策划：

a) 有关接口的统一性；

b) 本型号总体的“三化”情况；

c）明确可使用的其他型号的成熟技术；

d）明确可使用的其他型号的成熟产品。

2）在分系统（设备）的设计报告中，提出本产品的具体“三化”设计内容和技术措施：

a）明确可使用的成熟技术；

b）明确可使用的其他型号的产品或图纸（包括：通用图、空白图、参数图等）；

c）产品达到的成熟度等级和通用产品采用率、成熟产品采用率。

（5）型号“三化”评估

①“三化”评价内容和适用范围

型号“三化”评价内容和适用范围见表18－2。

表18－2　“三化”评价内容和适用范围

序号	“三化”评价内容	一般适用范围
1	产品成熟度评价	研制型号
2	“三化”标准执行情况评价	研制型号
3	技术成熟度评价	1)预研项目； 2)研制型号论证阶段、方案阶段、工程研制阶段、状态鉴定及列装定型阶段
4	“三化”基础建设和应用评价	“三化”基础工作

②产品成熟度评价

产品成熟度评价要求为：

1）评价对象：型号各级产品（一般为LRU及以上产品）；

2）评价内容：

a）产品成熟度等级；

b）通用产品采用率；

c）成熟产品采用率。

3）评价标准：

a）企业应根据本单位产品特点制定产品成熟度等级评价标准；

b）对产品成熟度和成熟产品采用率等典型指标进行量化评估。

4）评价时机：一般与方案评审、技术设计评审等相结合进行评价，也可单独进行评审。

5）报告编写要求：根据型号研制需求，一般以系统、分系统、设备级产品为单位单独编制产品成熟度自评价报告；也可不形成单独的成熟度评价报告，但应在方案报告、设计报告等技术文件中增加有关产品成熟度评价的内容。

③技术成熟度评价

技术成熟度评价要求为：

1）评价对象：预研项目技术，型号产品论证阶段、方案阶段、工程研制阶段、状态鉴定及列装定型阶段型号技术。

2）评价内容：技术成熟度等级。

3）评价标准：技术成熟度等级评价标准按 GJB 7688 执行，企业也可以根据本单位技术特点在 GJB 7688 基础上细化评估条件制定企业标准。

4）评价时机：预研项目，型号产品各阶段，可单独进行评审也可与其他技术评审相结合。

5）报告编写要求：一般以系统、分系统为单位单独编制关键技术成熟度自评价报告；必要时还可填写“关键技术成熟度信息表”；型号各级产品设计人员应提供本产品承载的各类技术，包括核心技术、关键技术、独有技术、一般技术等，以补充和完善系统、分系统的技术分解结构。

④“三化”标准执行情况评价

“三化”标准执行情况评价可与方案评审、技术设计评审等相结合进行，并在任务书、方案报告、设计报告等文件中明确需执行的“三化”标准的内容。

18.6　型号标准化工作监督检查

型号标准化工作监督检查要求详见表 18－3。

表 18－3　型号标准化工作监督检查要求

序号	检查项目	检查内容
1	立项论证阶段	
1.1	配合开展工作	配合使用部门论证、提出型号研制标准化要求；将型号研制标准化要求纳入立项综合论证报告，对要求进行分析、论证，提出实施方案
2	方案阶段	
2.1	工作系统	
2.1.1	工作系统建立	建立型号标准化工作系统，明确工作系统职责
2.1.2	职责落实	完成工作系统各级人员配备，落实各级人员职责
2.2	工作计划编制	编制型号标准化工作计划，并纳入型号研制计划
2.3	大纲编制	根据型号和产品特点，依据 GJB/Z 114 的要求，编制或明确适合本产品的《产品标准化大纲》并评审
2.4	“三化”论证	编制产品“三化”方案并论证
2.5	选用范围编制	根据产品特点，编制或明确适合本产品的标准选用范围
3	工程研制阶段	
3.1	设计标准化工作	
3.1.1	系统健全	健全型号标准化工作系统，制定标准化工作的详细实施计划
3.1.2	大纲动态管理	型号转阶段前，对《产品标准化大纲》进行评价，修订或补充完善《产品标准化大纲》
3.1.3	“三化”设计	产品设计中开展“三化”设计

续表

序号	检查项目	检查内容
3.1.4	技术文件标准化审查	开展技术文件标准化审查，并记录
3.1.5	设计标准化工作报告编制	型号转阶段时，编制《设计标准化工作报告》
3.1.6	外协单位标准化检查	对外协单位标准化要求的实施情况进行监督检查
3.1.7	问题协调处理	协调处理有关标准化问题，并用标准化问题处理单记录
3.1.8	转阶段评审要求	型号转阶段评审要求包含标准化工作内容，要求有标准化人员参加
3.1.9	完整性要求	明确设计文件、工艺文件、软件文档的完整性要求
3.1.10	标准实施	针对本单位产品、专业等特点，实施相关标准
3.2	工艺标准化工作	
3.2.1	计划制定	制定型号工艺标准化工作计划
3.2.2	工艺标准化综合要求编制	按照 GJB/Z 106 编制《工艺标准化综合要求》
3.2.3	选用范围编制	编制或明确《工艺工装标准选用范围》
3.2.4	问题协调处理	协调处理有关标准化问题，并用标准化问题处理单记录
3.2.5	“三化”设计	开展工装及非标设备“三化”设计
3.2.6	工艺及工装文件标准化审查	进行工艺及工装（含非标设备）等文件的标准化审查，并记录
3.2.7	标准实施	针对本单位产品、专业等特点，实施相关标准
4	状态鉴定阶段	
4.1	标准化要求编制实施	编制和实施《状态鉴定标准化要求》
4.2	大纲修订	对《产品标准化大纲》进行修订
4.3	选用范围修订	修订或确认标准选用范围
4.4	定型文件完整性要求	按用户要求及行业有关标准编制《技术文件完整性要求》
4.5	标准化审查	开展定型技术文件标准化审查，并记录
4.6	设计文件更改	设计文件更改到位，落实《状态鉴定标准化要求》
4.7	标准制定	制定产品标准或技术条件
4.8	问题协调处理	协调处理有关标准化问题，并用标准化问题处理单记录
4.9	状态鉴定标准化工作报告编制	编制《状态鉴定标准化工作报告》，报告中应对“三化”情况进行统计分析
4.10	标准化审查报告编制	编制《标准化审查报告》
4.11	评审会问题落实	状态鉴定评审会后，对评审会上提出的标准化问题在技术文件、产品实物上的落实情况
4.12	标准实施情况	针对本单位产品、专业等特点，实施相关标准
5	列装定型阶段	
5.1	定型标准化要求编制实施	编制和实施《列装定型标准化要求》
5.2	标准化大纲	按照 GJB/Z 106 编制《工艺标准化大纲》
5.3	工艺工装标准选用范围修订	修订《工艺工装标准选用范围》
5.4	标准化审查	开展技术文件标准化审查，并记录
5.5	问题协调处理	协调处理有关标准化问题，并用标准化问题处理单记录

续表

序号	检查项目	检查内容
5.6	标准化工作报告编制	编制《列装定型标准化工作报告》，报告中应对标准实施情况进行统计分析
5.7	标准化审查报告编制	编制《列装定型标准化审查报告》
5.8	评审会问题落实	对评审会上提出的标准化问题在技术文件和产品上的落实情况
5.9	标准实施情况	针对产品、专业等特点，实施相关标准
6	售后服务阶段	
6.1	用户资料	型号用户技术资料符合用户要求或标准
6.2	培训教材	型号技术培训教材有编写要求
6.3	标准化信息	收集、整理、分析型号使用过程的标准化信息，指导后续型号工作

第 19 章　型号软件质量管理

型号软件质量管理是指利用软件工程的技术和方法，使型号软件产品按照规范的要求和过程进行开发和管理，确保交付的软件产品满足用户要求和质量目标。

软件产品质量是软件设计质量、开发质量、管理质量的综合结果。软件是一种逻辑实体，软件质量主要由其开发过程决定。软件服务于系统，其质量、可靠性和安全性受制于系统，嵌入式软件的开发和使用与所嵌入的硬件密切相关。

软件产品质量的固有特性主要是从功能性、可靠性、易用性、效率、维护性、可移植性六个方面定义，见表 19－1。

表 19－1　软件质量特性

名称	含义
功能性	与一组功能及其指定的性质有关的一组属性，这里的功能是指满足明确或隐含的需求的那些功能
可靠性	与在规定的一段时间和条件下，软件维持其性能水平的能力有关的一组属性
易用性	与一组规定或潜在的用户为使用软件所需做的努力和对这样的使用所做的评价有关的一组属性
效率	与在规定的条件下，软件的性能水平与所使用资源量之间关系有关的一组属性
维护性	与进行指定的修改所需的努力有关的一组属性
可移植性	与软件可从某一环境转移到另一环境的能力有关的一组属性

19.1　软件工程化

软件工程是软件开发、运行、维护和引退的系统方法。按照软件工程进行软件开发就是软件工程化。著名的软件工程七原理是：

1）按软件生存周期分阶段制定并实施计划；

2）逐阶段进行确认；

3）坚持严格的产品控制；

4）使用现代程序设计技术；

5）明确责任；

6）用人少而精；

7）不断改进开发过程。

实施软件工程必须关注四个方面（有人称为四根支柱），即：

1）软件开发方法学，是科学依据；

2）软件工程规范，是纪律保证；

3）软件开发技术和工具，是支持手段；

4）软件工程管理，是成功的前提和决定因素。

需要特别强调，软件工程化管理是软件工程实施得以成功的前提和决定因素。

软件生存周期模型是将软件开发过程分成易于管理的若干主要阶段，进行质量控制和质量保证。其典型过程示例如图 19－1 所示。

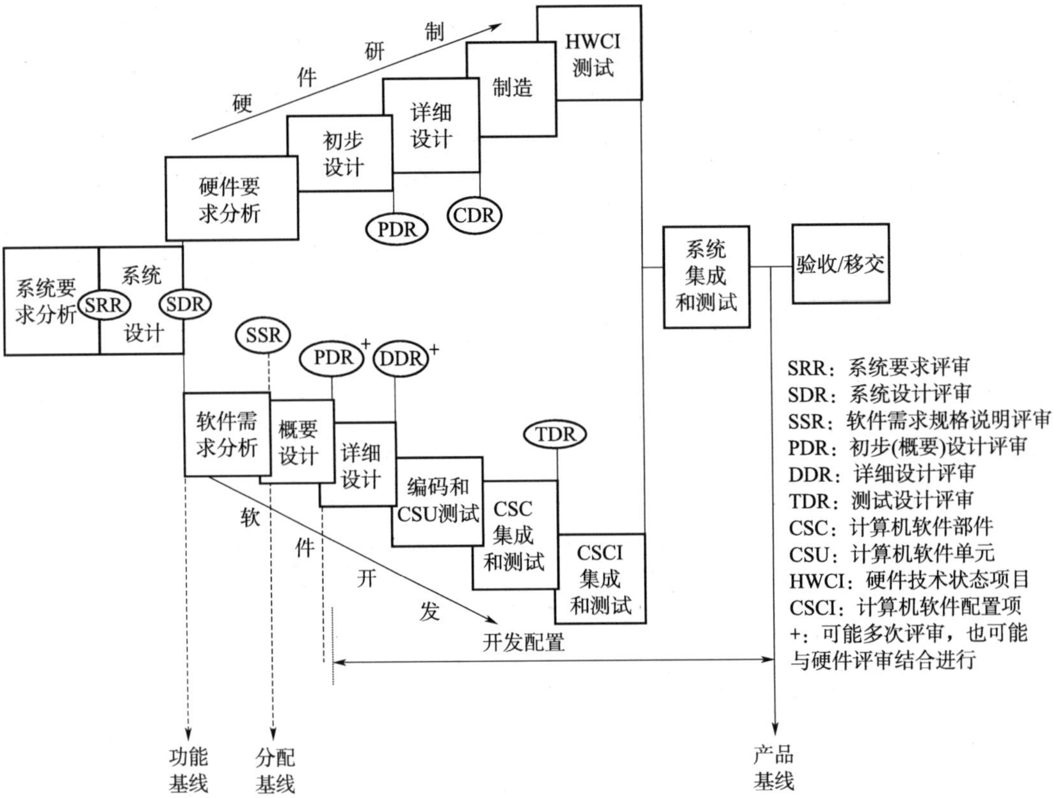

图 19－1　系统研制过程与软件生存周期模型

19.2　型号软件开发活动

型号软件开发过程主要包括下列活动：

a）软件开发策划；

b）软件开发环境建立；

c）系统需求分析；

d）系统设计；

e）软件需求分析；

f）软件设计；

g）软件实现和单元测试；

h）单元集成和测试；

i）软件配置项测试（即：CSCI 合格性测试）；

j）软硬件集成和测试（即：CSCI/HWCI 集成和测试）；

k）系统联试（即：系统合格性测试）；

l）软件使用准备；

m）软件移交准备；

n）软件验收支持；

o）软件配置管理；

p）软件产品评价；

q）软件质量保证；

r）纠正错误；

s）评审（即：联合评审）；

t）测量与分析；

u）风险管理；

v）保密有关活动；

w）分承制方管理；

x）与独立验证和确认机构的联系；

y）与相关开发方的协调。

其中 c）～ n）为软件开发的基本活动，o）～ t）为软件开发的支持活动，其他为软件开发的管理活动。这些活动可以重叠或迭代应用，对不同的软件可以应用不同的活动，并且不必按上面列出的次序执行。针对具体软件，可对这些活动进行裁剪，软件开发过程及对这些活动进行的裁剪，应在软件开发计划中描述。

e）～ i）是指承制方或软件项目组负责的软件开发的基本活动；c）、d）、j）～ k）是指交办方或系统项目组负责的软件开发的基本活动，承制方或软件项目组参与；其他管理活动按照各单位的有关文件要求执行。

（1）软件开发策划

承制方应为实施本标准所要求的活动和软件研制任务书中其他有关软件需求所要求的各项活动制定软件开发计划。该计划应与系统级策划一致，计划应以软件项目估计为基础。计划包括估计工作产品和任务的属性，确定需要的资源，协商承诺，产生进度表，以及标识和分析软件项目风险。

为了制定软件开发计划，可能有必要反复进行这些活动。软件开发计划提供实施和控制软件项目活动的基础，软件项目活动实现对项目交办方的承诺。项目实施中，软件开发计划常因下列情况而需修订：需求和承诺更改、不准确的估计、纠正措施和过程更改。

其结果为承制方负责完成的软件开发计划。对于软件质量保证计划和软件配置管理计划，一般合并在软件开发计划中，必要时，可以分别编制，但应在软件开发计划中说明理由。

(2) 软件开发环境建立

承制方应建立、控制和维护软件工程环境（含调试环境、测试环境）。承制方应确保该环境的各组成部分都能执行其预定的功能。其结果为承制方负责建立的调试环境、单元测试环境、配置项测试环境等。

承制方应建立、控制和维护软件开发用的库管理系统，用来管理软件、文档、其他中间的和最终的软件产品，以及相关的用以促进软件有序开发和后续保障的工具和方法。其结果为承制方负责建立的开发库、受控库、产品库。

承制方应建立、控制和维护软件开发文件。其内容包括需求分析、设计、实现的考虑、理由和约束条件；开发方内部的测试信息；以及进度和状态信息，主要记录软件开发的有关信息，如运行数据、参数、说明等。其结果为承制方负责建立的软件需求规格说明、软件设计说明、软件测试说明、软件测试报告、源程序等。

非交付软件，仅当交付软件不依赖于非交付软件、或交办方拥有、或能够获得相同软件时，使用非交付软件。其结果为操作系统、数据库管理系统等。

(3) 系统需求分析

交办方分析型号系统、分系统的要求，设计本系统（如主控系统、显控系统、信号处理系统等）要满足的用户需求、与现有系统或规程的关系以及使用方式，保证每项需求满足所使用的方法。

交办方负责系统需求分析活动，承制方参与交办方的系统需求分析活动。

其结果为交办方负责完成的运行方案说明或系统/子系统总体方案，系统/子系统规格说明或系统/子系统方案，或等效的设计文件。

(4) 系统设计

交办方分析型号系统、分系统和设备对软件的需求，包括所要求的接口、系统应用过程及数学模型的设计等，确定软件实现环境和运行环境，对待开发的软件项目进行定义。

交办方负责系统设计活动，承制方参与交办方的系统设计活动。

其结果为交办方负责完成的软件研制任务书或系统/子系统研制任务书（含相关软件研制任务要求）。

(5) 软件需求分析

承制方根据交办方提出的软件研制任务书或系统/子系统研制任务书（含相关软件研制任务要求），与交办方协作，确定要满足的软件需求，软件需求包括要求的状态和方式、能力、外部接口、内部接口、内部数据、适应性、安全性、保密性、环境、计算机资源、质量因素、设计和实现约束、合格性、需求可追踪性等方面。

其结果为承制方负责完成的软件需求规格说明。

(6) 软件设计

承制方根据软件需求规格说明进行体系结构设计，建立软件总体结构和软件部件间的关系，定义各软件部件的数据接口、控制接口，设计全局数据结构；然后，对软件部件展开进一步设计和分解，得到所有的软件单元，对各软件单元的内部细节，包括算法和数据结构进行设计。

其结果为承制方负责完成的软件设计说明；软件本身是数据库的软件或者操作数据库的软件的设计可以包含在软件设计说明中，也可以单独形成数据库设计说明。A、B 级软件，软件设计说明一般分为软件概要设计说明和软件详细设计说明。

（7）软件实现和单元测试

承制方根据软件设计说明，对各软件单元的计算机指令和数据定义进行编码和/或建立数据库、调试、代码审查和单元测试，验证软件实现与软件设计说明的一致性。

其结果为承制方负责完成的源程序和/或数据实体、执行程序、单元测试结果。

（8）单元集成和测试

承制方根据软件设计的总体结构和部件间的关系，按照增量式的方法将各软件单元逐步集成为软件部件直至软件配置项，在此过程中对软件单元和/或部件之间接口及软件部件的功能和性能进行测试。

其结果为承制方负责完成的单元集成和测试结果。

（9）软件配置项测试

承制方制定软件测试计划和软件测试说明，完成测试准备、测试用例、测试规程，以及测试用例与软件需求之间的追踪关系；进行软件配置项测试，分析并记录测试结果；整理并形成软件测试报告，以确定软件配置项是否满足软件需求规格说明的要求。

软件配置项测试应在目标计算机系统或交办方认可的替代系统上进行。如：雷达系统作战软件运行的目标计算机为装备上实际使用的主控系统计算机或主控计算机半实物仿真平台，显控处理机、信号处理系统等外围设备为模拟器；如果软件配置项测试要由交办方见证，承办方应事先把测试的时间和地点通知交办方。

其结果为承制方负责完成的软件测试计划、软件测试说明、软件测试报告。

（10）软硬件集成和测试

交办方根据软件研制任务书或系统/子系统研制任务书（含相关软件研制任务要求）规定的需求，将被开发软件作为型号中一个系统的一部分或一个分系统的一部分，将其与系统或分系统组合，进行软硬件集成和测试，以验证该软件是否满足软件研制任务书或系统/子系统研制任务书（含相关软件研制任务要求）规定的软硬件集成要求。

交办方负责软硬件集成和测试，承制方参与制定用于软硬件集成和测试的测试计划（分系统试验大纲），承制方参与测试用例、测试规程、测试数据相关工作。测试用例应覆盖系统设计的相关方面。

软硬件集成和测试应在目标系统或交办方认可的替代系统上进行。如雷达系统作战软件运行的目标系统为装备上实际使用的雷达主控计算机系统，雷达其他分系统设备为模拟器。

其结果为交办方负责完成的分系统试验大纲、分系统试验分析报告，或与大纲和报告等效的文档，包含软硬件集成和测试结果分析与记录。

(11) 系统联试

交办方的上级组织或系统总体负责系统联试，承制方参与制定用于系统联试的测试计划（系统试验大纲），承制方参与测试准备、测试用例、测试规程相关工作。参与确定并记录测试用例与软件研制任务书或系统/子系统研制任务书（含相关软件研制任务要求）之间的追踪关系。软硬件集成后的产品，将作为型号中一个系统的一部分或型号中的一部分，将其与分系统或系统进行系统联试，以验证该软件是否满足系统/子系统研制任务书规定的系统相关要求。

系统联试应在目标系统上进行，如地面系统中，雷达系统作战软件运行的目标系统为装备上实际使用的雷达主控计算机系统，雷达设备其他分系统为装备上实际使用的系统。

其结果为交办方的上级组织或系统总体负责完成的分系统/系统试验大纲、分系统/系统试验分析报告，或与大纲和报告等效的文档，包含系统联试结果分析与记录。

(12) 软件使用准备

承制方为交办方准备可执行软件，包括在目标计算机上安装和运行该软件所需的所有批处理文件、命令文件、数据文件或其他软件文件，标识和记录要用的准确软件版本。其结果应包括软件产品规格说明内有关可执行软件方面的适用项。

(13) 软件移交准备

承制方准备需要移交交办方的可执行软件、源文件、软件版本说明、软件产品规格说明，标识和记录要发送的准确软件版本。

(14) 软件验收支持

承制方应按照软件研制任务书规定的要求，向交办方提出软件验收申请，支持交办方进行软件验收测试和评审，交付软件产品，提供培训和支持。对于嵌入式软件，一般合并在所属硬件产品中进行。

其结果为软件研制任务书或系统/子系统研制任务书（含相关软件研制任务要求）规定的承制方负责完成的软件产品。

承制方应按照软件研制任务书以及相关文件规定为定型软件产品提供有关文档，包括软件研制总结报告、软件产品规格说明、软件质量保证报告、软件配置管理报告等。

(15) 软件配置管理

承制方利用配置标识、配置控制、配置状态纪实和配置审核建立和维护工作产品的完整性。承制方标识在开发期间要控制的所有实体：软件源程序、文档、其他软件产品，以及软件环境的要素；标识在给定的时间点上构成基线的工作产品；控制对配置项的更改；构造或提供便于从配置管理系统构造工作产品的产品规格说明；维护基线的完整性；保存处于控制之下的所有实体的状态记录，按照软件研制任务书要求支持交办方进行的配置审核；向开发人员、交办方，提供准确的状态和现行的配置数据。

(16) 软件产品评价

承制方应对执行本标准要求所产生的软件产品进行过程中评价，对交付的软件产品，在交付之前，承制方进行最终评价。承办方应准备并保持每一个软件产品评价的记录。执行软件产品评价的人不是开发该软件产品的人，但并不排除后者参加评价工作。

需要评价的软件产品、应用的准则以及准则的定义参见 GJB 2786A—2009 的附录 E。

(17) 软件质量保证

承制方应对软件开发活动和得到的软件产品，按计划定期地或事件驱动地进行评审和审核：保证任务书要求的或软件开发计划中描述的活动按照该任务书或软件开发计划执行，保证任务书要求的软件产品存在，并已经按照本标准和任务书的要求进行了软件产品评价、测试和纠正措施。承制方应为软件质量保证活动准备并保持记录。负责进行软件保证评价的人员不是开发该软件产品、执行该活动或负责该产品或活动的人。但并不排除后者参加评价工作。

(18) 纠正措施

承制方应对处于控制之下的软件产品、任务书要求的或软件开发计划中描述的活动中发现的问题编写问题/更改报告；建立纠正措施系统处理这些问题。实现从发现问题、更改报告、分析问题、确定缺陷、开始纠正、解决问题、跟踪报告到评价效果的闭环控制。问题报告的类别和严重性等级见 GJB 2786A — 2009 的附录 D。

(19) 评审

评审分为同行评审（联合技术评审）和正式评审（联合管理评审）。

承制方应计划并参与同行评审（联合技术评审），地点和时间由承办方提出并经交办方同意。评审应由具有被评审软件产品的技术知识的人员参加。同行遵循已定义的规程对工作产品进行的评审，以标识工作产品存在的缺陷和需要的改进。

承制方应计划并参与正式评审（联合管理评审），地点和时间由承制方提出并经交办方同意。正式评审（联合管理评审）前，承制方应事先已评审了所考虑的工作产品，并且为解决存在的问题已进行了一次或多次同行评审（联合技术评审）。评审应由对成本和进度有决策权的人员参加。评价或审定在软件开发周期内有关的技术活动和管理活动及项目的进展情况。

评审可采取会议或审签形式进行。

评审必须纳入软件开发过程，并将通过评审作为软件活动完成的标志，进而转入下一个开发活动。

(20) 测量与分析

承制方应在软件开发过程中对有关过程和产品进行必要的测量和分析，应利用测度支持管理和提高产品质量，并向交办方通报有关状态。

(21) 风险管理

承制方应在软件开发过程中进行风险管理。

(22) 保密有关活动

承制方应满足软件研制任务书或合同中规定的保密性和私密性方面的要求。

(23) 分承制方管理

如果有分承制方，承制方应将所有必要的软件研制任务书或主合同要求纳入子合同，确保按照软件研制任务书或主合同要求开发软件产品。

(24) 与独立验证和确认机构的联系

承制方应按任务书规定与独立验证和确认机构建立联系。在型号方案阶段、工程研制阶段，应与有航天认证资格的第三方评测单位建立联系。状态鉴定阶段应与用户认可的第三方评测单位建立联系。

(25) 与相关开发方的协调

承制方应按软件研制任务书规定与相关开发方进行协调。相关开发方指的是在同一个或有关的系统中承担与本软件相关的其他开发工作的组织，不包括本软件的分承制方。

19.3 软件开发阶段要求

(1) 软件关键性分级

在系统安全性分析的基础上，按软件失效可能造成后果的严重性将软件分级，例如分为 A、B、C、D 四个等级，见表 19－2。

需要说明的是，与关键或重要软件在同一个处理器运行的软件亦应作为重要软件管理，因其可能使处于同一个处理器运行的其他重要软件丧失重要功能。

表 19－2　软件安全关键程度分级方法

级别	定义	危害事例说明
A	失效可能导致灾难性危害的软件	人员死亡，或系统报废，或导致环境灾难
B	失效可能导致严重危害的软件	人员严重受伤，或严重职业病，或严重系统损坏，或严重环境危害，或导致任务失败
C	失效可能导致轻度危害的软件	人员轻度受伤，或轻度职业病，或轻度系统损坏，或轻度环境危害，或影响完成任务
D	失效可能导致轻微危害的软件	使用中增加麻烦、不方便，但不影响完成任务

(2) 软件规模约定

1) 软件研制管理要求的简繁、宽严，应按照软件关键性等级和软件规模大小区别对待。例如，软件研制阶段，文档、评审、测试等要求均应不同。

2) 对同一个软件在型号研制不同阶段管理要求也不同，一般在模样阶段要求从宽，初样阶段严格，正样阶段十分严格。

软件规模分类方法见表 19－3。

表 19-3　软件规模分类方法

软件规模	嵌入式软件 源码行数或指令条数 n	非嵌入式软件 源码行数 n
巨	$100\,000 \leqslant n$	$500\,000 \leqslant n$
大	$10\,000 \leqslant n < 100\,000$	$50\,000 \leqslant n < 500\,000$
中	$3\,000 \leqslant n < 10\,000$	$5\,000 \leqslant n < 50\,000$
小	$300 \leqslant n < 3\,000$	$500 \leqslant n < 5\,000$
微	$n < 300$	$n < 500$

（3）文档编制要求

软件文档就像硬件的图纸或技术规格说明，是软件的必要组成，是软件过程控制的主要依据。GJB 2786A—2009、GJB 438B—2009、GJB 5234—2004 和 GJB 5235—2004 规定的文档要求一般有下列项目：

1）系统和段设计文件（SSDD）（或软件任务书）；

2）软件开发计划（SDP）；

3）软件需求规格说明（SRS）；

4）接口需求规格说明（IRS）；

5）软件设计文档（SDD）——概要设计、详细设计；

6）接口设计文档（IDD）；

7）软件产品规格说明（SPS）；

8）版本说明文档（VDD）；

9）软件测试计划（STP）；

10）软件测试说明（STD）；

11）软件测试报告（STR）；

12）计算机系统操作员手册（CSOM）；

13）软件用户手册（SUM）；

14）软件程序员手册（SPM）；

15）固件保障手册（FSM）；

16）计算机资源综合保障文件（CRISD）；

17）软件验证与确认计划（SVVP）；

18）软件验证与确认报告（SVVR）；

19）软件配置管理计划（SCMP）。

（4）软件研制阶段评审要求

按照 GJB 2786A—2009 规定的软件产品评价和 GJB 5234A 给出的软件验证和确认活动，在软件验证与确认计划所规定的评审点及时组织阶段评审。可分内部评审（由项目组长负责）和正式评审（由上级负责）。按软件关键性不同区别对待，示例见表 19-4。

表 19－4　按软件关键性级别采用不同的评审类型

评审类型	软件关键性级别			
	A	B	C	D
系统需求内部评审	△	△	(△)	(△)
软件需求正式评审	△	△	(△)	(△)
软件概要设计内部评审	△	△	(△)	
软件详细设计内部评审	△	△	△	(△)
软件详细设计正式评审	△*			
软件实现内部评审	△	△	(△)	
软件部件测试内部评审	△	△	(△)	
软件配置项测试正式评审	△	△	(△)	(△)
系统联试(系统测试)正式评审	△	△	(△)	(△)

注：△表示必须；(△)表示可放宽要求；△* 表示可用专检代替；空白表示不进行。

(5) 软件配置管理

1) 类似硬件的技术状态管理，但更加困难、更加重要。对基线的变更应严加控制。

2) 系统级、分系统级和项目级三层各有不同的具体管理任务，如图 19－2 所示。

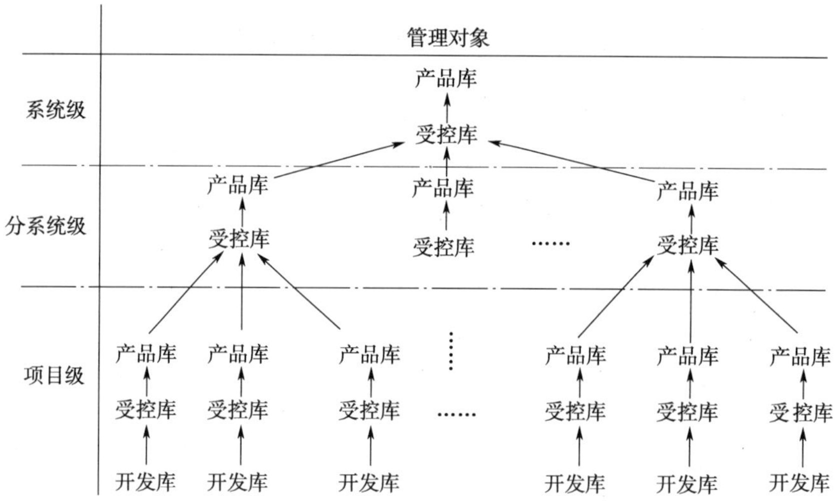

图 19－2　型号三个层次软件配置管理的不同任务

· 系统级应规定统一标识方法，进行系统基线管理，保证所用软件均取自产品库，版本正确；

· 分系统级应是最主要的配置管理实施层次，应制定管理细则，进行分系统基线管理，督促下属设备搞好配置管理，严格更改控制，保证所用软件版本正确；实际上往往是软件配置项产品库的主要管理层次；

· 项目级具体实施上级规定的配置管理活动，包括配置标识、控制、状态纪实、审核，保证软件产品均由受控库产生。

3）应该特别注意三条基线的管理和控制：功能基线、分配基线和产品基线。

4）在系统的不同研制阶段变更控制的严格程度应有区别。例如，方案论证和模样阶段一般应放宽或仅由软件开发组自己管理；初样阶段就应进行严格管理，形成受控库和产品库，基线变更应经过适当的审批手续；试样阶段（正样阶段）应很严格地管理基线，特别要控制变更。

5）经过评审和批准的软件配置管理项应纳入受控库管理。通过验收评审的待发放软件产品必须纳入产品库管理。

6）在整个软件生命周期过程中，必须使用正版开发工具（操作系统、编译工具等），加强对开发、试验、配置管理用计算机的管理，专机专用，不得作其他用途，定期使用最新版本杀毒软件进行病毒检查和清除病毒，防止计算机及软件遭受计算机病毒的侵袭。

（6）软件质量保证

有关部门和人员要制定软件产品保证计划、软件产品保证报告，完成软件产品保证审核。其中软件产品保证计划应包括：

1）质量目标，只要可能，就用定量的术语表述；

2）软件生存周期，每一阶段有关的里程碑和输入输出准则；

3）要实现的验证和确认活动类型（包括测试）；

4）质量活动规定的责任，如评审、测试、配置管理、更改控制、不一致性控制以及纠正措施；

5）要采用的方法、工具和规则；

6）控制分供方的具体活动和措施；

7）明确具体人员的责任分工。

有关部门按软件保证计划评审和/或审核工程活动和工作产品，确保软件产品及其活动遵循所用的标准、规程和需求的情况得到客观验证；将发现的偏离文档化，通报有关人员并跟踪至偏离结束；具体要求按 GJB 439A—2013 执行。

（7）软件测试

1）根据 GJB 2786A—2009、GJB 5234—2004 和 GJB 1268A—2004 规定，认真组织软件测试阶段的工作。

软件开发期间进行的测试一般包括单元测试、部件测试、配置项测试、系统测试和验收测试。前两项主要由软件研制组自己进行（称为内部测试），后几项由上级（或其委派人）负责组织。对不同软件区别对待的示例见表 19－5。

表 19－5　按软件关键性采用不同的测试类别

测试类型		软件关键性等级			
		A	B	C	D
软件单元测试/静态分析	内部	√	√	√	
软件部件测试	内部	√	√	√	
软件配置项测试	正式	√	√	√	√

续表

测试类型		软件关键性等级			
		A	B	C	D
强化测试	正式	√	(√)		
验收测试	正式	√	(√)		
系统测试	正式	√	√	√	√

注:√表示适用,(√)表示可放宽要求,空白表示不进行。

2）无论内部测试，还是正式测试，都必须有规范化要求。

3）对 A、B 级，特别是 A 级软件，还应要求进行第三方测试，确保安全、可靠。

（8）软件重用

适当的软件重用是提高系统可靠性和安全性，同时大幅度降低软件开发成本的有效途径。武器系统有继承性，更有利于系统中的软件重用。

1）系统应提倡、要求尽可能使用经过使用考验的适合的软件。

2）考虑经费分配、报成果和制定奖励政策时，应激励软件重用。

3）鼓励软件设计时考虑便于将来重用。

4）具体重用已有软件时，对适用性和需进一步开展的工作要经过仔细分析和评审。

19.4 军用软件成熟度模型

19.4.1 军用软件研制能力成熟度模型框架

GJB 5000A—2008 标准中描述的军用软件研制能力成熟度模型采用分级表示法，按预先确定的过程域集来定义组织的改进路径并用成熟度等级进行表示。本标准将组织的软件研制能力成熟度分为五个等级，其中 1 级（或 ML1）称为初始级，2 级（或 ML2）称为已管理级，3 级（或 ML3）称为已定义级，4 级（或 ML4）称为已定量管理级，5 级（或 ML5）称为优化级，如图 19－3 所示。

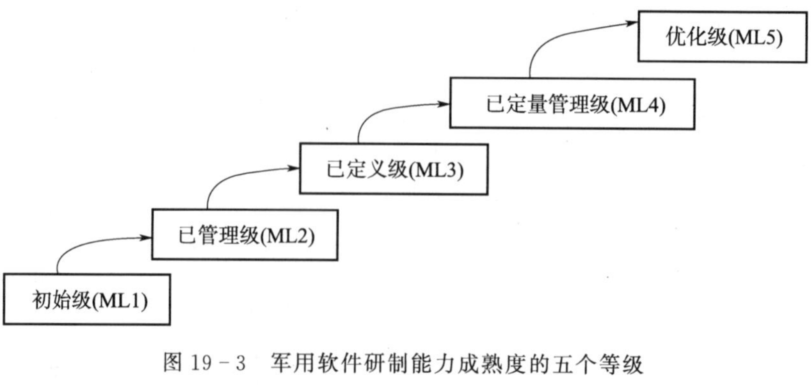

图 19－3　军用软件研制能力成熟度的五个等级

军用软件研制能力成熟度模型用成熟度等级测量的组织成熟度，其结构如图 19－4 所示。

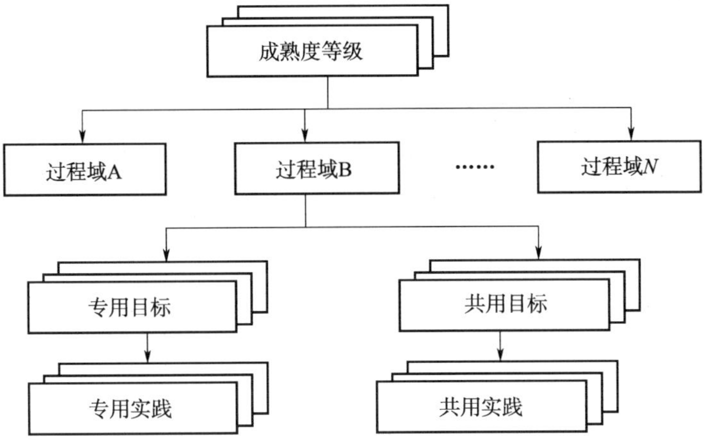

图 19-4　军用软件研制能力成熟度模型结构

成熟度等级向组织提供测量其过程改进的方法，并能用于预测下一个项目的大致结果。关注组织的整体成熟度，单一过程是已实施还是不完备这一点不是主要的关注点。因此，将“初始的”作为军用软件研制能力成熟度模型的起点。

成熟度等级可用于基准对比、供方选择、合同项目监督、评估和评价活动。

19.4.2　部件间的关系

（1）等级

在军用软件研制能力成熟度模型中，等级被用来描述为组织建议的一个进化路径。在评估过程中，等级还可以是判定活动的结果。评估既可适用于整个（通常是小）组织，也可适用于组织内较小的组（例如，项目组或组织中的某个部门）。

军用软件研制能力成熟度模型允许组织通过增量地处理相继的过程域集合来改进一组相关的过程。这种改进路径用“成熟度等级”表示。等级描述了改进的特征，该改进从一个不良定义的状态到另一个状态，该状态使用定量信息来确定和管理所需的改进，以满足组织的业务目标。

要达到某个特定的等级，组织必须满足预定改进的过程域或一组过程域的所有目标。

（2）理解成熟度等级

①成熟度等级概述

成熟度等级包含了一些有关的专用实践和共用实践，这些实践与一组预先定义的、改进组织整体绩效的过程域有关。组织的成熟度等级提供了预测其在软件工程学科中的绩效的一种方法。经验表明，当组织将其过程改进工作集中在可管理数目的过程域上时可以达到最佳效果，并且这些过程域需要随着组织的改进而日益精化。

成熟度等级是一个已定义的、组织过程改进的进化台阶。每个成熟度等级表示组织过程的一个重要部分已经成熟，并为它进入下一个成熟度等级做好准备。根据是否达到与每组已预先定义过程域相关的专用目标和共用目标来判定是否满足相应的成熟度等级。

军用软件研制能力成熟度模型共有五个成熟度等级，每一等级构成了前进中过程改进基础的一个层次，是实现下一个成熟度等级的基础。

②成熟度等级 1：初始级

在成熟度等级 1，过程通常都是随意、无序的。组织通常不提供支持过程的稳定环境。在这些组织中，成功依赖于其中人员的能力和勤奋，而不依赖于使用已经证实的过程。尽管是这种随意、无序的环境，成熟度等级 1 的组织常常仍能生产可用的产品，提供可接受的服务；不过，他们经常超出其项目的预算和进度。

成熟度等级 1 的组织的主要特征是过分承诺，在遇到困难时会放弃过程，并且不能重复他们以往的成功。

③成熟度等级 2：已管理级

在成熟度等级 2，组织的项目已确保其过程按照方针进行策划并得到执行。这些项目聘用有专业技能的人员，这些人员拥有足够的资源，以便产生受到控制的工作产品；这些项目吸纳利益相关方；这些项目都受到监督、控制和评审；这些项目都受到评价，以保证符合其过程说明。成熟度等级 2 反映的过程纪律有助于确保在有压力的情况下保持现有的实践。在这些实践都到位的情况下，项目都能按照其文档化的计划进行实施和管理。

在成熟度等级 2，工作产品的状态和服务的交付在已定义的时间点（例如，在主要里程碑和主要任务完成时）对管理者是可见的。在利益相关方之间建立承诺并在需要时进行修订。工作产品受到适当的控制。工作产品和服务满足其已定义过程的说明、标准和规程。

④成熟度等级 3：已定义级

在成熟度等级 3，过程已经得到了很好的定义和理解，并用标准、规程、工具和方法进行了描述。作为成熟度等级 3 的基础，组织的标准过程集已经建立，并随着时间推移而不断改进。这些标准过程用于建立整个组织的一致性。项目按照剪裁指南剪裁组织的标准过程集，以建立项目的已定义过程。

成熟度等级 2 和成熟度等级 3 的关键区别是标准、过程说明和规程的适用范围。在成熟度等级 2，这些标准、过程说明和规程在过程的各个特定实例（例如，某个具体项目）之间可以有很大差别。在成熟度等级 3，一个项目的标准、过程说明和规程都是为了适合具体项目或组织的情况而从组织的标准过程集中剪裁出来的，因此，除了剪裁指南所允许的差别之外，这些标准、过程说明和规程都是一致的。

另一个关键区别是：在成熟度等级 3，过程一般描述得比成熟度等级 2 更加严格。一个已定义过程明确地阐述了其目的、输入、入口准则、活动、角色、测量、验证步骤、输出和出口准则。在成熟度等级 3，通过对过程活动的相互关系、过程的详细测量值、过程的工作产品和服务的理解，使过程都得到更加积极主动的管理。

在成熟度等级 3，组织应使其成熟度等级 2 的过程域得到进一步的成熟。为了达到成熟度等级 3，应使用在成熟度等级 2 中没有阐述的、与共用目标 3 有关的共用实践。

⑤成熟度等级4：已定量管理级

在成熟度等级4，组织和项目为质量和过程绩效建立了定量目标，并将其用作管理过程的准则。这些定量目标是根据顾客、最终用户、组织和过程实现者的需要建立的。质量和过程绩效都按统计术语进行理解并在该过程生存周期受到管理。

对于所选择的子过程，收集并统计分析该过程绩效的详细测量值。将质量和过程绩效测量值纳入组织的测量库以支持基于事实的决策。标识过程变异的特殊原因，并在适当时纠正特殊原因的根源以防再现。

成熟度等级3和成熟度等级4之间的关键区别是过程绩效的可预测性。在成熟度等级4，过程绩效使用统计技术和其他定量技术加以控制，并且是可定量地预测的。在成熟度等级3，过程通常只是定性地可预测的。

⑥成熟度等级5：优化级

在成熟度等级5，根据对过程中固有变异的共因的定量理解，组织持续地改进它的过程。

成熟度等级5关注通过增量式和创新式的过程和技术改进来持续地改进过程绩效。建立组织的定量过程改进目标，持续地修订过程改进目标以反映日益变化的业务目标，并将这些目标用作管理过程改进的准则。对照定量的过程改进目标，测量并评价已部署的过程改进的效果。无论是项目的已定义过程，还是组织的标准过程集，它们都是可测量的改进活动的对象。

成熟度等级4和成熟度等级5之间的关键区别是所涉及的过程变异类型。在成熟度等级4，组织关注过程变异的特殊原因，并提供结果的统计可预测性。虽然过程可以产生可预测的结果，但是，这些结果可能不足以实现已确定的目标。在成熟度等级5，组织关注过程变异的共因，并且改变过程（移动过程绩效的均值或者减少过程的固有变异）以改进过程绩效并实现已确定的定量过程改进目标。

⑦成熟度等级的提升

组织首先实现项目级的控制，然后利用定量和定性两种数据进行决策继续发展到最高等级，以实现整个组织范围的持续过程改进，进而实现组织成熟度的逐步改进。

由于组织成熟度描述一个组织可能达到的预期结果的范围，所以它是预测该组织承担下一个项目的可能结果的手段。例如，在成熟度等级2，组织通过建立合理的项目管理已经从随意、无序状况提高到有纪律状况。随着组织达到一个成熟度等级中过程域集合的专用目标和共用目标，也在逐步增进组织的成熟度并获得过程改进的利益。因为每个成熟度等级是下一个等级的必要基础，所以试图跳越成熟度等级通常是达不到预期目标的。

过程改进工作应关注组织在其业务环境的语境中的需要，并且更高成熟度等级的过程域可能满足组织或项目的当前需要。例如，常常鼓励试图从成熟度等级1发展到成熟度等级2的组织建立一个过程组，而建立过程组是成熟度等级3中组织过程焦点过程域处理的问题。过程组不是成熟度等级2中组织的必要特征，但它可能是组织达到成熟度等级2的有用方法。

这种情况有时特征化为“建立成熟度等级 1 的过程组来引导成熟度等级 1 的组织向成熟度等级 2 发展”。在尚未建立能支持更有纪律和广泛改进的基础设施时，成熟度等级 1 的过程改进活动可能主要依赖于过程组成员的洞察力和能力。

组织可能在选定的任何时刻开始特定的过程改进，甚至在该组织准备前进到推荐的专用实践所在的成熟度等级之前也可以。不过组织应明白，这些改进的成功是有风险的，因为成功地制度化这些改进的基础尚未建立。没有适当基础的过程在面临很大压力时，可能会失败。

成熟度等级 3 组织的特征是过程已定义，如果成熟度等级 2 的管理实践有缺陷，就可能将已定义过程置于很大风险中。例如，管理者可能做出计划不当的进度承诺，或者不能控制基线化需求的更改。类似地，许多组织过早地收集成熟度等级 4 特性的详细数据，结果发现因为与过程和测量的定义中的数据不一致而导致无法解释。

在产品构造过程中，也可以使用与较高成熟度等级相关的过程。例如，成熟度等级 1 的组织实施需求分析、设计、集成和验证。但是，这些活动在成熟度等级 3 才进行描述，在成熟度等级 3 它们被描述为一致的和妥善集成的工程过程，该过程补充了成熟的项目管理能力，一旦实施就能使工程改进不会由于即兴无序的管理过程而失败。

第 4 篇　型号质量保证方法与质量创新

第 20 章　一次成功矩阵式质量保证模式

中国航天科工防御技术研究院（以下简称“航天二院”或“二院”）是国家空天防御技术总体研究院，是中国空天防御事业的领军单位，是中国航天事业的核心单位和中国国防科技工业的中坚力量。

航天二院承担的任务/项目系统复杂，技术难度大、不确定性大、风险高，产品须适应复杂环境。新时代，面临多系列、多型号/项目科研生产并行交叉的复杂格局，新时期航天产品“管用、好用、耐用、实用”新要求，给航天二院带来巨大的挑战和发展的机遇。

航天二院坚持“规范、务实、创新、可靠”原则，系统贯彻国家战略部署，实施质量制胜战略，大力推进零缺陷系统工程管理，追求卓越绩效，着力提升企业核心竞争力，全力实现中国航天科研生产任务“一次成功”“次次成功”“全寿命周期成功”的目标。航天二院坚持科学的质量发展观，遵循质量工作规律和科研生产规律，认真领会国内外先进的质量管理理念、思想、理论、模式和做法，在航天“单位抓体系，型号/项目抓大纲，行政抓监督”的基础上，创新质量管理模式，完善质量工作方法，营造质量工作长效机制，系统创新，创造了“一次成功矩阵式质量保证模式”（以下简称“矩阵式”质量保证模式），于 2015 年荣获“中国质量奖”，于 2018 年荣获“中国管理科学奖”，于 2020 年荣获《哈佛商业评论》“拉姆·查兰管理实践奖”。

20.1　内涵

“矩阵式”质量保证模式以一次成功为目标，以实现卓越绩效为目的，坚持系统化、规范化、科学化、先进化、绩效化、创新化，以质量符合要求、顾客满意为宗旨。其主要内容是：根植于内心“追求卓越、一次成功”零缺陷理念的筑牢，融文化建设、机制建设和质量管理体系要求、产品保证体系要求、标准体系要求于一体并追求卓越绩效质量体系的建设，符合要求、顾客满意、系统优化的产品实现。

航天二院创造的“矩阵式”质量保证模式（模型见图 20－1）根基“零缺陷”思想，秉承“一次成功”质量管理理念、信念，致力“规范科学，协同高效，务实创新，卓越可靠”的目标，践行以“一次成功”为使命的系列质量管理方法，构建“单位质量管理体系为横向、型号产品保证为纵向、型号产品为‘连接点’和‘落实点’”的质量保证矩阵，实现做正确的事、正确地做事、把正确的事做正确，使质量价值观、质量战略、质量实践高度契合。

航天二院从质量管理保证体系和型号产品保证体系两个维度构建型号产品质量的“双

保险”，使用“一次成功”的理念和“一次成功”的质量方法有机建构系统性矩阵布局，系统保证型号/项目产品质量，实现“一次成功”目标。

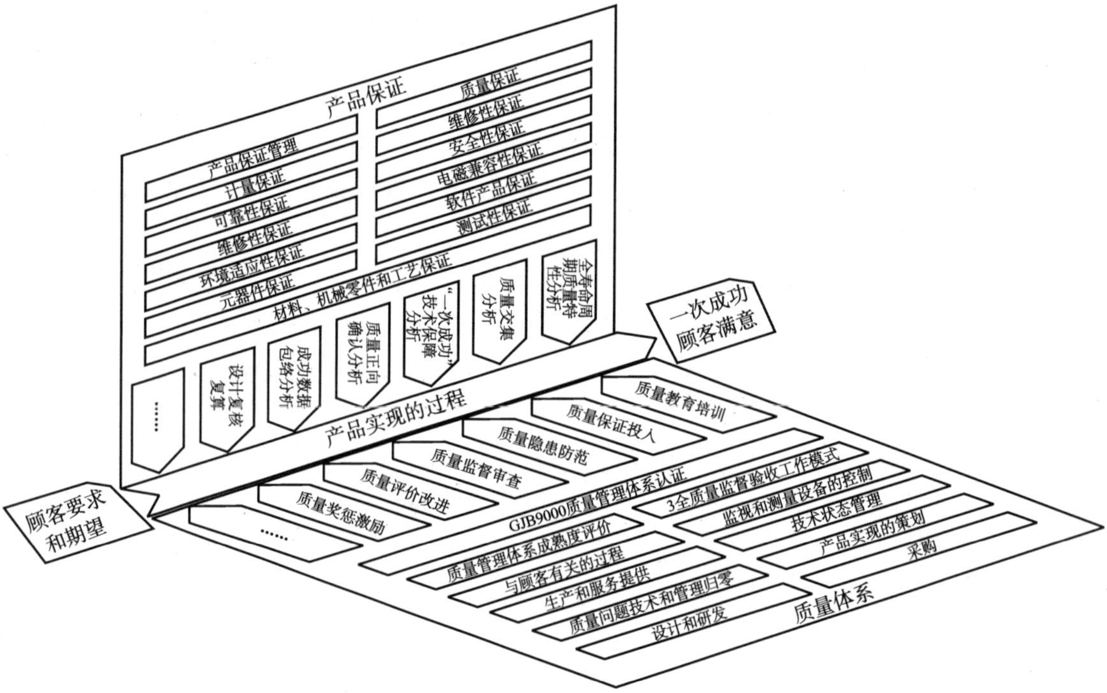

图 20-1　一次成功矩阵式质量保证模式模型

中国航天二院质量管理体系由院所（厂）两级质量管理体系构成，以保证高质量完成型号/项目科研、生产任务为目标，按照型号/项目特点和科研生产规律，将型号产品保证要求、装备“六性”管理要求等纳入各级质量管理体系。院本级建立了以型号/项目科研生产为主线，以决策、组织、计划、指挥、协调、控制等活动为主要管理要素的质量管理体系。院属各单位建立了以产品科研、生产为主线的质量管理体系。两级体系明确了院与所（厂）两级管理的职责、权限和界面接口关系，充分发挥两级的管理作用，通过实施产品保证策划、过程监督检查、审核评价和监控跟踪，形成闭环管理，保证质量管理体系规定的管控规则和管理工作流程有效运行。质量保证矩阵模型如图 20-2 所示。

在型号/项目产品实现中，型号/项目队伍遵循质量管理体系要求，以项目管理的模式进行过程管控，重点强化设计过程中通用质量特性等指标的质量管控。以“系统策划、统筹协调、分类管理、过程监控”为原则，组织贯彻体系要求，实施型号产品保证。型号产品保证和质量管理体系运行紧密结合，着力制定和落实产品保证管理、质量保证、

标准化、计量、可靠性、维修性、保障性、安全性、环境适应性、电磁兼容性、元器件、软件以及材料、机械零件和工艺等十三个专业保证大纲，以及相应的管理和技术规范，规定了型号产品特定的技术、管理要求和实施方法，将所有产品保证活动与型号科研生产目标、要求、接口管理及约束相协调，实现了型号通用质量特性与性能指标全寿命周期一体化管理。“矩阵式”质量保证模式的突出特点是：重视顾客要求，特别是通用质量

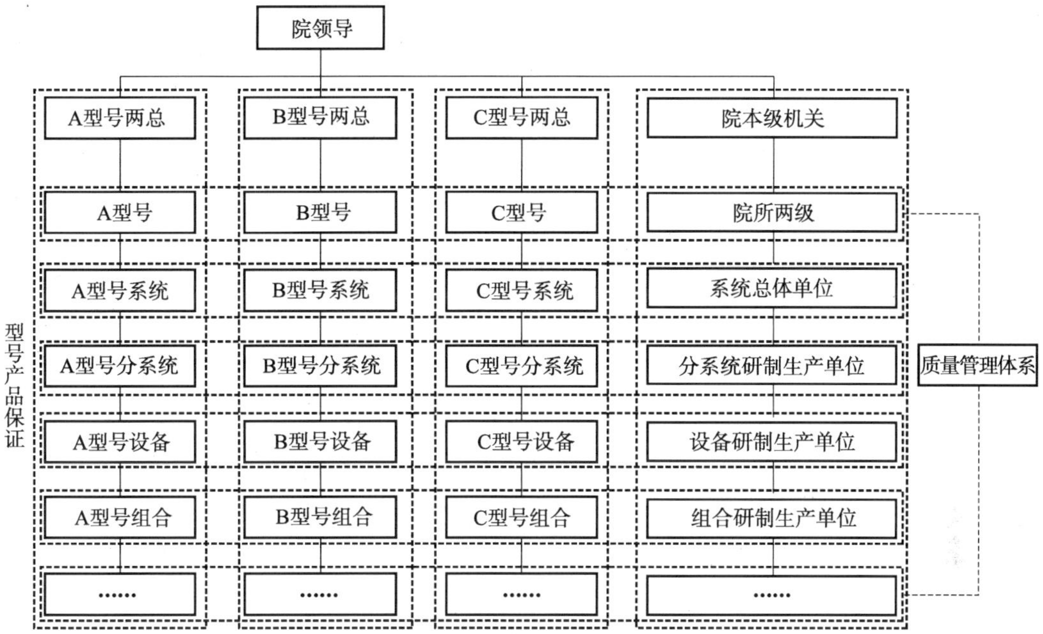

图 20-2　质量保证矩阵模型

特性等“软指标”的要求；突出设计质量控制，体现预防为主、控制点前移；坚持“开放性设计、透明化管理”和零缺陷系统工程的指导思想；落实产品质量主体责任制，坚持自顶向下部署并传递要求、自下而上层层负责并落实要求。型号产品保证模型、管理流程和管理工具如图 20-3～图 20-5 所示。

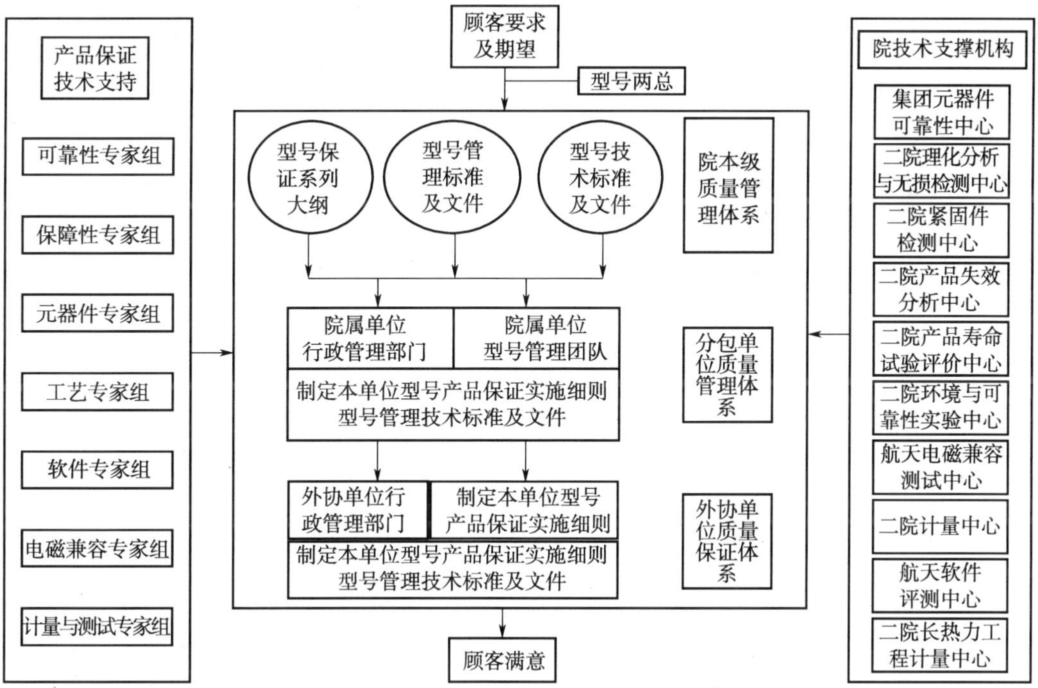

图 20-3　型号产品保证模型

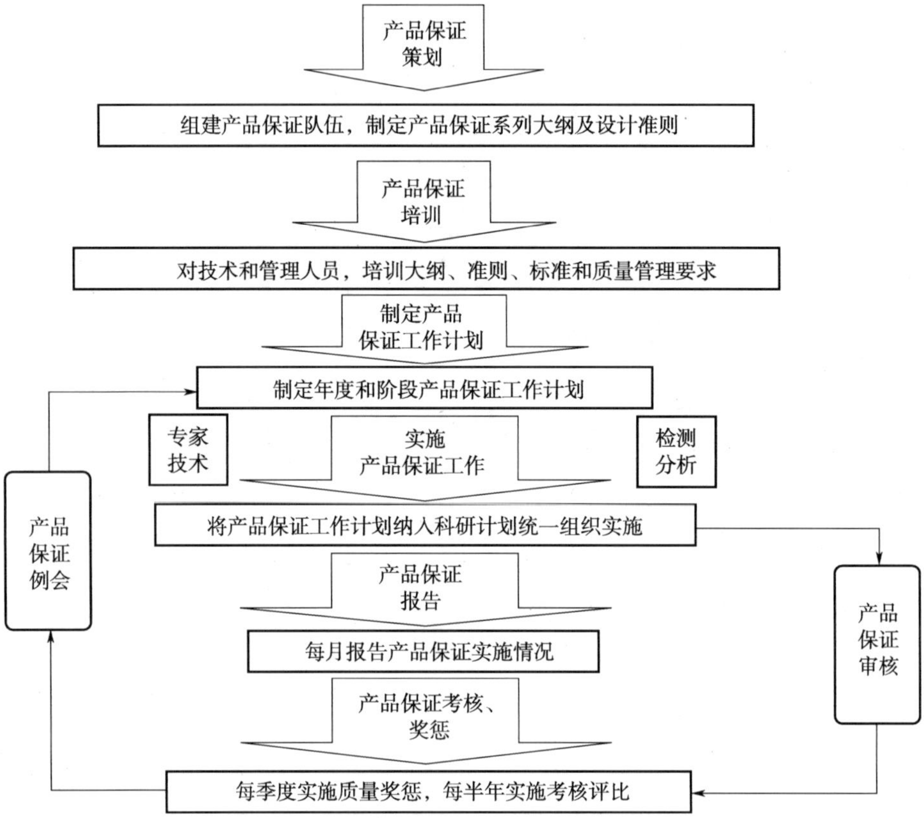

图 20－4　型号产品保证管理流程

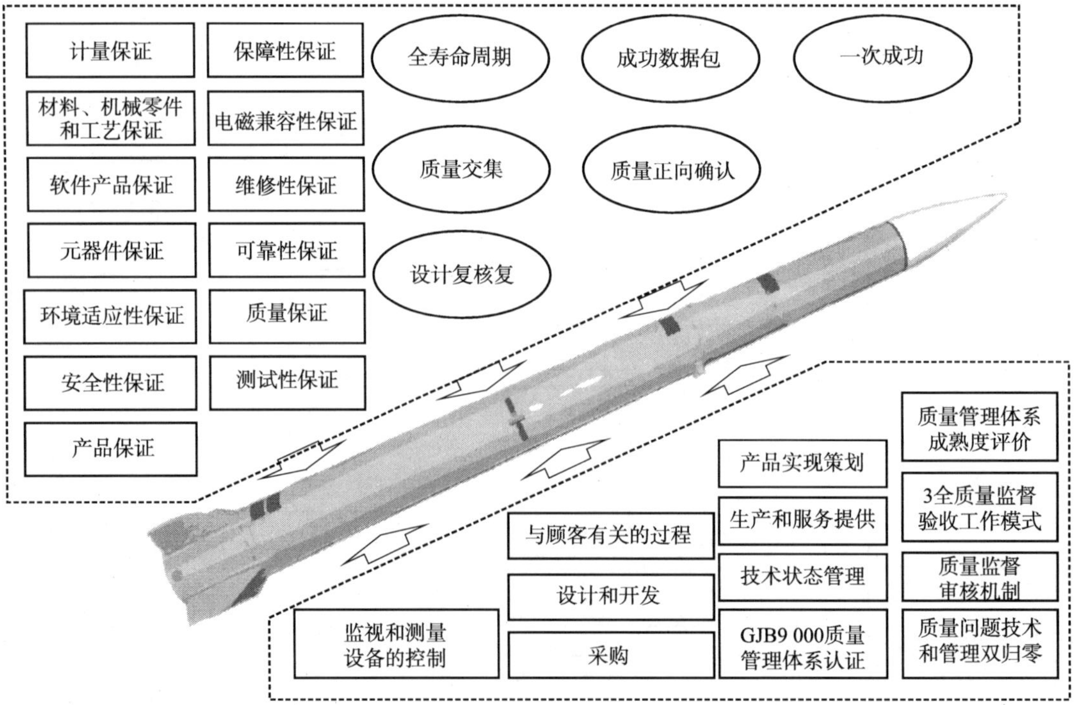

图 20－5　“矩阵式”质量保证模式管理工具

航天二院实施“矩阵式”质量保证模式，设计质量、制造质量、产品质量、服务质量显著提高，重大任务/项目一次成功，交付产品满足用户要求，顾客满意度大幅提高，战略地位、科技水平、人才能力、发展质量显著提升。“矩阵式”质量保证模式的推行，使航天二院产品质量居国内领先地位、达到国际先进水平，为富国强军、质量强国、航天强国的建设铸造了可靠基石。航天二院多个项目/产品小组获得国家优秀 QC 小组荣誉称号、多个班组获得全国质量信得过班组荣誉称号；航天二院获得首届中国质量奖提名奖、全国产品和服务质量诚信示范企业、首届全国质量奖卓越项目奖、中国航天质量奖等多项荣誉，形成了以“红旗”“飞龙”“飞獴”“前卫”“飞豹”等系列和以“航天安保”“智慧城市”“自主可控”等为代表的国内外知名品牌，质量财富持续聚集。航天二院成为国家第一个大安全（实体）行业荣获中国质量奖的单位。

20.2　特征

“矩阵式”质量保证模式具有以下几大特征。

20.2.1　系统化

“矩阵式”质量保证模式把质量管理体系运行与型号产品保证有机结合，实现了质量管理与产品保证的协同统一，强化了设计源头和过程质量控制，构建形成了全系统的管理流程。建立了质量管理体系与质量教育培训、监督审核、奖惩激励等“多个机制”相结合的保证模式，促进了质量管理体系要求和各项规章制度的落实。将质量管理体系运行与质量文化建设结合，提升全员的质量素养，为质量管理体系的有效运行提供了思想保证。在产品实现策划、产品保证管理、分包外包管理、技术状态管理、试验验证与确认、批生产控制、质量信息管理、质量成本管理、质量评审等管理活动中规范管理行为，统一各型号管理要求并加强质量监控，促进整体优化，提高了实现任务目标的整体有效性和效率。建立了质量管理体系管理过程的监视测量系统，实现了系统产品和质量管理体系的持续改进。

20.2.2　规范化

“矩阵式”质量保证模式紧密围绕型号/项目科研生产和管理活动，不断完善和健全质量工作规章，注重对质量与可靠性工程技术研究和应用的改进、优化，结合工程实践，建立了一套相对完整的、覆盖院所（厂）两级的标准化法规体系，有效指导和规范了全院各项工作的开展。同时坚持用实战化的要求补充和完善二院标准体系，着力建立健全适应二院领域、产品特征、能管控、可测量、满足实战化要求、精细化的标准和规范，指导各级各类人员按照标准的要求开展设计、生产、试验与管理，实现按标准按要求做产品、质量就符合要求的目标，推进产品保证工作能力和水平的提升。

20.2.3　科学化

矩阵式质量保证系统工程是组织管理“系统”规划、研究、制造、试验和使用的科学方法，是一种对所有“系统”都具有普遍意义的科学方法，这种方法是通过组织体系、项目任务、团队成员，将相关资源有效地集成起来，在一定的约束条件下实现系统预定的目标。航天二院通过探索和运用先进的质量技术、质量方法、质量工具，运用数字化、信息化、协同化等方式和方法，促进了质量管理科学化和精细化。

20.2.4 先进化

“矩阵式”质量保证模式是针对航天项目/产品系统复杂、科技含量高、独创性强、不确定性多等特点和航天产品“一次成功”“万无一失”等质量要求提出的，依靠“质量正向确认分析”“成功数据包络分析”“一次成功技术保障分析”等一系列行之有效的方法来保证质量目标实现，体现在项目/产品试验一次成功、项目/产品交货一次符合要求。这是中国航天质量管理理念的创新、理论的创新、方法的创新、技术的创新，具有先进性和时代性，是追求卓越、打造品牌最好的质量管理模式之一。“矩阵式”质量保证模式在国内处于领先水平，在国际上具有先进性，某些理论和做法具有世界领先性。

20.2.5 绩效化

按照“科学策划，统筹安排；立足基业，拓展主业；拥有核心，突破瓶颈；平台建设，系统管理”的原则，实施质量强院战略，追求卓越绩效。“矩阵式”质量保证模式的推行，使航天二院产品质量达到国际先进水平，为富国强军、民族复兴铸造了可靠的基石。“矩阵式”质量保证模式是航天二院在质量保证模式方面的创新和实践，特别适用于复杂巨系统、风险高等产品的质量保证。推动了我国航天产品质量达到国内先进水平及国际领先水平，证实了该理念、理论、模式和方法的可用性和有效性，符合卓越绩效模式，适用于中国文化和中国治理模式，是新时代具有中国特色的质量管理理念、理论、模式和方法。

20.2.6 创新化

“矩阵式”质量保证模式是航天二院积极探索、有效实践的结晶，航天二院坚持中国航天工业多年来质量实践中所积淀的先进的、行之有效的质量规章制度、技术和方法，充分借鉴国内外先进质量管理理论和方法，积极探索实践产品保证，形成了一套具有航天特色的质量管理理论、模式和方法。航天二院首创了以所（厂）内部顾客和外部顾客相结合的顾客满意度测评方法，首创“管理不合格项”，航天二院是第一家在国内按GJB 9001A—2001标准通过质量体系认证的航天研究院。航天二院质量管理是在继承中探索，在实践中创新，在创新基础上进行更高水平的质量管理实践，既有源于大型复杂型号/项目系统工程实践的原始创新，又有质量与可靠性技术和系统工程管理方法有机结合的集成创新，还有借鉴国外先进产品保证理念、技术的消化吸收再创新。

20.3　理论基础

作为航天质量保证模式的系统总结和创新，“矩阵式”质量保证模式有其坚实的理论基础。

20.3.1　卓越绩效理论

卓越绩效的核心是强化组织的顾客满意意识和创新活动，追求卓越的经营绩效，是公认的提升企业核心竞争力的有效方法，也是新形势下企业经营管理的努力方向。航天二院“矩阵式”质量保证模式导入了卓越绩效管理理念和方法，把卓越绩效作为质量管理体系建设更高层次的追求，倡行大质量观，实施质量强院战略，注重组织战略导向与落地、以人为本、资源优化、过程管理与系统管理、绩效结果，使基于武器系统总承包的机关质量管理体系建设与航天二院经营管理体系建设相互融合共同追求卓越绩效，显著提高了质量管理体系的作用和成效。

20.3.2　质量管理理论

ISO 质量管理体系是为实现企业质量目标所必需的、系统的质量管理模式，是国际通用的质量管理行为准则，“矩阵式”质量保证模式的基础就是院、所（厂）两级的质量管理体系。航天二院高度重视质量管理体系建设与完善，狠抓质量、严格管理。坚持“系统管理、追求卓越、一次成功、顾客满意”的质量方针，不断深化质量管理体系要求的贯彻实施，在体系文件制修订、管理评审、内审及成熟度评价等方面做了大量工作，确保了“以顾客为关注焦点、领导作用、全员参与、过程方法、改进、循证决策和关系管理”七大质量管理原则的全面深入的执行，航天二院员工的质量意识和工作质量持续提高，质量体系运行持续充分适宜有效。

20.3.3　产品保证理论

产品保证是目前西方发达国家从事高技术系统工程开发特别是航天技术开发的企业普遍采用的一种先进方法，能够有效地管控复杂的系统工程开发过程，在将用户要求全面地转化为产品性能的过程中，有效地降低技术风险，提高项目研发的效益，进而提高企业的发展能力。型号产品保证是“矩阵式”质量保证模式的过程管控方法，通过在产品科研、生产全过程所进行的系统的、有计划的、有组织的技术和管理活动，对组成产品的元器件、机械零部件、软件、材料，以及产品设计、制造、试验、交付过程实施有效控制，从而把可靠性、维修性、安全性等通用质量特性要求与系统战技指标一同设计并在产品制造中实现，以确保产品满足安全、可靠地完成规定的任务目标的要求。

20.3.4　项目管理理论

项目管理是运用系统论原理对项目及其资源进行计划、组织、人员配备、领导和控制，在约束条件内完成预定目标的一门管理学科。项目管理特别适合于大型、复杂、不确定性大的航天型号/项目。在当今充满变革、竞争、创新、合作的时代，每个组织、每个人需要学会弄懂运用项目思维模式以在充满不确定性的世界中发现正确项目；每个管理者需要提高项目管理能力以迅速保证资源能力实现项目目标；每个组织、每个团队需要提升项目治理能力以提供可信赖的项目管理生态（文化、制度、机制、环境），项目管理业已成为组织发展、项目成功、个人成长不可或缺的素养、知识、履历和能力。航天二院建立健全了以型号总设计师技术指挥系统和型号总指挥行政指挥系统为代表的型号两总系统，在院本部科研生产部设立了项目管理办公室，在科研生产部、发展计划部、产品保证部、财务部、人力资源部、文化工作部、总体设计部等部门/单位指派专门人员负责项目的综合管理、范围管理、质量管理、技术管理、费用管理、风险管理、项目相关方管理、项目团队建设、项目文化建设等工作，在型号项目任务承担全系统建立了由项目指挥、项目管理人员、项目技术人员等组成的项目团队，形成了专/兼职结合、矩阵型的项目管理组织架构，颁布了项目章程，构建了项目计划、执行、监控、评价和激励体系，充分实施对项目技术、质量、进度、经费、风险等要素的系统管理。在航天型号项目实施和航天产品实现过程中，航天二院遵循“第一次、次次就把事情做对做好”的准则，坚守使命，恪守职责，不忘初心，以“做正确的事、正确地做事、把正确的事做正确”的卓越标准，勠力实现项目成功，持续推动航天事业高质量发展。

20.3.5 零缺陷思想

“零缺陷”思想要旨是：质量的定义是符合要求，不是“好”与“差”或“高”与“低”；系统预防产生质量，评估、检验只能应对不合格；质量的工作标准是零缺陷，不是“可接受的质量水平”；质量是以“不符合要求的代价”来衡量的，不是“指数”。“零缺陷”管理核心是：“第一次就把事情做对做好”，即要求我们做正确的事、把正确的事做对，第一次就把正确的事做对。解决缺乏知识和缺乏关注是实现零缺陷必须面对的问题，而零缺陷的工作态度是实现零缺陷的关键。“矩阵式”质量保证模式的核心理念也是追求“零缺陷”，即：追求各项技术和管理工作第一次就做对、做好；力求型号研制、生产和服务中各环节、各零部件、各项操作全面优质、准确无误；要求型号任务圆满完成。航天二院通过运用零缺陷系统工程管理理论和方法，建立以人为本的航天先进质量文化，完善追求卓越的质量管理体系，提升适应发展需要的产品保证能力，实施系统优化的产品实现过程控制，促进质量管理和产品质量的提升。

20.3.6 系统工程理论

系统工程（System Engineering）是组织管理的技术。钱学森认为：“系统工程是组织管理‘系统’的规划、研究、设计、制造、试验和使用的科学方法。”系统工程是一门工程应用技术和方法，它从需求出发，综合多种专业技术，通过分析、综合、试验和评价的反复迭代过程和一系列逻辑相关的活动和决策，把用户需求转化为一组系统性能参数和一个适当的系统配置，开发出一个满足系统全寿命周期使用要求、总体最优的系统。系统工程以运筹学、控制论、信息论、大系统理论和系统学等为基础科学，突出系统总体，注重需求分析，强调设计综合和整体优化，坚持系统验证，以工作分解和综合集成为核心，充分体现工程专业综合。系统工程的目标就是通过系统工程技术与系统工程管理两大并行的优化过程开发出满足用户需求的综合最优的系统。系统工程是项目管理环境下的工程开发方法，复杂技术项目管理包含系统工程。矩阵式质量保证模式在型号/项目科研生产过程中充分运用了系统工程理论、技术、方法和手段来实施质量保证，保证了大型复杂系统工程项目的开发、产品实现和任务完成。

20.3.7　风险管理理论

风险管理作为系统的科学产生于 20 世纪初的西方工业化国家。航天项目是复杂巨系统，具有科技含量高、独创性强、投资规模大、研发周期长、不确定性大等不同于一般项目的特点，全项目生命周期充满着各种风险，稍有不慎，轻则影响研发进度、研发经费，重则致使任务失利、项目失败，甚至造成人员伤亡、重大事故。矩阵式质量保证模式从航天型号/项目立项之初便对技术风险、进度风险、质量风险等风险进行系统识别、分析、评估、规划，充分运用适宜的技术方案、有效的管理手段应对、监控型号/项目实施风险，以规避和控制航天型号/项目风险。

20.4　平台建设

20.4.1　一体化质量管理体系建设

二院质量管理体系建设以保证高质量完成型号/项目科研、生产任务为目标，建立了院、所（厂）两级具有二院特色的质量管理体系。院本级建立了以型号/项目科研生产为主线，以决策、组织、计划、指挥、协调、控制等活动为主要管理要素的质量管理体系，明晰了院质量管理范围，院（本部）顶层各级各类人员质量职责，产品实现各类策划，质量工作过程和流程，院对本部、分包、外包单位的指导、监视和测量内容，系统深化、充实、完善院属各单位及其外包单位的质量管理体系，强化了二院质量工作的顶层策划、组织、指挥、控制和保证，确保二院总承包要求的准确传递、正确落实和二院质量管理体系的系统管理和闭环控制，二院（本部）质量管理实现了“全员重视，意识提升；职责明确，过程清晰；行为规范，控制科学；系统管理，持续改进”的总目标。院属各单位建立了以型号/项目产品科研生产为主线的质量管理体系。注重理顺院与所（厂）两级管理的职责、权限和接口关系，充分发挥两级的管理作用。在产品实现过程中以型号/项目队伍为主体，按照系统策划、统筹协调、分类管理、过程监控的原则，组织贯彻体系要求和实施型号产品保证。型号产品保证与质量管理体系紧密结合，制定和落实产品保证管理、质量保证、标准化、计量、可靠性、维修性、保障性、安全性、环境适应性、电磁兼容性、元器件、软件以及材料、机械零件和工艺等十三个专业保证大纲，以及相应的管理和技术规范，实现了型号通用质量特性与性能指标全寿命周期一体化管理。

航天二院建立了融文化建设、机制建设和质量管理体系要求、产品保证体系要求、标准体系要求于一体并追求卓越绩效质量体系，成为国防科技工业第一家通过质量体系认证的研究院。《中国航天二院（本部）质量管理体系建设研究与实践》获国防科学技术进步三等奖，在质量管理思想、质量管理模式、质量管理方法、质量管理实践等方面实现了自主创新、协同创新、融合创新、集成创新。

20.4.2 产品保证体系建设

航天二院借鉴欧洲等国际先进航天企业管理经验，在国内军工企业中率先创立并实践了基于型号/项目研制总承包的产品保证模式，建立了产品保证组织机构，统一产品研制技术和管理规范，整合产品保证资源，组建院产品保证技术支撑中心，配置试验、分析、校准、检测等手段，由可靠性、维修、安全、元器件、软件等专业专家对型号科研过程提供专业的技术支持和严格的管理监督，对型号科研过程实施监督、控制和技术支持，实现了和美国、欧洲等先进军工企业同类的质量管理模式，提高了质量管理水平。质量管理部门的职能由纯管理型向技术支持加管理保证的方向进行了转变，型号/项目质量管理以保证实物质量向保证实物和服务质量进行了转变；质量管理工作由“事后救火”向“事先预防”进行了转变；质量控制从节点控制向全寿命周期、全过程控制进行了转变；质量目标从确保产品满足功能性能指标要求向确保满足实际要求进行了转变。质量问题在任务量逐年大幅上升的情况下不断减少，产品故障率不断降低；研制型号任务成功率处于高水平且不断提升，型号任务整体成功率大幅提升，多个型号顺利完成了研制任务实现定型，研制周期大大缩短，连续荣获国家科技进步特等奖，多个重大型号参加国庆 60 周年阅兵、抗日战争胜利 70 周年阅兵、朱日和阅兵等重大活动，接受了祖国和人民的检阅，向全世界展示了中国神剑的雄威。

《基于产品总承包的产品保证模式创立与实践》获国防科技工业企业管理创新成果一等奖。

20.4.3 组织与队伍建设

航天二院建立了质量管理、标准化、不合格品审理委员会，作为质量管理决策的顶层机构。独立设置质量、标准化、审核、军贸监督验收、工艺管理等部门。主要单位专门设置可靠性工程专业研究机构。成立了独立的元器件可靠性、环境试验、材料理化分析、计量测试、软件评测等检验检测单位。按照项目管理的模式，设立了型号总设计师技术指挥系统和总指挥行政指挥系统，建立了项目管理办公室，设立了型号专职总质量师，负责领导开展型号产品保证立法、策划、指导、监督、审核和评价。组建了可靠性、元器件、工艺、软件、电磁兼容性、计量与测试等专家队伍，对型号产品保证和全院质量技术基础提供技术支持和监督把关。航天二院组建了院、所（厂）两级的质量审核队伍，建立了集质量体系、产品和关键人员审核为一体的监督审核机制，确保了“矩阵式”质量保证模式的有效运行。

《企业科研生产关键人员质量审核机制的创立》获国家级企业管理现代化创新成果一等奖。

20.4.4　质量机制建设

航天二院建立健全了质量教育培训、主体质量责任到位、质量规章健全、质量隐患防范、质量保证投入、质量协同合作、质量技术支撑、质量条件保障、质量监督检查、质量审核评价、质量改进创新、质量奖惩激励等 12 大机制。实施上岗、在岗、转岗培训，质量管理人员质量工程师资质考核，型号队伍产品保证专业知识培训，领导干部定期质量培训。院每年拿出当年营业收入的一定比例经费，用于质量、技术基础、产品保证等的基础研究、应用基础研究，重点支持并突破质量、技术基础、产品保证等领域关键核心技术、共性关键技术、关键共性技术、共性基础技术、瓶颈技术、前沿引领技术及其平台建设。推行隐患防范管理和技术“双五条”（技术防范“吃透技术、明晰状态、全面借鉴、充分验证、风险可控”，管理防范“严细管理、落实职责、照章办事、督查有效、保障到位”），开展风险识别、分析、评估、应对和监控。军、地双方联合对质量管理体系、型号产品保证、外协外购单位、行政管理与型号队伍进行审核。实施院年度和季度分析、各单位和各型号月度分析，不定期质量热点专题分析等评价和改进活动。定期表彰“质量先进单位”“质量信得过班组”和“质量标兵”；制定和实施二院质量责任追究办法，对人为责任、重复性、低层次等质量问题进行经济和行政处罚，对问题多发和风险较高等情况实行警示和亮牌制度。

20.4.5　质量文化建设

航天二院弘扬“航天三大精神”，坚持“国家利益高于一切”的核心价值观，以使命航天为航天文化的灵魂，以价值航天为航天文化的主题，以品质航天为航天文化的核心，以创新航天为航天文化的特质，运用航天系统工程方法，按照“文化兴质，源头控制；强化基础，规范管理；监督落实，提升水平”的指导思想，构建企业文化四维建设体系，形成纵向联动、横向互动的建设格局，支撑航天质量文化落地。持续优化质量、型号、班组等文化建设，制定了《中国航天二院质量文化评估准则及实施指南》，不断巩固质量诚信、兑现质量承诺。通过组织保障、示范带动、考核评价三大运行机制，促进文化落地。引入卓越绩效模式创建的五级成熟度 175 个量化考核指标体系，确保了文化建设融入战略、渗透管理、影响行为。质量是航天事业的永恒追求，质量是航天工程/项目/产品的生命线，本着“创造高质量，体系为基，根源在人，本在文化”的思想，创建以“人诚品优，正己正人”“说到做到，第一次做到，次次都做到”等为理念的二院先进质量文化。“质量是生命，质量是责任，质量是财富”的质量价值观深入人心，“严慎细实”的工作作风和“一次做对”“零缺陷”的行为准则融于二院规章制度和员工作业指导书中，落实在干部职工的自觉行动中，有力保障了科研生产任务的圆满完成。

20.4.6 质量档案建设

航天二院推行质量诚信体系建设，实施质量信誉积分制，建立员工质量档案。质量信誉积分以事实为依据，以规章制度要求为标准实施评分，突出岗位特点，自上而下逐级考核，员工的总积分与上岗资质挂钩，与奖惩激励挂钩，年度考评结果记入质量档案并归档。质量档案同时将员工的岗位资质、质量培训、产品实现关键过程追溯、产品质量与工作质量结果、质量考核、质量奖惩等记录按人建档。质量信誉积分、质量档案的建立，促进了岗位质量职责的有效落实，全员关注质量、重视质量、贯彻质量、落实质量的自觉意识和诚信意识普遍增强，人为、重复性、低层次等“三类”问题显著减少。

20.5 典型做法

为将“矩阵式”质量保证模式落地，航天二院开发、颁布、实施了一系列独具特色的质量技术、方法、工具，推进追求卓越一次成功“矩阵式”质量保证模式的实践。

20.5.1 质量正向确认

为进一步贯彻零缺陷系统工程管理要求，航天二院实施了质量工作预防为主、控制点前移的措施，按照从源头抓起、分阶段进行的原则，航天二院在型号研制过程中全面落实质量正向确认，编制下发了《二院型号产品质量正向确认实施细则》，对型号研制生产全过程实施质量把控，在产品投产前、出厂前和交付前等产品形成过程的关键质量控制环节，从设计、工艺和生产三个维度，对产品实现过程四十个子项目的质量控制情况进行全方位检查和确认，通过后方可进入下一道环节。质量正向确认工作强化型号产品质量控制“源头抓起，预防为主”的思想，突出了“质量控制点前移，变被动质量检查为主动质量确认”的主题，实现了产品质量管理由事后把关向事前预防的转变。

20.5.2 一次成功技术保障分析

为确保型号/项目任务一次成功，航天二院制定下发了《二院型号任务“一次成功”技术保障分析工作要求》，航天二院各型号在任务实施前全面开展“一次成功”技术保障分析，明确任务过程中影响任务成败的关键环节，找出关键环节的影响因素，对确保影响因素正常、可靠的控制因素严格控制，评估各控制因素的验证和保证措施的落实情况，找出存在风险的薄弱环节，采取必要的措施，以确保型号各产品在整个任务过程中，能够在正确的时间做正确的动作，保证任务的一次成功。一次成功技术保障分析贯彻了“预防为主、一次成功”的原则，强化了“以质量保进度、以成功赢时间”的观念，避免了可以暴露的问题而没有暴露，拖到任务中出现，造成任务失败的隐患，是加快任务进程、缩短研制周期、突破型号任务“指标高、技术新、难度大、协作广、时间紧、任务重、责任大”困难的有效方法。

20.5.3　成功数据包络分析

航天二院通过大量工程实践的总结，制定了《二院型号产品成功数据包络分析实施细则》，作为型号产品交付出厂前质量评价的依据。该方法通过将待分析产品数据与经过任务或地面试验验证成功子样的若干产品数据所构成的数据范围进行比对，判定待分析产品数据是否落在包络范围内，得到待分析产品数据包络情况，评估产品是否满足执行任务的能力，以确保型号任务的圆满成功。成功数据包络分析能够找出企业在产品设计和工艺上的薄弱环节和缺陷，识别产品自身特性、产品间的耦合特性、所属分系统的关键特性，发现和解决复杂系统质量隐患，从而实现产品研制的改进和优化，减少质量损失。航天二院在全面实施成功数据包络分析后，任务成功率提升了。目前《产品成功数据包络分析》已经通过了国标立项，正在编制中。

20.5.4　质量问题技术与管理双归零

中国航天对航天产品实现过程中发现的质量问题，从技术上、管理上分析问题产生的原因、机理，并采取纠正措施、预防措施，以解决问题、避免问题重复发生。技术归零的标准是："定位准确、机理清楚、问题复现、措施有效、举一反三"；管理归零的标准是："过程清楚、责任明确、措施落实、严肃处理、完善规章"。质量问题"双归零"是质量发展史上的里程碑，它促进研发队伍吃透技术、弥补质量体系缺省链、培养员工严慎细实作风、提高组织技术水平和管理水平，是中国航天对中国质量事业、对世界质量事业及相关事业的重大贡献，其方法已应用到相关行业中，发挥了重大作用，质量问题"双归零"标准已成为国际标准。航天二院从 21 世纪初起，要求所有型号/项目同时对质量问题实施技术归零和管理归零，这在航天企业中具有首创性。航天二院制定了《二院型号产品质量问题归零实施细则》，型号产品发现的所有质量问题 100％按照"双五条"标准要求进行技术归零和管理归零，对"质量有前科、技术状态有变化、测试覆盖不到、单点失效"的状况，实施质量交集分析，实现归零优化。严格落实质量信息报送制度，按要求及时报送、管理，对院级质量问题归零进行实时监督，每月开展质量问题归零例会，对于未按规定时限和要求完成归零工作的情况，进行通报和考核。加强对纠正和举一反三措施落实情况的跟踪检查。通过开展质量问题归零和面向质量问题归零的统计分析，以及加强技术问题背后的管理改进、管理提升，提升了质量管理能力和水平，对提升产品质量与可靠性提供了坚实支撑。

20.5.5　质量管理体系成熟度评价

航天二院借鉴卓越绩效评价模式，突出量化评价，按企业自评价和上级对下级的评价两种方式，制定下发了《二院本级质量管理体系成熟度评价实施细则》和《二院院属单位质量管理体系成熟度评价实施细则》。以质量管理体系要求，国家、上级和本单位质量管理体系文件要求，项目管理要求为评价内容，突出型号科研生产特点，紧密结合产品保证工作，运用内容量化、数值分析等方法，实现对体系基础和产品实现过程定量评价。质量管理体系成熟度评价方法支撑了院本级、所（厂）开展质量管理体系成熟度的自我评价，深入认识质量管理体系运行的现状，同时也可以用于对所属单位质量管理体系的监督检查，查找薄弱环节，推进质量规章制度、标准规范等有关要求的贯彻落实。将各级质量管理体系建设同型号产品保证工作更加紧密结合，提升“矩阵式”质量保证模式的有效性。

《航天研究院质量管理体系成熟度评价管理》获中国航天企业联合会企业管理现代化创新成果二等奖。

20.5.6 产品保证成熟度评价

在型号产品保证工作实践的基础上，航天二院制定下发了《二院型号产品保证量化评价实施细则》，定期开展型号产品保证成熟度的检查和评价。该方法贯彻了“顾客满意、预防为主、系统全面、重点突出、引导改进、量化评价”的原则，覆盖了型号产品保证工作的 13 个大纲，从产品保证管理、实施和效果等 3 个方面提出了 23 个评价指标、93 项评价内容。通过对型号产品保证成熟度的量化评价，科学客观地反映二院型号产品保证工作现状，查找出管理、技术、手段、应用等方面存在的问题与不足，有针对性地提出解决措施，将产品保证要求贯穿落实于型号研制全过程。适应装备质量建设新常态，夯实产品质量保证基础，促进型号产品保证工作向全系统全过程全要素的转变，最终提升型号装备整体质量与可靠性水平。

20.5.7 质量责任追究

为落实质量责任，航天二院建立了院、所（厂）两级的质量综合考核制度和量化考核指标体系，有效促进了质量责任的分解和传递，通过年度质量综合考核，从院属单位质量管理体系运行、产品质量和质量管控等方面，对质量职责落实情况进行评价；建立了产品质量考核机制，设置了产品故障率、质量问题数、成功率等硬考核指标；建立了产品质量问题责任追究机制，制定下发了《二院产品质量责任追究实施细则》，实行质量责任追究终身责任制，在产品全寿命周期内，不受其现任岗位、从事行业、退休与否等限制，对应承担质量责任的有关人员实施质量责任追究，严格落实了质量责任制，强化了质量奖惩制度，确保了产品的全寿命周期质量。

20.5.8 精细化质量管理

为适应信息时代的特征和需求，航天二院强化产品实现过程的数据管控，实施精细化管理，凡有操作，必须有检验和记录；凡有测试，必须有判读和比对；凡有验证，必须与实际环境一致。凡有检验、判读、验证，必须有量化标准和标志性结果。检验、测试、验证过程记录全部表格化，保证试验过程记录准确、完整和可追溯；注重产品数据的采集、分析、挖掘工作，对取得的每一个数据都要求认真分析，不错过任何一个有差异的数据；凡是有量化要求的记录必须记录实际测试数据；加强数据的判读、比对工作，加强产品指标稳定性的分析和对异常数据、数据变化趋势的分析工作，对处于临界或有明显变化趋势的数据要进行原因和后果分析，必要时进行再验证。进一步强化了航天零缺陷系统工程的理念，强调了工作按标准、规范做，第一次就把工作做好的要求，以工作的高质量确保产品的高质量。

20.5.9　质量风险防范

航天二院全面推行隐患防范管理和技术“双五条”，开展风险分析和管控。严格执行质量隐患防范实施规范，按照“吃透技术、明晰状态、全面借鉴、充分验证、风险可控”的准则深入开展质量隐患技术防范，按照“严细管理、落实职责、照章办事、督查有效、保障到位”的准则深入开展质量隐患管理防范。通过可靠性、软件、元器件等技术设计专项评审、设计复查与质量复查、测试覆盖性与验证充分性分析、“一次成功”技术保障分析、成功数据包络分析及“安全发射、无误发射”等手段对型号系统的各层面、各过程进行系统梳理和审查，及时查找质量隐患；通过故障树分析法（FTA）、故障模式影响及危害性分析（FMECA）、建模和仿真等方法对质量隐患进行分析，采取针对性的措施和对策化解风险、消除隐患。“零缺陷系统工程管理”重在强化预防，在型号科研生产任务越来越重、型号产品技术越来越复杂、型号质量与可靠性要求越来越高的形势下，质量风险防范是完成型号科研生产任务、实现型号质量目标的必由之路。

20.5.10　“全系统全过程全特性”质量监督验收工作模式

航天二院以向国外用户交付高质量的军贸产品、持续增强用户满意为目标，组建了专职化、独立化、权威性的军贸质量监督验收队伍；构建了“全系统全过程全特性”的管理流程；明确了军贸型号立项论证、工程研制、生产、售后全寿命周期全过程软硬件的研制过程和质量监督验收点；制定了架构清晰、层次分明、可操作性强的规章制度体系；以项目管理为主线，质量监督验收管理为方法，以产品结构树（PBS）、工作分解结构（WBS）、组织分解结构（OBS）深度融合的信息化软件为平台，实现对军贸型号全系统、全过程、全特性的质量监督验收，实现规章制度落地、工作程序相对固化、工作方法有效查询、工作数据一次录入重复使用、工作结果自动统计、有效分析和利用。促进了承制单位质量管理体系的有效运行，进而提高了企业在国际市场的竞争力，提升了企业核心竞争力。

航天二院创造并践行的追求卓越一次成功“矩阵式”质量保证模式在航天型号/项目/产品中有效应用，效果显著。正确认识质量、准确理解质量、认真落实质量成为航天人的孜孜追求。“矩阵式”质量保证模式特别适用于不确定性大、高风险、高成功期望要求的产品质量保证。该质量保证模式在理念、思想、理论、模式、技术、方法和实践上丰富、充实了新时代质量管理的新内涵，对提升我国产品质量、建设质量强国、航天强国具有重大引领作用和应用价值。

第 21 章　一次成功技术保障分析与质量正向确认

21.1　一次成功技术保障分析

21.1.1　概述

飞行试验是型号研制的关键过程和重要环节，是在动态、综合、真实飞行条件下对系统进行的全面考核，可以检验系统方案、设计、工艺的正确性、协调性，考核评定系统的性能、精度、可靠性等战技指标。飞行试验所需的各方面投入大，而试验失败所带来的影响难以估量。因此，如何避免由于在地面和空中试验中问题暴露不充分造成飞行试验失败的情况发生，确保飞行试验成功，减少反复，缩短研制周期，是型号研制过程所面临的一个重大课题。

型号飞行试验“一次成功”技术保障分析工作是围绕“确保飞行试验成功”这个“顶事件”，总体及各分系统对型号系统的设计、生产、试验，直至发射、飞行的全过程中的每一个流程、每一个环节、每一个分系统、每一个产品中制约产品正常工作的影响因素及控制因素进行深入细致的分析，对分析中发现的薄弱环节采取有针对性的措施，并有重点地进行了试验验证，以确保飞行试验过程中，型号系统的每一个流程、每一个环节、每一个分系统、每一个产品都工作可靠，确保飞行试验一次成功。

飞行试验“一次成功”技术保障分析是确保飞行试验成功的一项重要工作，在实施过程中还必须配合进行“测试、试验真实性、覆盖性（真实性即天地一致性，指地面测试、试验的产品、试验环境、试验条件与飞行试验的一致性，覆盖性指地面测试、试验对飞行试验的产品、产品属性及飞行试验全过程的覆盖性）分析”等工作。实践证明，只有在保证产品设计和可靠性工作基础上，实施全员、全系统、全过程的质量保证，才有可能最终实现飞行试验的“一次成功”。

21.1.2　一次成功技术保障分析与故障树的异同

一次成功技术保障分析与故障树都是围绕“顶事件”，对导致“顶事件”发生的底事件进行逐层分解，最终找出导致顶事件发生的“底事件”。

故障树是以出现的问题作为“顶事件”，逐层、逐个地列出促使“顶事件”发生的因素，再用分析及必要的试验等方法找出造成问题的（最可能）原因，然后制定并采取有针对性的措施以避免问题的再度发生。

“一次成功”技术保障分析是以确保飞行试验“一次成功”为顶事件，对型号系统的设计、生产、试验，直至型号发射、飞行的全过程中的每一个流程、每一个环节、每一个分系统、每一个产品中制约产品正常工作的影响因素及控制因素都进行深入细致的分析，对分析中发现的薄弱环节采取有针对性的措施，并有重点地进行试验验证。与故障树相比，“一次成功”技术保障分析更具针对性、时效性：

1）故障树为事后处理，而“一次成功”技术保障分析为事前预防，确保与飞行试验相关的所有产品、环节工作可靠，对存在的薄弱环节提前采取针对性的措施。

2）故障树中的诱发因素具有偶发性、不可控，事发之前具有盲目性；而“一次成功”保障分析中的控制因素可以实施过程控制，可以采取针对性的保证措施或进行验证试验。

3）故障树分析只是在问题已经出现、造成进度推迟、造成经济损失后，被动地分析问题、解决问题；“一次成功”保障分析工作虽然需要花费一定的人力及时间，开展大量的分析工作，但通过主动分析及有计划、有目的地采取预防性措施，可以大大地降低问题的发生率，可以避免由于出现问题而造成的工作的反复、进度推迟，能有效地促进研制工作的顺利开展，其效益难以估量。

21.1.3　总体思路及相关术语

（1）总体思路

“一次成功”技术保障分析是围绕确保飞行试验成功这个“目标”，从型号发射、飞行工作流程入手，对飞行产品及地面的每一个分系统、设备及软件进行逐项分析，找出并针对影响飞行试验成败的关键环节，分析产品的设计、生产、工艺、单机试验、产品总装测试、地面试验、技术阵地、发射阵地准备全过程中的每一个环节、每一个工作过程，找出制约产品正常工作的影响因素及控制因素。同时，重点审查技术文件、管理文件中规定的工作项目、工作内容是否都已经做了，做得是否到位，并明确责任单位及责任人。对分析中发现的薄弱环节有重点地进行试验验证，从而确保每一个控制因素能够获得有效控制，在技术上、管理上确保飞行试验“一次成功”。

“一次成功”技术保障分析在工作流程上，从产品进入发射流程开始，直到完成试验任务的全过程的工作项目，进行分析的产品包括型号系统参与发射、飞行全过程的所有系统、分系统、设备及软件。在分析过程中，可以采用表格形式进行描述，简单、直观、明了（飞行阶段用 Fx 表示，发射阶段用 Fs 表示）。

（2）相关术语

①关键环节

关键环节是指型号系统在发射、飞行全过程中所有影响飞行试验成败的工作项目。如发射过程中的向产品供电、惯导对准、射前检查等，飞行过程中的助推器点火、弹翼/尾翼展开、发动机起动、引信解除第三级保险等指令、动作。

②影响因素

影响因素是指影响每一个分系统、设备正常工作的相关因素。如“尾翼展开锁定正常”关键环节，可分解为“压紧开关信号正常发出”、电气控制装置收到压紧开关松开信号后正确发出“尾翼展开指令”、尾翼烟火作动筒工作正常、尾翼舵面叉耳加工精度满足指标要求、舵机轴槽口加工精度满足指标要求、尾翼舵面叉耳机械零位满足指标要求、舵机轴零位满足要求、尾翼展开、锁定机构组件正常、相关设备间的电缆完好、电连接器连接可靠等影响因素。

③控制因素

控制因素是指确保每一个关键环节正常、可靠的相关影响因素的再进一步分解。如上述某型号尾翼展开锁定正常关键环节，分解的影响因素中的舵机轴零位满足要求又进一步分解为舵机反馈电位器工作正常、舵机放大器对舵机反馈电位器供电正常、舵机放大器调零电位器与调零电路工作正常三个控制因素。

④过程保证

过程保证是指针对每一个控制因素从设计、生产、单机试验、地面试验、总装测试、技术阵地准备测试直至发射前的全过程进行保障分析，分析每一个控制因素在形成的全过程中，直到型号发射前是否都一直处于正常状态，确保进入发射流程和发射后直到飞行终止都正常、可靠工作。

⑤薄弱环节与措施

薄弱环节是指关键环节分解的控制因素中，在进入某一流程后无法检测，以至型号飞行终止仍不能保证其正常、可靠工作的控制因素。针对确定的薄弱环节，进行具体分析，结合实际情况，采取相应措施，确保其在发射、飞行过程中正常、可靠工作。对于暂时无法采取措施的薄弱环节，要对其进行风险分析，并提出相关预案。

21.1.4　程序及分析报告

对进行飞行试验的每一状态产品，完成阶段工作后，即可进行确保飞行试验“一次成功”技术保障分析工作。对产品技术状态基本相同，而不同批次的飞行试验，可仅对技术状态更改的部分进行相关保障分析。

（1）程序

1）型号总体按型号发射、飞行两个阶段进行过程分解，按其流程分别提出确保飞行试验“一次成功”的关键环节。

2）型号总体对每个环节进行分析，找出其相关设备、成件级影响因素，提出分析要求，统一制定分析用表格，明确责任单位。

3）相关设备、产品承制单位对每个影响因素进行分解，找出其控制因素，并明确具体责任单位、责任人。

4）相关设备、产品承制单位对每个控制因素从设计、生产、试验、总装测试、全系统试验、技术阵地准备、发射准备的发射前的全过程进行相关影响因素的技术保障分析；完成“一次成功”技术保障分析后，技术状态发生变化的产品，要对其更改部分进行补充分析。

5）通过分析控制因素，找出不能得到充分保证的薄弱环节，提出验证试验方案、解决措施，对于暂时无法采取措施的薄弱环节，须进行风险分析，提出相关预案。

6）编写相关分析报告，指出存在的薄弱环节，提出有针对性的预防措施，并落实到位。

（2）分析报告

型号总体单位：《确保飞行试验“一次成功”技术保障分析要求》《确保飞行试验“一次成功”技术保障分析（发射阶段）》《确保飞行试验“一次成功”技术保障分析（飞行阶段）》；各分系统设备、产品责任单位：《确保飞行试验“一次成功”技术保障分析（设备、产品）》。

最后，型号总体单位根据总体与各系统设备、产品所做的分析工作，提出《××－××型号确保飞行试验“一次成功”技术保障分析工作总结》。

21.1.5 管理要求

“一次成功”技术保障分析工作应制定专项工作计划，明确各分析项目的责任单位及责任人，逐一落实。在完成系统总体技术方案、技术设计等阶段性工作，完成阶段FMEA后，参加飞行试验产品的试样设计图纸下厂前，启动“一次成功”技术保障分析工作。

首先，总体完成关键环节和影响因素的分解后，上报总师系统并组织进行讨论和审查，必要时组织评审；然后提出“一次成功”技术保障分析要求及工作计划，并下发各分系统单位；各分系统单位完成控制因素分解后，报上一级设计师系统把关、审查，并明确各控制因素的责任人和单位。

控制因素的保障要随着研制工作的进展而不断完善和补充，保障措施必须落实到位。如设计保障中的元器件选用、热防护设计、软件评测等；生产保障中的元器件筛选、复验、工艺落实、产品检验等；试验验证的真实性、覆盖性分析、试验总结等，以及其他过程中的各项保障措施。在产品生产完成后，可适时对关键产品组织产品质量复查。产品交付验收时，其承制单位要完成产品的“一次成功”技术保障分析，并作为产品出厂评审的备查材料。总体在此基础上，在完成系统性试验后，对各控制因素进行进一步分析及汇总，在飞行试验前完成全武器系统的保障分析总结，从而对整个系统产品质量做到心中有数。完成“一次成功”技术保障分析后，技术状态发生变化的产品，要对其更改部分进行补充分析。

21.2 质量正向确认

21.2.1 定义

质量正向确认是指随型号研制过程同步开展的，通过提供客观证据，证实规定要求已得到满足所进行的系统的、有计划的认定活动。

21.2.2　职责

（1）型号产品承制单位职责

1）负责制定本单位型号质量正向确认实施细则或细化要求；

2）组织相关部门实施质量正向确认的归口管理工作；

3）为质量正向确认的实施提供指导；

4）监督检查质量正向确认的实施情况；

5）跟踪质量正向确认发现的问题的协调、解决情况。

（2）型号行政指挥系统职责

1）负责组织确定本型号的质量正向确认要求和内容，纳入型号研制计划，按要求组织实施和监督具体工作，并提供必要的资源保障条件；

2）审定质量正向确认结果，并对其完整性、正确性负责；

3）组织指导和审查外协单位的质量正向确认工作；

4）组织协调、解决质量正向确认发现的问题。

（3）型号设计师系统职责

1）开展本型号质量正向确认工作，审定技术质量正向确认结果，并对其完整性、正确性负责；

2）负责处理型号质量正向确认过程中的技术问题；

3）指导和审查外协单位的质量正向确认工作；

4）整理、反馈质量正向确认发现的问题。

21.2.3　一般要求

1）质量正向确认工作贯彻源头抓起、分阶段进行、全过程控制的原则，与科研生产正常程序结合实施，保留证据，形成记录。

2）根据型号研制过程，各级产品质量正向确认工作均按设计过程、工艺过程、生产过程、试验过程、产品交付过程等五部分内容，随型号研制同步进行，并在关键环节进行控制。关键控制点一般选择为：文件发出（图纸下厂）前、产品生产前、单机产品出厂交付前（含交付系统试验和总装）、系统试验前、型号产品出厂前、飞行试验（含靶场合练）进场前等。

3）质量正向确认工作应在型号研制中系统策划，纳入型号计划组织实施，保障资源，视需要可安排专题质量确认。专题质量确认应编制专题计划，并提出具体要求。

4）质量正向确认工作以承担型号设计、生产、试验任务单位的自查为主，相关单位应互相配合。

5）质量正向确认应全面、系统，核对实物及相关质量记录，查看原始凭证及实测数据，必要时，应补做检测或试验。每次确认均应做好详细、准确记录。

6）设计、生产和试验单位分别对各自确认的结果负责，设计单位对所设计产品的质量正向确认结论负责。

7）质量正向确认发现的问题，责任单位应分析、解决，并按要求及时上报。

8）质量正向确认后若发现问题，或其他型号的问题在本型号举一反三时，应及时对相关部分进行再确认。

9）质量正向确认后，有关的文件资料等均应整理归档。

10）任务提出方应对外协单位的质量正向确认工作进行审定和把关；设计单位应对生产单位的质量正向确认工作进行审定和把关；总体单位应对分系统单位的质量正向确认工作进行审定和把关。

21.2.4　工作内容

（1）设计过程质量正向确认的内容

设计过程质量正向确认应随系统（或产品）设计工作同步进行，并在关键环节实施控制，一般应在产品设计评审或投产前完成。设计过程质量正向确认一般包括以下内容：

1）产品设计输入文件的完整性、有效性，产品设计输出文件的完整性、符合相关标准情况，产品设计功能和技术指标满足设计输入要求情况；

2）借用产品与本型号有关环境、要求的适应性情况；

3）新技术验证情况，关键技术解决情况；

4）产品与其他产品（系统）间的机械接口、电气接口、软件接口、计算接口设计的协调性；

5）可靠性、维修性、保障性、安全性、测试性、环境适应性等“六性”设计情况，“六性”工作项目、FME（C）A 等情况；

6）“三化”设计及标准执行情况；

7）元器件、原材料、外购外协件选用符合要求情况；

8）复核复算情况，复核复算遗留问题、待办事项落实情况；

9）试验策划情况，试验方案、试验项目审查情况；

10）测试覆盖性设计和分析情况；

11）特性分类分析情况，关键件和重要件清单的编制和审查情况；关键特性、重要特性在设计文件中的落实情况；

12）技术状态控制情况；

13）前一研制阶段设计评审遗留问题的解决和落实情况；

14）技术质量问题归零及举一反三情况；

15）软件工程化研制情况；

16）其他需要质量正向确认的内容。

（2）工艺过程质量正向确认的内容

工艺过程质量正向确认应随系统（或产品）设计图纸的工艺会签、工艺设计工作同步进行，一般应在产品生产前完成。工艺过程质量正向确认一般包括以下内容：

1）工艺设计输入文件的完整性、会签情况；工艺输出文件的完整性，与设计要求及有关规定的符合性，评审情况；

2）新工艺应用情况，关键工艺评审和工艺攻关成果的鉴定情况；

3）工艺评审遗留问题的处理情况；

4）关键工序设置情况，覆盖关键特性、重要特性情况；

5）《航天产品禁（限）用工艺目录》和《国家淘汰工艺、工艺设备及产品目录》执行情况，采用限用工艺的质量保证措施；

6）特种工艺（特殊过程）质量控制情况；

7）检验点设置的合理性，不可检测部位（或项目）工艺保证措施；

8）工艺技术状态更改控制情况；

9）其他需要质量正向确认的内容。

（3）生产过程质量正向确认的内容

生产过程质量正向确认应随系统（或产品）生产过程同步进行，一般应在产品出厂质量评审前完成。生产过程质量正向确认一般包括以下内容：

1）产品出厂验收情况，质量满足设计要求情况；产品证明书、产品质量履历书填写、签署正确性；

2）元器件、原材料、外购外协件采购及使用等情况；元器件、原材料、标准件代料情况；配套产品验收情况，验收遗留问题落实情况；

3）关键工序、特殊过程控制符合要求的情况；

4）电子产品装联工艺、三防（防潮、防盐雾、防霉菌）措施和固封措施情况；

5）多余物控制情况；

6）测试覆盖性及测试数据比对情况；

7）Ⅰ、Ⅱ级焊缝质量档案建立及焊缝质量情况；

8）产品配套软件的工程化实施情况；

9）产品环境应力筛选、例行试验等实施情况及遗留问题解决情况；

10）技术通知单、更改单和其他临时文件内容在产品上的落实情况；

11）不合格品审理及措施落实情况；

12）质量问题归零及其他型号质量问题在本型号举一反三情况；

13）生产、检测、试验用设备、仪器、量具贮存期、检定期符合规定情况；

14）其他需要质量正向确认的内容。

（4）试验过程质量正向确认的内容

试验过程分为系统试验和飞行试验。系统试验过程包括各分系统综合试验、半实物仿真、系统大型地面试验等。飞行试验一般指型号研制过程中的方案飞行试验、定型飞行试验等。

①系统试验过程质量正向确认的内容

系统试验过程质量正向确认分两阶段进行，分别为试验前质量正向确认和试验后质量正向确认。

1）试验前质量正向确认内容：

a）试验大纲等试验依据文件完整性、有效性；

b）参试产品状态、试验方法等与试验大纲及有关要求的一致性；

c）检测项目满足试验大纲的要求情况；

d）其他需要质量正向确认的内容。

2）试验后质量正向确认内容：

a）试验数据与以前试验数据和设计指标比对情况；

b）异常现象的数据分析处理情况；

c）试验结果分析及报告编写情况，其中单机可靠性试验要确认试验条件与总体要求的符合性；

d）试验结果满足试验大纲、试验方案要求情况；

e）试验记录可追溯性；

f）其他需要质量正向确认的内容。

②飞行试验过程质量正向确认的内容

飞行系统试验过程质量正向确认，根据任务要求、型号通用放行准则要求、总承制单位飞行试验质量控制程序，结合本指南确定质量正向确认的内容和具体要求。

第 22 章　型号产品质量与可靠性数据包

22.1　概述

质量与可靠性数据包（以下简称“数据包”）是指型号产品在设计、生产、试验等过程形成的包括质量与可靠性有关的要求，及其实现过程和实现结果客观记录等的集合，为评价产品质量与可靠性特性提供客观证据，用于产品交付验收、质量复查、质量确认、质量问题归零、质量改进等质量工作。

22.2　管理职责

（1）质量管理部门职责

质量管理部门是质量与可靠性数据包管理的归口部门，负责型号质量与可靠性数据包推广应用过程中的组织、协调和指导，具体职责包括：

a）负责数据包实施规范及相关规定的制定；

b）负责识别确定开展数据包应用的型号产品范围，制定型号质量与可靠性数据包实施计划，报型号两总审定；

c）负责组织数据包实施，对所属各单位的实施情况进行监督、检查。

（2）科研生产部门职责

科研生产部门负责将型号产品质量与可靠性数据包的实施工作纳入研制生产计划，推进数据包的实施。

（3）产品承制单位职责

产品承制各单位是质量与可靠性数据包应用的责任主体，负责各型号数据包在本单位的推广应用工作，具体职责包括：

a）负责贯彻数据包实施规范及相关规定，制定本单位数据包管理的实施细则；

b）型号设计师、工艺师负责识别确定型号产品性能、工艺、检验和试验数据要求，以及照片、视频记录要求，并在设计、工艺文件中明确，经型号指挥审查、批准；

c）负责数据包信息的采集、整理、归档工作，对数据包信息的完整性负责；

d）负责将数据包实施规范及相关规定传递给外协单位，组织外协单位落实数据包实施要求，对实施情况进行监督、检查。

22.3　数据包内容

依据型号阶段，数据包分为研制型号产品数据包和批生产型号产品数据包。

（1）研制型号产品数据包

研制型号产品数据包内容主要包括：

1）产品的设计文件、工艺文件、调试测试和检验文件、试验和验证文件；

2）产品保证文件、质量改进和综合管理文件；

3）产品设计、生产、试验全过程实施质量控制（含关键控制点、检验点）的记录；

4）发生质量问题和质量改进情况；产品技术状态偏离、变更的相关记录；

5）产品交付后提供使用、装配的相关文件和资料。

（2）批生产型号产品数据包

批生产型号产品数据包内容主要包括：

1）产品规范（技术条件）、工艺文件和检验文件；

2）产品生产、试验全过程质量记录（含关键控制点、检验点记录和相关试验报告；生产过程出现的转扩点、代料、让步接收、不合格品审理等相关记录）；

3）发生质量问题和质量改进情况；产品技术状态偏离、变更的相关记录；

4）质量证明文件（产品履历书）。

22.4　数据包交付

数据包依据型号产品层次与组成，以有产品代号的组合产品为基本单元，每个实物产品对应交付一套产品数据包，包括产品概况、数据包文档清单、交付清单类统计表、交付文件类统计表、交付清单分册和交付文件分册。

22.5　数据包内容要求

1）数据包内容为记录类的应按照本单位制定的格式要求填写完整，文字精练准确，对于关键（重要）工序、新工艺、新材料、新设备、新环境等环节应形成质量记录，对有量值要求的要填写实测数据。

对于关键（强制）检验点、关键（重要）过程和不能检测、不能通过复查确认、有多余物控制要求、甲方提出需提供影像资料的产品，都应保留照片或视频记录，要能够真实、完整、清楚地反映产品实际状况，具体拍摄时机、位置、分辨率等要求应与甲方沟通并在工艺文件中明确。照片应包括产品全局照片和各组合（组件）及模块照片，至少包括点胶（固化）前和点胶（固化）后两个阶段的内容。

2）数据包内容为清单类的应按照规定的模板填写完整，信息清晰准确。数据包内容为文件类的格式应符合 QJ 1714、QJ 1167、QJ 903 等有关规章规范和标准要求，描述内容应翔实清楚。

3）数据包文档清单中的每一项内容，应填写完整、准确，具有可追溯性，对于不涉及、不包含的项目以“/”标识。因特殊要求需要采集的信息超出文档清单范围的，各单位应组织审查确认。

4）数据包验收前，各单位应检查确认，对不符合要求的应进行整改。产品在交付前，按甲方要求提交数据包验收，数据包验收合格后随产品交付。产品在交付后的归零和返修过程中形成的质量与可靠性信息，应将其补充到产品数据包中。

5）产品交付后，交付和接收数据包的单位均应按型号产品文档的存档管理要求将数据包归档备查。

6）各单位应将数据包实施工作纳入型号科研生产工作计划。

第23章　质量交集分析

23.1　定义

质量交集是数学中的正交代数原理、统计学中的权数理论、可靠性领域中的风险分析技术等基础理论和方法有机统一应用的一种产品质量可靠性程度的评估分析方法，针对当前航天产品中的薄弱环节，选择“质量有前科”“技术状态有变化”“测试覆盖不到”“单点失效模式”等4个质量交集项目，开展质量风险分析、可靠性分析及质量专项工作。经过航天系统多年的实践，质量交集分析广泛应用于型号产品的可靠性程度、风险程度的评估，用以指导型号规避风险，提高质量。

（1）质量有前科

质量交集分析对象（某一产品）曾出现过质量问题，并在质量交集分析组织单位（院、所、厂）留有记录。

（2）技术状态有变化

质量交集分析对象（某一产品）与上次交集分析或技术状态确认（如方案评审、状态基线等）存在技术状态差异。

（3）测试覆盖不到

按质量交集分析对象技术文件所规定测试项目不能够覆盖，且在后续的各类型号系统等上一级别所进行的测试、联调等不能覆盖和直接测试的指标项目。

（4）单点失效模式

质量交集分析对象存在没有冗余或无法替代的失效模式。

23.2　职责

（1）承制单位职责

承制单位质量管理部门为质量交集分析工作的组织落实单位，主要职责有：

1）组织实施质量交集分析工作；

2）指导质量交集分析工作；

3）检查监督质量交集分析工作过程的文件完整性和准确性；

4）确定开展质量交集分析的产品项目清单，并纳入型号研制工作计划和年度工作计划。

（2）型号两总职责

型号两总是质量交集分析的直接责任人，主要职责有：

1）在型号中严格执行质量交集分析的方法；

2）根据不同的质量交集分析等级，组织落实质量复查等产品质量工作；

3）及时处理质量交集分析以及后继分析和复查发现的质量问题。

23.3　质量交集分析的实施

（1）质量交集的适用范围

质量交集方法一般适用于具有独立功能的整机级产品，分系统级、组合级产品可参照执行，一般不在系统级及零部件级范围内实施。

（2）质量交集实施点的选择

质量交集一般结合产品质量复查工作进行，必要时也可在产品投产前、进场前、联调前、飞试前、归零中等时间点，结合方案评审、设计评审、归零评审、飞试评审进行。

（3）交集项目清理

根据产品特点和产品质量记录，参考质量复查项目表的形式，由产品的设计人员填写交集项目清单，经产品所在单位技术领导（或所在单位型号负责人）确认项目的准确性和完整性，并经所在单位质量部门会签，形成质量交集分析项目清单。

（4）进行质量交集的计算和产品质量交集等级的确认

质量交集的权项，依据航天系统多年来积累的经验，以及对近 10 年来型号试验和使用中发现的主要质量问题类型分类，目前为“质量有前科”“技术状态有变化”“测试覆盖不到”“单点失效模式”等 4 个质量交集项，交集项权重值为 1；各级各单位可根据本单位实际情况和型号产品特点进一步补充、增加、丰富交集项目，并设定权重值。

根据质量交集确认单完成质量交集的计算，分别得到质量交集系数为 4、3、2、1 的产品。

（5）开展质量风险分析

根据质量交集系数的高低程度，结合产品的关键、重要程度，以及不同特点，运用 FMECA 等可靠性工具，重点就质量交集项之间的关联程度、项目的风险水平、相互作用机理等进行分析，形成必要的分析总结报告。

对于质量交集系数为 4 或 3 的产品，应在质量活动分析总结报告（如质量复查报告）中以独立章节的形式进行分析总结，关键重要产品必要时可独立编制专门的质量交集分析总结报告。

（6）质量交集分析结果的确认

质量交集分析结果应采取书面审查签署或会议审查的形式进行确认。

书面审查签署形式一般适用于质量交集分析系数为 2 或 1 的产品，签署形式依据 QJ 1714 航天产品技术文件管理要求进行，产品所在单位质量部门必须会签。

会议审查形式一般适用于质量交集分析系数为 4 或 3 的产品，其中质量交集系数为 3 的产品，审查组中院级相应专家不得少于 1/4；质量交集系数为 4 的产品，审查组中集团级相应专家不得少于 1/4。

（7）质量交集分析结果落实情况的跟踪与检查

各级质量管理部门应对质量分析结果落实情况开展跟踪和检查，并根据本单位质量体系程序文件要求，对跟踪与检查情况进行记录。

上级质量管理部门应对所属各单位（部门）质量交集分析工作落实情况进行抽查和专项检查。

第24章　型号风险控制

24.1　定义

（1）风险（Risk）

风险指对在规定的技术、进度和费用等的约束条件下不能实现项目目标的可能性的一种度量。风险亦指影响目标实现的不确定性因素。风险包括两个方面：1）不能实现目标的概率；2）因不能实现目标所导致的后果。

（2）风险管理（Risk management）

风险管理指应对风险的活动或做法。它包括确定应对风险的策略和方法、评估风险区、拟定风险应对备选方案、监控风险变化情况和记录所有风险管理情况。

（3）风险评估（Risk assessment）

风险评估指对项目风险进行辨识和分析的过程，其目的是促进项目更有把握地实现其性能、进度和费用等目标。风险辨识指对项目各个方面和各个关键性技术过程进行考察研究，从而识别并记录有关风险的过程。风险分析指对识别出的风险区或风险技术过程进行考察研究以进一步细化风险描述，找出风险致因并确定风险影响程度。

（4）风险应对（Risk handling）

风险应对指对风险实施应对方案的过程。目的是在给定项目约束条件和目标下使风险保持在可接受水平上。

（5）风险监控（Risk monitoring）

风险监控指按既定的衡量标准对风险应对活动进行系统跟踪和评价的过程，必要时还包括进一步提出风险应对备选方案。

24.2　职责

（1）型号两总职责

型号两总负责领导型号研制过程风险识别、分析、评估、应对和监控工作。

（2）科研生产部门职责

科研生产部门负责型号风险综合管理。负责将型号研制过程的风险识别、分析、评估、处理和监控等工作安排纳入型号科研生产计划，并组织实施。

（3）质量管理部门职责

质量管理部门负责型号质量风险综合管理。

(4) 设计师、工艺师系统职责

设计师系统负责对型号研制过程中各阶段可能产生的技术风险进行识别（通常包括：识别风险源、将不确定因素转化为风险、量化风险、确定概率、确定风险项目的优先次序等)、分析、评估，并采取相应措施。负责做好记录，编写风险的分析、评估、处理方案以及控制结果的文件。工艺师系统负责对工艺风险进行识别、分析、评估、应对和监控(包括向设计师系统提出修改完善设计的建议)。

24.3　管理内容和要求

(1) 风险分析与评估的依据和总要求

1) GJB 9001A《质量管理体系要求》明确提出，组织对复杂产品实现的各阶段都应进行风险分析和评估，适时形成各阶段风险分析文件，并按要求提供给顾客。

2) 根据与顾客签订的项目合同或上级下达的项目指令。

3) 在型号产品研制和批生产阶段，从产品要求的确定、设计和开发、采购到生产和服务提供，对有关技术、进度及经费的风险进行分析、评估，适时形成各阶段分析文件并按要求提供给顾客。

(2) 风险分析与评估的主要内容

一般应在以下方面开展风险分析、评估：

1) 按型号研制阶段，对设计开发过程的关键技术进行风险分析、评估；

2) 对型号大型飞行试验、重要地面试验过程的关键技术进行风险分析、评估；

3) 对型号试制、批生产过程的关键技术进行风险分析、评估；

4) 对其他环节进行风险分析、评估。

(3) 风险分析与评估的基本要求

通过风险分析与评估的三个步骤：风险辨识、风险分析及风险排序，抓住最薄弱的环节，对其中最关键的风险进行处理，选择并实施应对方案，以避免风险或控制降低风险使其达到可接受的程度。

①风险辨识要求

风险辨识的任务是找出风险事件。要对整个型号系统的各方面、各过程的事件进行考察和辨识。按型号的研制过程、产品层次划分，依据产品每项要求包括使用的条件和性能指标、关键参数，逐个考察各产品的单元和各过程的单元，确定关键的风险区和可能出现问题的事件，确定出可能对系统、分系统或组成部分产生不利影响的事件。产品实现过程的关键风险区及单元示例见附录 24－1。

②风险分析要求及基本方法

通过对型号各研制阶段设计、试验、生产等过程辨识出来的各重大风险进一步分析，找出风险的致因，判定可能出现的情况及关键过程对最佳惯例（或预期的目标）偏离的程度，确定每个风险事件发生的概率和后果，从而评定风险的大小。常用的风险分析的方法如下：

1）故障树分析法（FTA）；

2）故障模式影响及危害性分析（FMECA）；

3）建模和仿真；

4）可靠性预计；

5）专家的技术评估（可结合评审进行）。

③风险排序要求

利用风险分析方法及风险矩阵等方法对风险大小或等级高低顺序排队以进行风险排序，风险矩阵法见附录 24－2。

（4）风险分析与评估实施要求

①开展风险分析与评估的策划

型号总体部根据型号研制特点及顾客需求，在型号方案阶段进行全面策划，形成风险分析、评估策划文件（如：型号研制阶段风险分析设想）；各研制阶段初期，根据各阶段研制特点，提出各研制阶段风险分析、评估的具体要求，并形成专项报告（亦可在设计报告中叙述）。

各分系统研制单位应根据总体要求，对主管产品进行风险分析、评估策划。在确定产品设计输入时，应明确分系统风险分析与评估要求，必要时通过技术任务书等形式传递至外协单位。

②设计开发过程的关键技术风险分析、评估

1）型号产品实现的设计和开发过程是风险控制的关键过程，应按相关规定确定风险及顾客要求，根据设计和开发过程的风险源（或风险区）识别风险事件，结合不同研制阶段的特点分析并找出其致因，确定其与其他风险的关系并用发生概率和后果表征其影响；确定并评价风险处理方法，实施风险控制措施，消除或减小其对型号（项目）产品的影响。

2）型号产品设计、开发过程风险分析与评估通常应根据型号特点及不同阶段的特殊要求，开展下列工作：

a）型号系统风险分析；

b）可靠性预计；

c）故障模式影响及危害性分析（FMECA）；

d）故障树分析（FTA）；

e）杀伤概率计算；

f）引战配合效能计算、仿真；

g）型号系统作战过程仿真；

h）安全性分析；

i）控制系统仿真；

j）制导精度仿真；

k）力学分析、试验；

l）软件在参加飞行试验任务和型号转阶段前必须通过验证和确认测试，并按 QJ 2236A 的要求对软件按其失效可能产生的风险及危险的严重性实施分级、分类管理；

m）元器件选用、采购风险分析。

3）设计开发过程风险分析、评估文件编制要求。

型号设计开发过程风险分析、评估一般要求完成相关风险分析工作，并按产品完成各研制阶段风险分析文件的编制工作。风险分析报告应能描述风险源识别的正确性、风险应对方法的合理性、风险控制措施及实施要求。各级产品风险分析与评估报告，应作为转阶段设计评审的输入之一。

4）设计开发过程的风险决策。

设计开发过程的风险决策，一般采取下列形式：

a）各研制阶段的设计评审；

b）试验前对关键技术组织专家进行的设计复合、复算；

c）试验前评审；

d）两总决策。

③对型号大型飞行试验、重要地面试验过程的关键技术进行风险分析、评估

通常应根据型号各项大型飞行试验、重要地面试验特点及不同阶段的特殊要求，开展下列工作：

1）试验准备前状态检查，按照《大型试验质量控制》的规定执行；

2）试验大纲专家评审；

3）试验故障预案、危害性分析；

4）试验安全性分析；

5）试验过程转场评审。

④对型号试制、批生产过程的关键工艺技术进行风险分析、评估

对型号试制、批生产过程的关键工艺技术进行风险分析一般采取下列措施：

1）试制前工艺评审，对设计工艺性做出评价，对工艺总方案进行评审；

2）试制前准备状态检查；

3）工艺定型阶段对试制、批生产过程的关键工艺技术进行风险分析；

4）对采购产品的可用性进行分析（含合格供方评价、元器件及原材料选用目录确定等），对采购产品实施质量控制。

⑤对型号研制进度、经费等环节风险进行分析、评估

型号研制初期根据与顾客签订的型号研制合同，从型号研制的进度和对经费的需求等方面分析，形成型号研制风险分析报告。随着研制工作的推进，必要时开展各研制阶段风险分析报告。

（5）风险分析与评估管理要求

科研生产部门将型号研制过程的风险识别、分析、评估、处理和监控等工作，纳入年度科研生产计划，并组织实施。

1）各研制单位按设计策划及科研生产计划要求落实各阶段风险分析与评估工作，掌握风险分析活动的连续评估过程。当型号按研制程序转阶段时要进行技术风险分析，以决策能否转阶段。按规定的要求形成风险分析、评估相应技术文件（亦可在设计报告中叙述），作为各型号研制转阶段设计评审的输入文件之一。

2）科研生产部门负责组织完成型号风险识别、分析、评估、处理和监控等工作。质量管理部门负责型号研制生产质量风险综合管理。教育培训部门负责组织对设计师、工艺师、管理者进行风险管理培训。

3）按合同要求，将型号相关风险分析、评估文件提交顾客代表。

附录 24－1 产品实现过程的关键风险区及单元示例

风险区	包含的单元示例	
设计开发	设计/技术途径 使用环境 外部/内部接口 系统/分系统关键设计要求 人力/培训和技能	综合要求 人机接口 设计增长能力 设计成熟性 安全/健康危害
试验	综合试验 合格鉴定测试 分系统试验限制	试验环境加速 保障性试验结果
生产制造	设计的生产性 制造能力要求 零件/组件可用性	专用工装/试验设备规划 过程/工装验证 生产设备可用性
维修保障	使用和维修方案 系统诊断要求 维修性要求 供应保障要求	保障设备要求 维修接口 训练设备设计 机内测试要求
费用/资金	费用目标的可行性 费用–性能的权衡	投资进程的及时性
进度	项目进度安排的合理性	研制阶段并行

附录 24－2 风险矩阵法

风险矩阵法是对风险大小或等级高低顺序进行排队的方法。

矩阵的纵坐标表示风险事件的发生概率，横坐标表示风险事件发生的后果。各风险事件依据其发生概率和后果都可以在矩阵中找到一个相应的位置点，该点在对角线上的投影点距离原点 O 越远，风险程度越高。事件 B 的投影 OB_1 比事件 A 的投影 OA_1 长，所以事件 B 的风险大，如图 24－1 所示。

风险排序后，按风险大小/需进行风险处理的优先次序列出风险事件。进一步的工作是按关键风险区和过程划分风险的类别，对每个关键风险过程的风险事件分别进行汇总，按一定的准则进行评定，确定该区或该过程整个汇总风险的等级，例如，设计过程的汇总风险等级最高。再将该区或该过程的风险按 P_f 和 C_f 等级列入汇总风险单中，并提出相应的对策，见表 24－1。

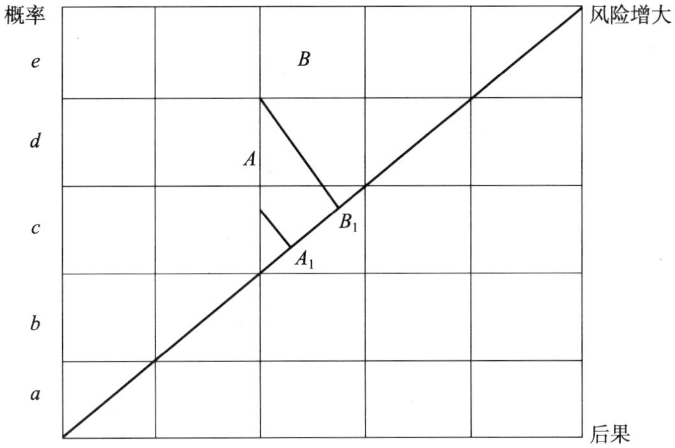

图 24-1　事件 A 和事件 B 的风险大小比较

表 24-1　风险状态

项目××风险状况	
风险区状况：设计	P_f：高　C_f：高
重大设计风险：	
1. 风险名称：飞机重量	P_f：高　C_f：高
问题：超出飞机预计重量 10%，损失航程载荷 4%；	
对策：制定风险处理计划，用户复查其要求。	
2. 风险名称：	
……	
风险区状况：生产制造	P_f：高　C_f：高
重大生产制造风险：	
1. 风险名称：	
……	
风险区状况：	
……	
风险区状况：维修保障	P_f：高　C_f：高
主要维修保障风险：无	

顶事件的失效概率（P_f）：在掌握了“底事件”的发生概率的情况下，就可以通过逻辑关系最终得到“顶事件”（即所分析的重大风险事件）的概率，又称为“失效概率”。

失效后果（C_f）：表示风险事件一旦发生造成的后果。

第 5 篇　质量基础技术与质量工具

第 25 章　统计过程控制（SPC）

最早将统计方法应用在质量领域的是美国人沃尔特·休哈特（Walter A. Shewhart）博士，休哈特是现代质量管理的奠基者，统计质量控制之父，历史上最早充实质量专业研究和实践的先行者，是建立质量专业科学理论基础的奠基人，质量运动的先驱者。休哈特在从事产品控制的研究中观察到，自然界以及工业产品中的所有事物都会发生变异；休哈特宣称“变异”存在于生产过程的每个方面，但是可以通过使用简单的统计工具如抽样和概率分析来了解变异。1924 年 5 月 26 日，当时在美国西方电气公司从事产品控制研究的休哈特在他撰写的一份备忘录中向他的上级建议使用“控制图”（Control Chart）来控制过程变异（监测电话设备生产中出现的变异）的建议，以提高制造的可靠性。1924 年 5 月，休哈特提出世界上第一张控制图，他认为，产品质量不是检验出来的，而是生产出来的，质量的控制重点应放在制造阶段，从而将质量管理从事后把关提前到事前控制；质量兼有主观性的一面（顾客所期望的产品属性）和客观性的一面（独立于顾客期望的产品属性）；质量的一个重要度量指标是花钱获得的价值；质量必须由可测量的量化特性来反映，必须把潜在顾客的需求转化为特定产品和服务的可度量的特性，以满足市场需求；纯科学和应用科学都越来越将对精确性和精密性的要求推向极致。但是，应用科学，尤其是应用于可交换部件的大规模生产中的应用科学，在涉及特定的精确性和精密性的问题上，其确切性比纯科学有过之而无不及。

1931 年，休哈特撰著了《制成品质量的经济控制》（*Economic Control of Quality of Manufactured Product*）一书，该书被公认为质量基本原理的起源，对世界质量管理做出重大贡献，休哈特因此被称为统计过程控制（SPC）之父。1939 年，休哈特撰著《质量控制的统计方法》（*Statistical Method from the Viewpoint of Quality Control*）一书，被认为是其顶峰之作，在统计学界获得公认，休哈特在书中创造性地提出一个问题：“统计界直至整个科学界能从质量领域的经验中学习什么？”由此把研究成果推向统计学界，甚至整个科学界。

控制图的理论基础是中心极限定理。休哈特指出变异存在两类致因，一类原因是偶然性因素、随机因素或共同原因，来自系统内部，是一个稳定的系统本身所固有的，是引起变异的自然性因素。偶然性因素引起的变异具有可预见性，处于受控状态或统计控制状态，应采取持续改进的做法以减小变异的变化幅度；另一类原因是特殊原因或必然性因素，来自系统外部，不是系统本身的固有部分，必然性因素导致非正常变异，扰乱偶然性因素的随机方式，是引起变异的非自然性因素。特殊原因引起的变异不具有可预见性，处于非受控状态或非统计控制状态，应加以避免或消除。休哈特认为，变异是不可避免的，单一的观测不能构成进行客观决策的依据。尽管变异对于个体来说具有偶然性，但其总效果具有稳定性，一般可以运用统计方法加以预测。变异可以告诉人们关于过程和在其中的工作人员的状态及其问题的原因，控制图是实现此目的的重要工具。

在质量管理实践中，要力避犯两类错误：一是把偶然性因素产生的变异当作必然性因素的影响结果并据此做出反应，导致管理者盲目地进行调整，使得稳定系统受到干扰，进而增加系统的变异，因此错误地由于某种必然性因素而改变系统，会破坏系统并无谓地增加成本；二是把必然性因素产生的变异当作偶然性因素的影响结果并据此做出反应，导致管理者不努力查找问题的原因，认真归零，致使失去消除变异的机会，因此忽视特殊原因所导致的变异将会造成系统的失控。

控制图的一般形式由偶然性因素所形成的正态分布中心以及中心线、上控制线和下控制线组成，任何落在这些控制线界限之外的观测值都表明存在特殊的原因，以此可以判定样本观测数据值存在的趋势或异常态势。控制图可分为计量式和计数式两种类型，计量式控制图是用来分析用的控制图，用以分析生产过程中有关质量特性值的变化情况，检查过程是否处于稳定状态、受控状态；计数式控制图是用来管理用的控制图，用以发现生产过程是否出现了异常情况，以防止不合格品的产生。

控制图绘制主要是选择控制图所要描绘的质量特性、选择控制图的类型，具体制作步骤：

1）选择所要控制的质量特性；

2）确定影响最终产品特性的过程变量；

3）选择能够提供适当数据的特性；

4）确定生产过程中一个适当的点来建立控制图；

5）决定使用计量值控制图还是计数值控制图；

6）选择控制图的种类；

7）选择控制图的中心线和计算控制界限的基准；

8）选择合理的样本数；

9）建立数据收集系统；

10）计算、阐释控制界限；

11）充分培训，以使相关人员根据控制图结果采取必要的纠正措施。

第 26 章　PDCA 循环

PDCA 概念源于美国人沃尔特·休哈特（Walter A. Shewhart）博士 1939 所著的《质量控制的统计方法》（*Statistical Method from View Point of Quality Control*）一书，休哈特认为世间处处存在变异，变异由偶然性因素和必然性因素造成，首先应识别偶然性和必然性变异因素，然后采用循环（循环的每一步需借助统计方法指导）方式控制变异。1950 年 8 月，戴明应邀为日本科技联盟讲课，向日本的企业介绍了这种循环改进的方法，并将休哈特循环改进的思想归纳为策划（Plan）、实施（Do）、学习［Study，休哈特原意为检查（Check）］和处置（Action）四个步骤，这四个步骤不断循环下去，称之为 PDCA 循环或休哈特循环，日本科技联盟称其为戴明环。PDCA 循环可简述如下：

P——计划（Plan）：包括方针和目标的确定以及活动计划的制定。

D——执行（Do）：就是具体运作，实现计划中的内容。

C——检查（Check）：就是要总结执行计划的结果，分清哪些对了，哪些错了，明确效果，找出问题。

A——行动（或处置）（Action）：对总结检查的结果进行处理，成功的经验加以肯定，并予以标准化，或制定作业指导书，便于以后工作时遵循；对于失败的教训也要总结，以免重现。对于没有解决的问题，应提给下一个 PDCA 循环中去解决。

戴明将休哈特的 PDCA 循环修正为 Plan - Do - Study - Act，更真实地反映了这个过程的活动。

P（Plan）计划：识别改进机会，对未来的改进项目进行规划。

D（Do）实施：改进项目并试验研究。

S（Study）学习：利用数据对改进情况进行跟踪和评估，分析改进的实施结果并对所学到的知识做出识别。

A（Act）行动：依据在检查阶段所得到的知识采取行动。若改进效果不理想，需重新策划、制定计划；若改进效果良好，就将所取得的成果推广应用。利用所学到的知识重新策划，开始新一轮 PDSA。

PDCA 或 PDSA 是用于指导学习和对产品或过程进行改进的流程，可应用于各个领域和组织管理的方方面面，以及任何可重复发生的活动，既可以帮助人们验证成功的实践，也可以帮助人们从错误中学习。PDCA 具有永不休止、系统思维、不断学习、与统计工具相结合四个特点。

PDCA 循环如图 26 - 1 所示，它有以下特征：

1）周而复始。PDCA 循环的四个过程不是运行一次就完结，而是周而复始地进行。一个循环结束了，解决了一部分问题，可能还有问题没有解决，或者又出现了新的问题，再进行下一个 PDCA 循环，依此类推。

2）大环带小环。类似行星轮系，一个公司或组织的整体运行体系与其内部各子体系的关系，是大环带动小环的有机逻辑组合体，彼此协同，相互促进。企业的大循环是靠内部各环节的小循环来保证的，各环节小循环要由企业大循环来带动。每一个循环四个阶段之间，各类大、小循环之间都是密不可分的、有序的动态过程。

3）循环前进，阶梯式上升。PDCA 循环不是停留在一个水平上的循环，不断解决问题的过程就是水平逐步上升的过程。就像一个转动的“车轮”在爬楼梯，每转动一次就完成一个 PDCA 循环，在此基础上向着新的目标，在新的水平上继续转动。

4）统计的工具。PDCA 循环应用了科学的统计观念和处理方法。

作为推动工作、发现问题和解决问题的有效工具，典型的模式被称为四个阶段、八个步骤和七种工具。PDCA 八个步骤为：

1）分析现状，发现问题；

2）分析质量问题中各种影响因素；

3）分析影响质量问题的主要原因；

4）针对主要原因，采取解决的措施，确定为什么要制定这个措施，达到什么目标，在何处执行，由谁负责完成，什么时间完成，怎样执行；

5）执行，按措施计划的要求去做；

6）检查，把执行结果与要求达到的目标进行对比；

7）标准化，把成功的经验总结出来，制定相应的标准；

8）把没有解决或新出现的问题转入下一个 PDCA 循环中去解决。

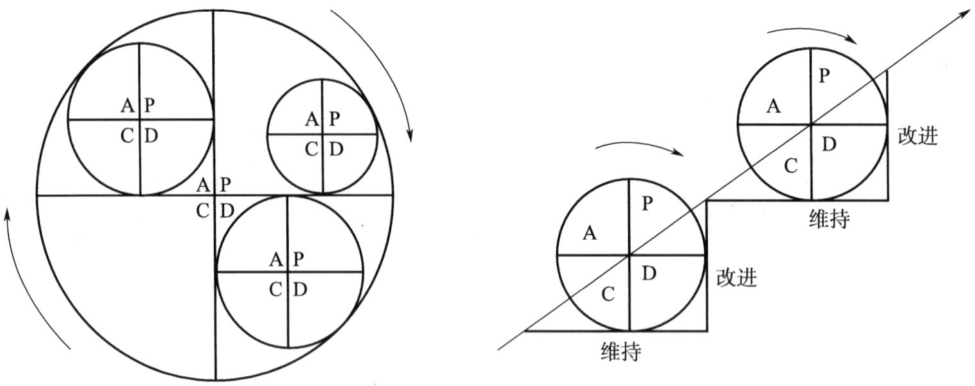

图 26-1　PDCA 循环示意图

第 27 章　质量机能展开（QFD）

27.1　质量机能展开的历史与现状

质量机能展开（QFD）产生于日本。在 20 世纪 60 年代，随着 TQC 的深入，日本人开始考虑能否在产品的设计阶段就确定制造过程中的质量控制要点，以减少生产初期大量错误的发生。1972 年，三菱重工有限公司神户造船厂首先使用了 QFD。QFD 是一种在开发阶段对产品的适用性实施全方位保证的系统方法。美国随后引入了 QFD 技术，并在汽车工业和国防工业进行推广，进一步提高了 QFD 技术。目前，QFD 已在全球几十个国家得到应用。QFD 作为一种策划工具，已经不只被应用于最初的生产领域，而且被广泛地应用于非生产领域，如服务业、软件业等。

QFD 立足于顾客的实际需要，开展质量策划，确定设计指标体系，并提前揭示后续制造过程中存在的问题，采取相应对策。它从市场调查开始，经过质量展开、功能展开、装置展开、零部件展开、成本展开、工艺方法展开、可靠性展开、工序展开和质量职能展开，从质量、成本、可靠性全方位地对产品实施保证。该方法已从以汽车为代表的机加工行业发展到消费品生产、计算机软件生产、航空航天工业、医院、医疗器械及辅助设施、国防工业、广告业乃至福利部门，几乎涉及所有行业，在提高产品适用性、降低成本、缩短交货期等方面都收到了非常显著的效果。美国国防部和美国国家航空航天局已要求企业广泛使用 QFD，其中，国防部强制要求所有生产军工产品的企业应用 QFD，美国三大汽车公司制定的 QS 9000 标准中，将 QFD 的应用正式纳入其中。

27.2　质量机能展开的概念

27.2.1　什么是质量机能展开

质量机能展开的英文名为“Quality Function Deployment”，欧美国家也称之为质量屋（The House of Quality），形式上以大量的系统展开表和矩阵图为特征，集合价值工程或价值分析（VE 或 VA）和 FMEA 的思路，对在生产中可能出现的问题尽量提前予以揭示，以期达到多元设计、多元改善和多元保证的目的。

（1）质量机能展开的内容

质量机能展开从全面质量管理的视角出发，将质量要素（其中包括理化特性和外观要素、机械要素、人的要素、时间要素、经济要素、生产要素和市场及环境要素）构成一个有机的系统，并明确产品从设计开发到最终报废全过程的质量职能，并使各质量机能得以切实完成。

质量机能展开（QFD）包括综合的质量展开和狭义的质量机能展开（也可称作质量职能展开），而综合的质量展开又包括质量展开（质量表的绘制）、技术展开、可靠性展开和成本展开。质量机能展开的基本构成如图 27－1 所示。

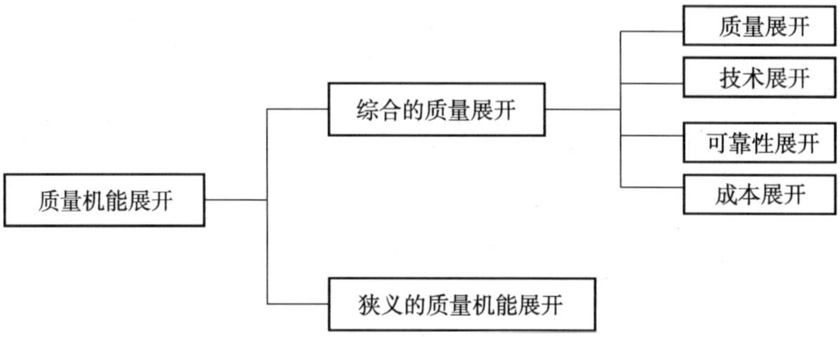

图 27－1　质量机能展开的基本构成

（2）质量机能展开的性质

质量机能展开原理简单，但包括了大量管理技术的应用，例如：价值工程和价值分析、FMEA、FTA、KJ 法、矩阵图法、系统图法、层次分析法（AHP）、市场调查和用户访问技术等。它通过系统对应地展开，并将大量的管理技术有机地融为一体。质量机能展开与其说是一种方法，倒不如说它是一种系统管理的思想在新产品开发中的体现更为贴切。

27.2.2　综合的质量展开与狭义的质量机能展开

质量机能展开由综合的质量展开和狭义的质量机能展开组成。综合的质量展开中质量的含义是多方面的。它包括质量、成本和可靠性。它以用户需求为依据，从质量表出发，横向经过技术展开、可靠性展开、成本展开，纵向以技术展开为中介，进行零部件展开。

狭义的质量机能展开（质量职能展开）就是有关质量保证的业务职能的展开，是继质量展开之后，经过工序展开、绘制工序计划表，进而展开至工序质量保证项目一览表和作业标准，同时进行协作企业的展开。通过展开，明确要解决的问题，并反馈到有关部门，成为质量改进的出发点和突破口，也成为改变设计的依据。

27.2.3　质量机能展开的作用

质量机能展开与统计过程控制等质量控制的方法有本质的区别，它不仅可以消除用户的不满，还可将企业的质量管理水平提高到一个新阶段。根据乔治·R. 佩瑞的论文，质量机能展开的有效性包括以下几个方面。

（1）有形的效益

1）大大减少研制时间；

2）有效地减少后期的设计更改；

3）在早期进行低成本设计；

4）提高设计可靠性；

5）降低企业的管理费用。

（2）无形的效益

1）使顾客更加满意；

2）健全企业质量保证；

3）QFD 数据库；

4）改进产品策划的基础。

（3）积累的价值

1）强化了当前的研制过程；

2）在市场和经营需求的基础上，尽早明确目标；

3）同时注意产品和工艺技法；

4）使主要问题一目了然，以便优化资源分配；

5）改进部门间的协作与联系；

6）提高了企业开发设计人员的水平；

7）有效地获得了用户真正所需的产品；

8）更好地满足了顾客的需求；

9）产品更具竞争优势。

27.2.4　质量机能展开的应用步骤

第一步：确定对象产品。

设定质量以前，须明确对象属于哪类产品。是全新产品还是现有改进型产品，是计划生产型产品还是订货生产型产品，是有形产品还是无形产品，是整机还是零部件。根据产品类型的不同，质量展开也会有细微的区别。以下步骤以第一种情况（全新产品、计划生产型……）为前提介绍。

第二步：把握市场要求，绘制要求质量展开表。

1）明确是哪些用户；

2）用户对产品基本功能的要求；

3）用户的特殊要求或偏好。

第三步：绘制质量特性展开表。

第四步：就质量特性和可靠性与其他公司比较。

第五步：绘制质量表。

第六步：用户投诉和意见的分析。

这是传统的实际过程中也要考虑的问题。

第七步：确定策划质量。

第八步：与其他公司比较，确定卖点。

这是企业对所生产产品的总体设想和设计的根据。

第九步：决定开发前的评价。

进入设计阶段之前，必须在以上探讨的各种资料和结果的基础上，对策划质量进行评价，也就是通常所说的第一次设计评审。

第十步：制作功能展开表。

从这一步开始，就进入了技术展开的范围。

虽然已经明确了对最终产品的质量要求及其质量特性值，但用什么样的技术来达到要求，这是重要的专业技术问题。产品开发一直都是以技术部门为中心进行的，而时刻围绕质量，为达到质量目标，如何发挥专业技术的作用是非常重要的。

价值分析中，功能展开是其中的重要内容。功能展开起着向专业技术过渡桥梁的作用。

第十一步：制作子系统展开表。

很多产品是由许多功能部件组成的，这些功能部件有时由一系列零部件组成。对它们进行树状展开，并与质量特性展开表、功能展开表形成矩阵图。

第十二步：质量投诉、质量特性、可靠性及成本分析。

结合第六步的分析，对现有的数据进行分析，把握生产工序现有的工序能力，对各零部件进行可靠性分析，掌握各种零部件的可靠性数据并进行分析。同时，根据要求质量成本设定目标成本。积累了以上资料，可以作为设计时的参考。

第十三步：设定设计质量，选定重要的安全部件和功能部件。

到此为止，对第七步的策划质量进行了纠正，确定了产品设计质量，进而确定了子系统和零部件的质量特性。这里还必须考虑工序能力、制造的容易度和经济性。同时，确定安全部件和功能部件，分别注上相应的标志。将能力不足的工序或可靠性低的部件作为改进的对象。

第十四步：应用 VE、FMEA 实施改进。

第十五步：设定质量评价项目。

即便是已经具有产品质量评价项目乃至实验项目体系的企业，其内容往往也是从技术角度考虑的，没有充分反映用户使用方法的可能性很大。

第十六步：设计评审。

经过以上的探讨，进入了确立基本设计的阶段，结合 VE、FMEA 的审查结果，开展设计评审。如果发现问题，必须反馈到相应步骤再进行探讨。决定所开发的新产品是否能够成立的工作主要在该阶段进行，设计变更尽可能在该阶段彻底地完成。进入详细设计阶段后，不要再去反复改变基本设计的内容。而且，从此要开始考虑与协作厂家共同探讨的内容。

第十七步：绘制零部件展开表。

首先围绕第十二步明确的子系统展开以及第十三或第十四步中确定的重点零部件绘制展开表，也就是重要的零部件先进行展开，逐渐地层层展开，形成一个零部件展开系统。

最好把 FMEA 分析的结果与此表结合起来一起考虑。到此为止，质量展开才算告一段落。

第十八步：作业方法研究和展开。

对企业内实现用户要求的手段进行的展开就是作业方法展开。以最小的成本和最容易的操作实现设计质量目标，达到质量和成本的最优化。

第十九步：工序展开。

到目前为止，已经将用户要求转换成产品质量特性，用确定的合适装置和功能来实现这些质量特性，进而展开到零部件的质量特性，再将各零部件的质量特性进一步展开到各道工序的各项具体操作指令或管理项目中去。

第二十步：质量标准、作业标准、检验标准的制定。

产品、半成品、零部件质量标准的制定要参照工序能力的结果进行。为确保符合质量标准，要制定作业标准；再与第十五步的质量评价项目结合起来，确定适当的检验方法，制定相应的检验标准。

第二十一步：设计评审和试制品评价。

反复进行评审、改进，是将质量隐患消除在批量生产之前的必由之路。这时应该再次整理出“问题或缺陷一览表”，利用企业现有的所有质量信息进行探讨，查找原因，解决问题。

第二十二步：编制作业指导书。

将与用户关心的项目密切相关的各项作业作为重点，编写详细的指导、说明、注意事项、出现问题如何处理或通知谁等，而不是仅提出工艺要求。

第 28 章　质量管理体系评价

为评价质量管理体系运行的有效性，将有效性评价转化为量化和成熟度综合评价，中国航天以 GB/T 19004—2000《质量管理体系 业绩改进指南》为依据，参考 ISO 9004 质量管理体系运营等标准，充分总结多年质量工作经验，形成了一套较为有效的评价方法。

28.1　评价内容

质量管理体系成熟度评估内容包括“过程评估内容”和“结果评估内容”，总分 1 000 分。其中：“过程评估内容”800 分，包括综合质量管理和质量基础、型号产品质量控制两部分，共计 19 个评估要素；“结果评估内容”200 分，包括体系审核情况、顾客和上级通报或追责情况、重大型号任务完成情况、单位/型号/产品质量目标完成情况、质量信息管理及归零情况，共计 5 个评估要素。各要素分值详见表 28－1。

表 28－1　质量管理体系评价指标体系表

评估类别	评估模块	评估要素及编号
过程评估内容(800 分)	综合质量管理和质量基础(260 分)	1－1 领导作用、质量方针和战略(40 分)
		1－2 质量管理体系策划(20 分)
		1－3 质量文化建设(20 分)
		1－4 质量责任制(60 分)
		1－5 质量组织建设(30 分)
		1－6 人员能力和培训(30 分)
		1－7 质量分析及知识管理(20 分)
		1－8 质量技术方法推广应用(20 分)
		1－9 质量管理体系成熟度评估和自我完善机制情况(20 分)
	型号产品质量控制(540 分)	2－1 产品保证策划及大纲(60 分)
		2－2 通用质量特性设计、分析、试验(70 分)
		2－3 大型试验控制(50 分)
		2－4 技术状态管理(50 分)
		2－5 软件工程化(40 分)
		2－6 设计控制(40 分)
		2－7 生产过程控制(80 分)
		2－8 元器件选用(20 分)
		2－9 质量问题归零(70 分)
		2－10 外协外购管理(60 分)

续表

评估类别	评估模块	评估要素及编号
结果评估内容(200 分)	质量管理体系运行结果(200 分)	3－1 体系审核情况(30 分)
		3－2 顾客和上级通报或追责情况(40 分)
		3－3 重大型号任务完成情况(40 分)
		3－4 单位/型号/产品质量目标完成情况(40 分)
		3－5 质量信息管理及归零情况(50 分)

28.2　评价等级

依据 GB/T 19004—2000《质量管理体系 业绩改进指南》，将质量管理体系成熟度分为五级，具体见表 28－2。

表 28－2　质量管理体系成熟度等级表

成熟度等级	运作水平	指 南	对应分值
初始级	没有正式方法	没有采用系统方法的证据，没有结果，不好的结果或非预期的结果	＜600 分
事后管理级	反应式的方法	基于问题或纠正的系统方法；改进结果的数据很少	600～699 分
基本受控级	稳定的、正式的系统方法	系统的基于过程的方法，处于系统改进的初期阶段；可获得符合目标的数据和存在改进的趋势	700～799 分
保证级	重视持续改进	采用了改进过程；结果量化且保持改进趋势	800～899 分
成熟级	最好的运作级别	最强的综合改进过程；证实达到了水平对比的最好结果	900～1000 分

28.3　评价原则

质量管理体系成熟度评价遵循以下原则：

1）坚持问题导向。评估工作以查找、分析质量管理体系运行过程中的问题和薄弱环节为主要任务，特别是共性问题、规律性问题、反复性问题等，兼顾先进、优秀实践经验、方法的总结和推广，达到以评促建，以评促改的目的。

2）以各单位自评为主，上级组织专家审查为辅。各单位是评估工作的责任主体，对评估结果的真实性和客观性负责，上级组织的专家通过重点审查、抽查等方式给予指导，单位评估结果和上级年度经营业绩考核工作挂钩。

3）持续优化改进评估工作。评估采取定性和定量相结合的方式，后续将根据实际情况和需求对评估要素和评估方法等进行优化，并逐步推广应用质量大数据平台等信息化手段，保证评估工作科学高效开展。

28.4 评价方法

28.4.1 评估过程要素的分值计算

过程要素成熟度系数按以下规则确定：

根据确定出的过程要素成熟度等级，采用成熟度量化打分的方法，按照“要求—落实—改进”的评定方式及表 28-3 中的成熟度评估要点，确定过程要素工作绩效的实现程度，给出该项内容的成熟度系数。成熟度系数越高，表明该项工作的绩效越好。判定方法如下：

1）“等级 1”的判定方法是：如果没有要求和相应方法，成熟度等级评估系数就判定为 0，有要求和方法但要求不符合单位实际情况或无法落实的，成熟度等级系数就判定为 0.2。

2）“等级 2”的判定方法是：如果只符合评估要点中的要求这一项，成熟度等级系数就判定为 0.3，如果符合评估要点中的两项，成熟度等级系数就判定为 0.4，两项均不满足，成熟度等级则降到下一个等级。

3）“等级 3”至“等级 5”的判定方法是：如果评估要点前两项中有一项不满足，成熟度等级则降到下一个等级；如果评估要点前两项都满足，但第三个评估要点（即改进）没有满足，则成熟度系数评定为该等级的下限值，即 0.5、0.7、0.9；如果三个评估要点都满足，则成熟度系数评定为该等级的上限值，即 0.6、0.8、1。

评估过程要素成熟度等级和系数确定指南见表 28-3。

表 28-3 评估过程要素成熟度等级和系数确定指南

评估过程要素成熟度等级	评估过程要素成熟度系数	成熟度评估要点
等级 1	0,0.2	针对该项目未确定符合评估细则的明确要求和相应方法；(要求) 要求和方法未在相应的过程和部门得到展开、落实。(落实)
等级 2	0.3,0.4	针对该项目具有确定符合评估细则的部分要求和相应方法；(要求) 部分要求和方法在相应的过程和部门得到展开、落实。(落实)
等级 3	0.5,0.6	针对该项目的主要方面，具有符合评估细则的正式、明确的要求和基本有效的方法；(要求) 要求和方法在各主要过程和部门得到基本展开、落实；(落实) 有针对问题的基本分析和改进过程，但举一反三不到位。(改进)
等级 4	0.7,0.8	针对该项目的全部方面，具有符合评估细则的具体、有效的要求和可操作、可检查的方法；(要求) 要求和方法在所有相应的过程和部门都得到较为全面的展开、落实；(落实) 具有系统的分析和评估方法，对关键过程实施有效的分析和改进。(改进)
等级 5	0.9,1	针对该项目的全部方面，具有符合评估细则的系统、规范、详细的要求和比较先进、高效的方法；(要求) 要求和方法在所有相应的过程和部门都得到全面、彻底有效的展开、落实；(落实) 给予详细信息支持的、全面系统的分析、评估和深入、彻底的改进，形成持续改进的机制。(改进)

$$\text{评估过程要素得分} = \text{评估过程要素分值} \times \text{评估过程要素成熟度系数}$$

质量体系评估过程要素总得分计算方式如下：

$$\text{过程要素总得分} = \sum \text{各评估过程要素得分}$$

28.4.2　评估结果要素的分值

质量管理体系运行结果的评估，采用扣分制，总分 200 分，减去所扣分值得到结果要素总得分。

28.4.3　总体成熟度等级评估

1）考虑到因科研、生产任务性质，存在某些单位不涉及部分评估要素的情况，该部分评估要素分数应从总分中扣除，因此，质量管理体系成熟度总分计算公式如下

$$T = \frac{1\,000}{1\,000 - B} \times (T_p + T_r)$$

式中　T—— 质量管理体系成熟度总分；

T_p—— 过程要素总得分；

T_r—— 结果要素总得分；

B—— 删减的评估要素总分数。

2）根据计算出的质量管理体系成熟度总分，按照分值分布确定总体成熟度等级。具体分值与成熟度等级对应标准见表 28－4。

表 28－4　质量管理体系总体成熟度等级表

成熟度等级	运作水平	指南	对应分数
基本级 等级 1	没有正式方法	没有采用系统方法的证据；没有结果，不好的结果或非预期的结果	＜600 分
规范化级 等级 2	反应式的方法	基于问题或纠正的系统方法；改进结果的数据很少	600～699 分
系统化级 等级 3	稳定的、正式的系统方法	系统的基于过程的方法，处于系统改进的初期阶段；可获得符合目标的数据和存在改进的趋势	700～799 分
优秀级 等级 4	重视持续改进	采用了改进过程；结果量化且保持改进趋势	800～899 分
最佳实践级 等级 5	很好的运作	最强的综合改进过程；证实达到了水平对比的最好结果	900～1 000 分

28.5　评价程序

评估工作程序包括各单位自评、上级组织专家组复核审查等。

1）各单位自评。各二级单位组织对院本部及所属三级单位开展现场评估，填写现场评估记录表，依据成熟度系数设定、分值计算方法、成熟度等级确定等评估方法，对本单

位质量管理体系成熟度进行综合评估，得出本单位质量管理体系成熟度等级，并在此基础上编制完成自评报告。

2）专家组复核。上级组织专家组对各单位提交的自评报告及评估记录表等进行复核审查，对各评估要素自评结果的全面性、合理性及真实性进行研判，必要时对成熟度评估系数高的评估要素进行现场复核验证，根据复核结果最终确定年度各相关单位质量管理体系成熟度等级，反馈各相关单位确认后作为年度经营业绩考核依据。

第29章 卓越绩效模式

29.1 卓越绩效模式

卓越绩效是指通过综合的组织绩效管理方法，为顾客、员工和其他相关方不断创造价值，提高组织整体的绩效和能力，促进组织获得持续发展和成功。

卓越绩效模式源自美国波多里奇奖评审标准，模式以顾客为导向，追求卓越绩效管理理念。卓越绩效模式是20世纪80年代后期美国创建的一种世界级企业成功的管理模式，其核心是强化组织的顾客满意意识和创新活动，追求卓越的经营绩效。卓越绩效模式得到了美国企业界和管理界的公认，该模式适用于企业、事业单位、医院和学校。世界各国许多企业和组织纷纷引入实施，其中施乐公司、通用公司、微软公司、摩托罗拉公司等世界级企业都是运用卓越绩效模式取得出色经营结果的典范。2001年起，中国质量协会在研究借鉴卓越绩效模式的基础上，启动了全国质量奖评审，致力于在中国企业普及推广卓越绩效模式的先进理念和经营方法，为中国企业不断提高竞争力取得出色的经营绩效提供多方面的服务。

中国企业在新时代，进入高质量发展阶段，如何提升发展质量和效益，如何进一步提高企业质量管理水平，从而在激烈的市场竞争中取胜是摆在广大已获得ISO 9000质量体系认证的企业面前的现实问题。卓越绩效模式是世界级成功企业公认的提升企业竞争力的有效方法，也是我国企业在新形势下经营管理的努力方向。

一个追求成功的企业，它可以从管理体系的建立、运行中取得绩效，并持续改进其业绩、取得成功。对于一个成功的企业如何追求卓越，该模式提供了评价标准，企业可以采用这一标准集成的现代质量管理的理念和方法，不断评价自己的管理业绩并走向卓越。

29.2 卓越绩效评价准则要旨

《卓越绩效评价准则》（GB/T 19580—2012）标准借鉴国内外卓越绩效管理的经验和做法，结合我国企业经营管理的实践和质量管理的实际情况，从领导，战略，顾客与市场，资源，过程管理，测量、分析与改进以及经营结果等七个方面规定了组织卓越绩效的评价要求，为组织追求卓越绩效提供了自我评价的准则，也可作为质量奖的评价依据。

《卓越绩效评价准则》通过“方法—展开—学习—整合”过程旨在结果，结果通过过程取得，并为过程的改进和创新提供导向。卓越绩效模式旨在通过组织运行过程创取卓越的结果，只有那些取得卓越结果的组织才是真正卓越的组织。“领导”“战略”“顾客与市场”构成“领导作用”三角，是驱动性的；“资源”“过程管理”“经营结果”构成“资源、过程和结果”三角，是从动性的；而“测量、分析和改进”的数据、信息和知识对于基于事实的管理和竞争性改进而言，是至关重要的，构成了组织运作和绩效管理系统之基础。

《卓越绩效评价准则》是质量奖评审的依据，是质量奖励制度的技术文件。制定这套标准的目的有两个，一是用于质量奖的评价，二是用于组织的自我学习，引导组织追求卓越绩效，提高产品、服务和发展质量，增强竞争优势，促进组织持续发展，并通过评定获奖组织、树立典范并分享成功的经验，鼓励和推动更多的组织使用这套标准。在自我评价和质量奖评价时，组织的自评小组或者质量奖评价机构根据《卓越绩效评价准则》的规定和被评价组织的信息，按过程、结果两类评分项进行评价，并用量化评分的方法全方位、平衡地诊断评价组织经营管理的成熟度。

29.3 《卓越绩效评价准则》特点

一是全面质量管理理论的发展和现实相结合的反映。质量管理作为一门科学，从产生、发展到不断变革已历经了将近一个世纪。《卓越绩效评价准则》源自全面质量管理的基本思想和方法，是对全面质量管理的创新和发展。《卓越绩效评价准则》更加强调质量对组织绩效的增值和贡献，反映质量和绩效、质量管理和质量经营的系统整合；强调质量是组织的一种系统运营的全面质量，要以追求组织效率的最大化和顾客价值的最大化为目标；强调组织的文化建设。

二是国际成功经验和中国国情相结合的成果。中国质量奖、全国质量奖分别是我国质量领域的最高和重要奖项，代表国际先进的质量管理理念和方法，是许多成功企业的经验总结。因此，《卓越绩效评价准则》定位在国际先进质量管理经验和方法的最新总结上，要求全方位地提升企业综合素质。同时，结合中国企业质量管理的实际情况，强调坚持科学发展和可持续发展的原则，强调战略和资源，强调企业的社会责任和建立诚信体系等。

三是关注五大利益相关方。关注顾客、股东、员工、供应商和社会五大相关方的利益，旨在创造和谐共赢的平衡价值

29.4 《卓越绩效评价准则》与 ISO 9001 标准的关系

企业高层领导可运用：远见卓识的领导、战略导向、顾客驱动、社会责任、以人为本、合作共赢、重视过程与关注结果、学习、改进与创新、系统管理等基本理念引导组织追求卓越。

1)《卓越绩效评价准则》与 ISO 9001 标准都是质量管理的标准，两者既有区别又有联系。ISO 9001 标准是质量管理体系标准，是符合性标准，目的是证实企业有能力稳定地提供满足顾客和适用法律法规要求的产品。而《卓越绩效评价准则》则对企业提出了更高的要求，它为企业提供了追求卓越绩效的经营管理模式，为中国质量奖、全国质量奖的

评价和企业自我评价提供了依据，它用量化指标平衡地评价企业卓越经营的业绩，是评价企业卓越绩效成熟度的标准。

2）如果说 ISO 9001 等合格评定体系侧重于解决组织内部职责及接口的清楚的“分工”问题，那么《卓越绩效评价准则》所评价的就是组织内部乃至内外部“协调一致、融合互补”程度的“不分家”问题。“不分家”的程度越高，则管理的成熟度也越高，也就越卓越。

《卓越绩效评价准则》是国内外许多成功组织的实践经验总结，为组织的自我评价和外部评价提供了很好的依据。标准的制定和实施可帮助组织提高其整体绩效和能力，为组织的所有者、顾客、员工、供方、合作伙伴和社会创造价值。卓越绩效标准的实施可促进各类组织增强战略执行力，改善产品和服务质量，帮助组织进行管理的改进和创新，持续提高组织的整体绩效和管理能力，推动组织获得长期成功，并使各类组织易于在质量管理实践方面进行沟通和共享，成为一种理解、管理绩效并指导组织进行规划和获得学习机会的工具。卓越绩效模式标准反映了当今世界现代管理的理念和方法，是许多成功企业的经验总结，是激励和引导企业追求卓越，成为具有全球竞争力的世界级一流企业的有效途径。

附录　产品实现质量相关法律法规、标准

产品实现质量相关法律法规

序号	法律法规名称	发布者
1	产品质量法	中华人民共和国主席令
2	工业产品生产许可证管理条例	国务院
3	工业产品质量责任条例	国务院
4	产品质量监督试行办法	国家标准局
5	产品质量监督抽查管理暂行办法	国家市场监管总局
6	计量法	全国人大常委会
7	计量法实施细则	国务院
8	标准化法	全国人大常委会
9	标准化法实施条例	国务院
10	强制性国家标准管理办法	国家市场监管总局
11	国家标准管理办法	国家技术监督局
12	行业标准管理办法	国家技术监督局
13	企业标准化管理办法	国家技术监督局
14	认证认可条例	国务院
15	强制性产品认证管理规定	国家质检总局
16	军工产品质量管理条例	国防科工委
17	武器装备质量管理条例	国务院　中央军委
18	军工产品定型工作条例	国务院　中央军委
19	军工产品定型工作规定	国务院　中央军委
20	中国质量奖管理办法	国家市场监管总局

产品实现质量相关标准

序号	标准属性、标准名称	标准号
	质量体系标准	
1	质量管理体系　基础和术语	ISO 9000:2015
2	质量管理体系　要求	ISO 9001:2015
3	装备质量管理术语	GJB 1405A—2006
4	企业质量文化建设指南	GB/T 32230—2015
5	一次成功矩阵式质量管理模式	GB/T 38355—2019
6	质量管理体系文件指南	GB/T 19023—2003
7	质量管理体系　质量计划指南	GB/T 19015—2008

续表

序号	标准属性、标准名称	标准号
8	质量管理体系 GB/T 19001—2016 应用指南	GB/T 19002—2018
9	质量管理体系要求	GJB 9001C—2017
10	质量管理体系 项目质量管理指南	GB/T 19016—2005
11	质量管理体系 技术状态管理指南	GB/T 19017—2008
12	质量管理 培训指南	GB/T 19025—2001
13	技术状态管理	GJB 3206A—2010
14	装备技术状态管理监督要求	GJB 5709—2006
15	航天产品技术状态管理	QJ3118—1999
16	航天产品工艺技术状态管理	Q/QJB 146—2006
17	质量管理 顾客满意 系列指南	GB/T 19010～19014
18	管理体系审核指南	GB/T 19011—2013
19	厂际质量保证体系工作指南	GJB/Z 2A—2017
20	质量管理手册编制指南	GJB/Z 379A—1992
21	军工产品承制单位内部质量审核指南	GJB 1687A—2006
22	追求组织的持续成功 质量管理方法	ISO 9004：2009
23	卓越绩效评价准则	GB/T 19580—2012
24	卓越绩效评价准则实施指南	GB/T 19579—2012
25	质量管理 基于顾客需求引领的创新循环指南	GB/T 38356—2019
	质量保证标准	
1	航天产品保证	GB/T 32305—2015
2	航天产品保证要求	QJ 2171A—1998
3	产品质量保证大纲要求	GJB 1406A—2005
4	航天产品质量保证要求	QJ 3076—1998
5	特性分类	GJB 190—1986
6	武器装备论证通用要求	GJB 8892.1～28—2017
7	装备可靠性维修性保障性要求论证	GJB 1909A—2009
8	装备可靠性工作通用要求	GJB 450A—2004
9	装备维修性工作通用要求	GJB 368B—2009
10	可靠性维修性保障性术语	GJB 451A—2005
11	光电检测仪器可靠性通用要求	GB/T 37084—2018
12	地面雷达保障性要求	GJB/Z 20461—1997
13	可靠性模型的建立与可靠性预计	GJB 813—1990
14	可靠性设计评审	GB/T 7828—1987
15	可靠性维修性评审指南	GJB/Z 72—1995
16	设备可靠性 可靠性评估方法	GB/T 37079—2018

续表

序号	标准属性、标准名称	标准号
17	维修性设计技术手册	GB/T 9414.1～9—2012
18	维修性设计技术手册	GJB/Z 91—1997
19	维修性分配与预计手册	GJB/Z 57—1994
20	装备以可靠性为中心的维修分析	GJB 1378A—2007
21	装备测试性工作通用要求	GJB 2547A—2012
22	整备综合保障通用要求	GJB 3872—1999
23	装备保障性分析	GJB 1371—1992
24	装备保障性分析记录	GJB 3837—1999
25	装备综合保障评审指南	GJB/Z 147—2006
26	装备安全性工作通用要求	GJB 900A—2012
27	系统安全工程手册	GJB/Z 99—1997
28	装备计量保障通用要求 检测和校准	GJB 5109—2004
29	装备计量保障中量值的溯源与传递	GJB 2739A—2009
30	装备计量保障中测量设备和测量过程的质量控制	GJB 2712A—2009
31	装备环境工程通用要求	GJB 4239—2001
32	装备交互式电子技术手册	GJB 6600—2009
33	工艺管理导则	GB/T 24737.1～9
34	工艺装备设计管理导则	GB/T 24736.1～4—2009
35	面向装备制造业产品全生命周期工艺知识	GB/T 22124.1～4
36	装备质量信息管理通用要求	GJB 1686A—2005
37	装备质量与可靠性信息分类和编码通用要求	GJB 1775—1993
38	装备采购合同中质量保证要求的提出	GJB 3900A—2006
39	试制过程的质量控制	GJB 2366A—2007
40	生产提供过程质量控制	GJB 467A—2008
41	大型试验质量管理要求	GJB 1452A—2004
42	军工产品大型试验计量保证与监督的要求	GJB 1309—1991
43	航天飞行试验测试发射质量控制程序和要求	GJB 4401A—2011
44	装备质量监督通用要求	GJB 5708—2006
45	装备生产过程质量监督要求	GJB 5710—2006
46	装备试验质量监督要求	GJB 5712—2006
47	装备售后技术服务质量监督要求	GJB 5707—2006
48	装备出厂检查、交接与发运质量工作要求	GJB 3916A—2006
49	军用装备包装、装卸、贮存和运输通用大纲	GJB 1181—1991
50	装备检验验收程序	GJB 3677A—2006
51	检验工作要求	GJB 1442A—2006

续表

序号	标准属性、标准名称	标准号
52	电子元器件质量保证大纲	GJB 546B—2011
53	军用电子元器件失效分析方法和程序	GJB 8897—2017
54	电子产品环境应力筛选方法	GJB 1032—1990
55	电子产品定量环境应力筛选指南	GJB/Z 34—1993
56	军用电子元器件破坏性物理分析方法	GJB 4027A—2006
57	航天产品多余物预防和控制	QJ 2850A—2011
58	多余物控制要求	GJB 5296—2004
59	器材供应单位质量保证能力评定	GJB 1404—1992
60	外购器材的质量管理	GJB 939—1990
61	生产性分析	GJB 3363—1998
62	军工产品批次管理的质量控制要求	GJB 1330—1991
63	试制和生产准备状态检查	GJB 1710A—2004
64	关键件和重要件的质量控制	GJB 909A—2005
65	产品标识和可追溯性要求	GJB 726A—2004
66	可靠性增长试验	GJB 1407—1992
67	可靠性增长管理手册	GJB/Z 77—1995
68	可靠性鉴定和验收试验	GJB 899A—2009
69	维修性试验与评定	GJB 2072—1994
70	故障报告、分析和纠正措施系统	GJB 841—1990
71	故障树分析指南	GJB/Z 768A—1998
72	故障模式、影响及危害性分析指南	GJB/Z 1391—2006
73	航天产品质量问题归零实施要求	Q/QJ A10—2002
74	航天产品质量问题归零实施指南	QJ 3183—2003
75	航天产品质量问题归零实施要求	GB/T 29076—2012
76	航天系统—质量问题归零管理，Space Systems—Closed Loop Problem Solving Management	ISO 18238:2015
77	CAD/CAM 数据质量保证方法	GB/T 18784.2—2005
78	质量管理　产品成功数据包络分析指南	GB/T 37708—2019
79	不合格品管理	GJB 571A—2005
80	设计评审	GJB 1310A—2004
81	产品质量评审	GJB 907A—2006
82	工艺评审	GJB 1269A—2000
83	标准化评审	GJB/Z 113—1998
84	首件鉴定	GJB 908A—2008
85	航天型号飞行试验通用放行准则	Q/QJB 166—2009
86	军工产品定型部队试验试用大纲通用要求	GJB 6177—2007

续表

序号	标准属性、标准名称	标准号
87	军工产品定型程序和要求	GJB 1362A—2007
88	军工产品设计定型文件编制指南	GJB/Z 170.1～18—2013
89	装备技术成熟度等级划分及定义	GJB 7688—2012
90	装备技术成熟度评价程序	GJB 7689—2012
91	装备制造成熟度等级划分及定义	GJB 8345—2015
92	装备制造成熟度评价程序	GJB 8346—2015
93	新材料技术成熟度等级划分及定义	GB/T 37264—2018
94	智能制造能力成熟度模型	GB/T 39116—2020
95	智能制造能力成熟度评估方法	GB/T 39117—2020
	软件保证标准	
1	信息技术 软件工程术语	GB/T 11457—2006
2	计算机软件可靠性和可维护性管理	GB/T 14394—2008
3	可编程逻辑器件软件安全性设计指南	GB/T 37691—2019
4	嵌入式软件质量保证要求	GB/T 28172—2011
5	软件过程及制品可信度评估	GB/T 37970—2019
6	信息技术 软件生存周期过程 重用过程	GB/T 26224—2010
7	计算机软件文档编制规范	GB/T 8567—2006
8	工业控制计算机系统 软件 第5部分:用户软件文档	GB/T 26805.5—2011
9	可编程逻辑器件软件文档编制规范	GB/T 33784—2017
10	软件测试成本度量规范	GB/T 32911—2016
11	计算机软件测试文档编制规范	GB/T 9386—2008
12	计算机软件测试规范	GB/T 15532—2008
13	可编程逻辑器件软件测试指南	GB/T 33783—2017
14	软件工程 软件生存周期过程用于项目管理的指南	GB/Z 20156—2006
15	软件工程 软件评审与审核	GB/T 32421—2015
16	系统与软件工程 系统与软件质量要求和评价系列标准	GB/T 25000.1～61
17	系统与软件工程 可信计算平台可信性度量	GB/T 30847.1～2—2014
18	系统与软件工程 软件测试系列标准	GB/T 38634.1～4—2000
19	军用软件可靠性评估指南	GJB/Z 161—2012
20	军用软件安全性分析指南	GJB/Z 142—2004
21	军用软件安全性设计指南	GJB/Z 102A—2012
22	军用可编程逻辑器件软件安全性设计准则	GJB 9883—2020
23	军用可编程逻辑器件软件文档编制规范	GJB 9764—2020
24	军用可编程逻辑器件软件测试要求	GJB 9433—2018

续表

序号	标准属性、标准名称	标准号
25	军用软件质量保证通用要求	GJB 439A—2013
26	军用软件配置管理	GJB 5235—2004
27	军用软件测试指南	GJB/Z 141—2004
28	军用软件研制项目管理要求	GJB 2115A—2013
29	军用软件安全保证指南	GJB/Z 157—2011
30	军用软件评审	GJB 6389—2008
31	军用软件开发通用要求	GJB 2786A—2009
32	军用嵌入式软件构件通用要求	GJB 9773—2020
33	军用软件开发文档通用要求	GJB 438B—2009
34	军用软件验收要求	GJB 1268A—2004
35	军用软件验证和确认	GJB 5234—2004
36	军用软件研制能力成熟度模型	GJB 5000—2008
37	军用软件研制能力等级要求	GJB 8000—2013
38	技术产品文件 计算机辅助技术信息处理 安全性要求	GB/T 16722.1—2008
	统计质量控制标准	
1	统计及相关方法在新技术和新产品开发过程中的应用 第 1 部分：质量功能展开(QFD)的一般原则和观点	ISO 16355－1:2015
2	统计学词汇及符号 第 2 部分：应用统计	GB/T 3358.2—2009
3	控制图 通则和导则	GB/T 17989—2000
4	通用控制图	GB/T 6381—1986
5	常规控制图	GB/T 4091—2001
6	带警戒限的均值控制图	GB/T 4886—2002
7	计数型累积和图	GB/T 4887—2006
8	抽样检查导则	GB/T 13393—1992
9	声称质量水平复检与复验的评定程序	GB/T 16306—2008
10	利用随机数骰子进行随机抽样的方法	GB/T 10111—1988
11	利用电子随机数抽样器进行随机抽样的方法	GB/T 15500—1995
12	计数抽样系统介绍	GB/T 2828.10—2003
13	不合格品率的计数标准型 一次抽样检查程序及抽样表	GB/T 13262—1991
14	跳批计数抽样检查程序	GB/T 13263—1991
15	不合格品率的小批计数抽样检查程序及抽样表	GB/T 13264—1991
16	计数抽样检验程序(4 部分)	GB/T 2828.1～4—2003
17	周期检验计数抽样程序及表	GB/T 2829—2002
18	计数序贯抽样检验程序及表	GB/T 8051—2002
19	挑选型计数抽样检查程序及抽样表	GB/T 13546—1992

续表

序号	标准属性、标准名称	标准号
20	单水平和多水平计数连续抽样检验程序及表	GB/T 8052—2002
21	产品质量监督计数抽样程序及抽样表	GB/T 14162—1993
22	产品质量监督计数一次抽样检验程序及抽样方案	GB/T 14437—1997
23	产品质量监督小总体计数一次抽样检验程序及抽样表	GB/T 15482—1995
24	孤立批计数抽样检验程序及抽样表	GB/T 15239—1994
25	粒度均匀散料抽样检验通则	GB/T 13732—1992
26	计量截尾序贯抽样检验程序及抽样表	GB/T 16307—1996
27	不合格品率的计量标准型一次抽样检验程序及表	GB/T 8053—2001
28	平均值的计量标准型一次抽样检验程序及抽样表	GB/T 8054—1995
29	装备质量管理统计方法应用	GJB/Z 127A—2006
30	计数抽样检验程序及表	GJB 179A—1996

参考文献

［1］ 约瑟夫·A. 德费欧．朱兰质量手册：通向卓越绩效的全面指南［M］. 7版．中国质量协会，译．北京：中国人民大学出版社，2021.

［2］ 张公绪，孙静．质量工程师手册［M］. 北京：企业管理出版社，2002.

［3］ 美国质量协会，唐纳德·W. 本堡．注册质量工程师手册［M］. 北京：中国城市出版社，2003.

［4］ 美国质量协会．注册质量经理［M］. 中国质量协会，译．北京：机械工业出版社，2003.

［5］ 菲利普·克劳士比．质量免费：确定质量的艺术［M］. 杨钢，林海，译．北京：中国人民大学出版社，2006.

［6］ 菲利普·克劳士比．质量再免费：如何在不确定的时代把质量确定［M］. 零缺陷管理中国研究院，译．北京：经济科学出版社，2005.

［7］ 符志民．航天项目评价［M］. 北京：中国宇航出版社，2020.

［8］ 美国项目管理协会．项目管理知识体系指南（PMBOK 指南）［M］. 6版．北京：电子工业出版社，2018.

［9］ 符志民．航天项目风险管理［M］. 北京：机械工业出版社，2005.

［10］ 中国（双法）项目管理研究委员会．中国项目管理知识体系［M］. 北京：电子工业出版社，2006.

［11］ 中国（双法）项目管理研究委员会．中国项目管理知识体系与国际项目管理专业资质认证标准［M］. 北京：机械工业出版社，2001.

［12］ 沈建明．中国国防项目管理知识体系［M］. 北京：国防工业出版社，2006.

［13］ JACK GIDO，JAMES P. CLEMENTS. Successful Project Management［M］. 北京：机械工业出版社，2002.

［14］ OGC. PRINCE 2：成功的项目管理［M］. 薛岩，欧立雄，译．北京：机械工业出版社，2004.

［15］ HAROLD KERZNER. 项目管理：计划、进度和控制的系统方法［M］. 9版．杨爱华，等译．北京：电子工业出版社，2006.

［16］ 罗德尼·特纳，斯蒂芬·西米斯特．项目管理手册［M］. 李世其，樊葳葳，译．北京：机械工业出版社，2004.

［17］ 罗伯特·K. 威索基．有效的项目管理：面向传统、敏捷、极限项目［M］. 5版．费琳，译．北京：电子工业出版社，2011.

［18］ 中国（双法）项目管理研究委员会．国际卓越项目管理评估模型及应用［M］. 北京：电子工业出版社，2008.

［19］ 钱学森．工程控制论（新世纪版）［M］. 戴汝为，何善堉，译．上海：上海交大出版社，2007.

［20］ 路易斯·L. 布希亚瑞利．工程哲学［M］. 安维复，等译．沈阳：辽宁人民出版社，2008.

［21］ 殷瑞钰，汪应洛，李伯聪，等．工程哲学［M］. 2版．北京：高等教育出版社，2013.

［22］ 盛昭瀚．重大工程管理基础理论：源于中国重大工程管理实践的理论思考［M］. 南京：南京大学

出版社，2020.
［23］ 孙新波．管理哲学［M］. 北京：机械工业出版社，2018.
［24］ 葛荣晋．中国管理哲学通论［M］. 北京：中国人民大学出版社，2012.
［25］ 防务系统管理学院．系统工程管理指南［M］. 北京：宇航出版社，1992.
［26］ 防务系统管理学院．工程项目管理手册［M］. 北京：航空工业出版社，1992.
［27］ 苏珊·C. 施耐德，张刚峰，让-路易·巴苏克斯，京特·K. 斯塔尔．跨文化管理［M］. 3 版．北京：机械工业出版社，2019.
［28］ 陈晓萍．跨文化管理［M］. 北京：清华大学出版社，2005.
［29］《中国航天事业发展的哲学思想》编委会．中国航天事业发展的哲学思想［M］. 2 版．北京：北京大学出版社，2016.
［30］《中国航天文化的发展与创新》编委会．中国航天文化的发展与创新［M］. 北京：北京大学出版社，2016.
［31］《中国航天事业的 60 年》编委会．中国航天事业的 60 年［M］. 北京：北京大学出版社，2016.
［32］ 梁小虹．中国航天精神教程［M］. 北京：中共中央党校出版社，2019.
［33］ 郭齐勇．中国文化精神的特质［M］. 北京：生活．读书．新知三联书店，2018.
［34］ 陈工．决胜大未来：质量管理的理念与方法［M］. 北京：中国标准出版社，2009.
［35］ 齐格芒德·布鲁夫班德，质量大震撼：来自质量大师的经典智慧［M］. 林海，译．北京：中国标准出版社，2006.
［36］ 詹姆斯·R. 埃文斯，威廉·M. 林赛．质量管理与质量控制［M］. 7 版．焦叔斌，译．北京中国人民大学出版社，2010.
［37］ R. W. 霍耶，布鲁克·B. Y. 霍耶．何谓质量：世界八位著名质量专家给质量定义［J］. 闫福祥，译. 中国质量技术监督，2002（1）：52－53.
［38］ R W HOYER，BROOKE B Y HOYER. What Is Quality?［J］. Quality progress，2001，34（7）：53－62.
［39］ 菲利普·克劳士比．质量无泪：消除困扰的管理艺术［M］. 零缺陷管理中国研究院，译．北京：中国财政经济出版社，2005.
［40］ ARMAND V FEIGENBAUM. 现代质量工作应知应会经典译丛．质量工程计数与统计方法［M］. 北京：国际质量人出版中心，2003.
［41］ F M GRYAN JR，HARDY M COOK JR. 现代质量工作应知应会经典译丛．质量抽样与检验技术手册［M］. 北京：国际质量人出版中心，2003.
［42］ 斯蒂芬·格尔里克．软件质量保证的未来［M］. 江云松，等译．北京：中国宇航出版社，2021.
［43］ 中国质量协会．通向高质量发展的管理之路：全面质量管理在中国 40 年（1979—2019）［M］. 北京：中国科学技术出版社，2020.
［44］ 中国质量协会．中国企业质量管理创新实践［M］. 北京：中国经济出版社，2012.
［45］ ISO 9000：2015，质量管理体系 基础和术语［S］.
［46］ ISO 9001：2015，质量管理体系 要求［S］.
［47］ GJB 1405A—2006，装备质量管理术语［S］.

［48］ GB/T 32230—2015，企业质量文化建设指南［S］.

［49］ GB/T 38355—2019，一次成功矩阵式质量管理模式［S］.

［50］ GB/T 19023—2003，质量管理体系文件指南［S］.

［51］ GB/T 19015—2008，质量管理体系 质量计划指南［S］.

［52］ GB/T 19002—2018，质量管理体系 GB/T 19001—2016 应用指南［S］.

［53］ GJB 9001C—2017，质量管理体系要求［S］.

［54］ GB/T 19016—2005，质量管理体系 项目质量管理指南［S］.

［55］ GB/T 19017—2008，质量管理体系 技术状态管理指南［S］.

［56］ GJB 3206A—2010，技术状态管理［S］.

［57］ GJB 5709—2006，装备技术状态管理监督要求［S］.

［58］ QJ 3118—1999，航天产品技术状态管理［S］.

［59］ Q/QJB 146—2006，航天产品工艺技术状态管理［S］.

［60］ GB/T 19010～19014，质量管理 顾客满意 系列指南［S］.

［61］ GB/T 19011—2013，管理体系审核指南［S］.

［62］ GJB 1687A—2006，军工产品承制单位内部质量审核指南［S］.

［63］ GJB/Z 2A—2017，厂际质量保证体系工作指南［S］.

［64］ ISO 9004：2009，追求组织的持续成功 质量管理方法［S］.

［65］ GB/T 19580—2012，卓越绩效评价准则［S］.

［66］ GB/T 19579—2012，卓越绩效评价准则实施指南［S］.

［67］ GB/T 38356—2019，质量管理 基于顾客需求引领的创新循环指南［S］.

［68］ GB/T 32305—2015，航天产品保证［S］.

［69］ QJ 2171A—1998，航天产品保证要求［S］.

［70］ GJB 1406A—2005，产品质量保证大纲要求［S］.

［71］ QJ 3076—1998，航天产品质量保证要求［S］.

［72］ GJB 190，特性分类［S］.

［73］ GJB 8892.1～28—2017，武器装备论证通用要求［S］.

［74］ GJB 450A—2004，装备可靠性工作通用要求［S］.

［75］ GJB 813—1990，可靠性模型的建立与可靠性预计［S］.

［76］ GJB 368B—2009，装备维修性工作通用要求［S］.

［77］ GJB/Z 57—1994，维修性分配与预计手册［S］.

［78］ GJB 1378A—2007，装备以可靠性为中心的维修分析［S］.

［79］ GJB 2547A—2012，装备测试性工作通用要求［S］.

［80］ GJB 3872，整备综合保障通用要求［S］.

［81］ GJB 1909，装备可靠性维修性保障性要求论证［S］.

［82］ GJB 5109—2004，装备计量保障通用要求 检测和校准［S］.

［83］ GJB 2712A—2009，装备计量保障中测量设备和测量过程的质量控制要求［S］.

［84］ GJB 900A—2012，装备安全性工作通用要求［S］.

[85] GJB/Z 99—1997，系统安全工程手册 [S].
[86] GJB 4239，装备环境工程通用要求 [S].
[87] GJB 6600，装备交互式电子技术手册 [S].
[88] GB/T 24737.1～9—2012，工艺管理导则 [S].
[89] GB/T 24736.1～4—2009，工艺装备设计管理导则 [S].
[90] GB/T 22124.1～4—2010，面向装备制造业产品全生命周期工艺知识 [S].
[91] GJB 1686A—2005，装备质量信息管理通用要求 [S].
[92] GJB 1452A—2004，大型试验质量管理要求 [S].
[93] GJB 5708—2006，装备质量监督通用要求 [S].
[94] GJB 3677A—2006，装备检验验收程序 [S].
[95] GJB 1442A—2006，检验工作要求 [S].
[96] GJB 546B—2011，电子元器件质量保证大纲 [S].
[97] GJB 8897—2017，军用电子元器件失效分析方法和程序 [S].
[98] QJ2850A—2011，航天产品多余物预防和控制 [S].
[99] GJB 939—1990，外购器材的质量管理 [S].
[100] GJB 3363—1998，生产性分析 [S].
[101] GJB 1330—1991，军工产品批次管理的质量控制要求 [S].
[102] GJB 1710，试制和生产准备状态检查 [S].
[103] GJB 2366A—2007，试制过程的质量控制 [S].
[104] GJB 467A—2008，生产提供过程质量控制 [S].
[105] GJB 909，关键件和重要件的质量控制 [S].
[106] GJB 726A—2004，产品标识和可追溯性要求 [S].
[107] GJB 1407—1992，可靠性增长试验 [S].
[108] GJB 899A—2009，可靠性鉴定和验收试验 [S].
[109] GJB 2072—1994，维修性试验与评定 [S].
[110] GJB 841，故障报告、分析和纠正措施系统 [S].
[111] GJB/Z 768A—1998，故障树分析指南 [S].
[112] GJB/Z 1391—2006，故障模式、影响及危害性分析指南 [S].
[113] GB/T 29076—2012，航天产品质量问题归零实施要求 [S].
[114] ISO 18238：2015，航天系统—质量问题归零管理，Space Systems - Closed Loop Problem Solving Management [S].
[115] GB/T 37708—2019，质量管理 产品成功数据包络分析指南 [S].
[116] GJB 571A—2005，不合格品管理 [S].
[117] GJB 1310A—2004，设计评审 [S].
[118] GJB 907A—2006，产品质量评审 [S].
[119] GJB 1269A—2000，工艺评审 [S].
[120] GJB/Z 113—1998，标准化评审 [S].

[121] GJB 908A—2008，首件鉴定 [S].
[122] Q/QJB 166—2009，航天型号飞行试验通用放行准则 [S].
[123] GJB 1362A—2007，军工产品定型程序和要求 [S].
[124] GJB 7688—2012，装备技术成熟度等级划分及定义 [S].
[125] GJB 7689—2012，装备技术成熟度评价程序 [S].
[126] GJB 8345—2015，装备制造成熟度等级划分及定义 [S].
[127] GJB 8346—2015，装备制造成熟度评价程序 [S].
[128] GB/T 37264—2018，新材料技术成熟度等级划分及定义 [S].
[129] GB/T 39116—2020，智能制造能力成熟度模型 [S].
[130] GB/T 39117—2020，智能制造能力成熟度评估方法 [S].
[131] GB/T 11457—2006，信息技术 软件工程术语 [S].
[132] GB/T 14394—2008，计算机软件可靠性和可维护性管理 [S].
[133] GB/T 28172—2011，嵌入式软件质量保证要求 [S].
[134] GB/T 32421—2015，软件工程 软件评审与审核 [S].
[135] GB/T 25000.1～61，系统与软件工程 系统与软件质量要求和评价系列标准 [S].
[136] GB/T 38634.1～4—2000，系统与软件工程软件测试系列标准 [S].
[137] GJB/Z 161—2012，军用软件可靠性评估指南 [S].
[138] GJB/Z 142—2004，军用软件安全性分析指南 [S].
[139] GJB/Z 102A—2012，军用软件安全性设计指南 [S].
[140] GJB 439A—2013，军用软件质量保证通用要求 [S].
[141] GJB 5235—2004，军用软件配置管理 [S].
[142] GJB/Z 141—2004，军用软件测试指南 [S].
[143] GJB 2115A—2013，军用软件研制项目管理要求 [S].
[144] GJB/Z 157—2011，军用软件安全保证指南 [S].
[145] GJB 6389—2008，军用软件评审 [S].
[146] GJB 2786A—2009，军用软件开发通用要求 [S].
[147] GJB 1268A—2004，军用软件验收要求 [S].
[148] GJB 5234—2004，军用软件验证和确认 [S].
[149] GJB 5000—2008，军用软件研制能力成熟度模型 [S].
[150] GJB 8000—2013，军用软件研制能力等级要求 [S].
[151] GB/T 17989—2000，控制图 通则和导则 [S].
[152] GB/T 6381—1986，通用控制图 [S].
[153] GB/T 4091—2001，常规控制图 [S].
[154] GB/T 4886—2002，带警戒限的均值控制图 [S].
[155] GB/T 4887—2006，计数型累积和图 [S].
[156] GB/T 13393—1992，抽样检查导则 [S].
[157] GB/T 2828.1～4，计数抽样检验程序（4 部分）[S].

[158] GB/T 14162—1993，产品质量监督计数抽样程序及抽样表 [S].

[159] GJB/Z 127A—2006，装备质量管理统计方法应用 [S].

[160] GJB 179A—1996，计数抽样检验程序及表 [S].

[161] 郑新华，曲晓东．钱学森系统工程思想发展历程 [J]. 科技导报，2018，36 (20)：6-9.

[162] 姬文波．20 世纪六七十年代中国国防工业布局的调整与完善 [J]. 军事历史研究，2016 (4)：112-119.

[163] 当代中国的航天事业 [M]. 北京：中国社会科学出版社，1986.

[164] 朱宏斌．型号工程标准化 [M]. 北京：航空工业出版社，2004.

[165] 金其明．航天型号总指挥总设计师必读——防空导弹 [M]. 北京：宇航出版社，2005.

[166] 中国航天科技集团公司．产品保证 [M]. 北京：中国宇航出版社，2017.

[167] 余后满．航天器产品保证 [M]. 北京：人民邮电出版社，2018.

[168] 花禄森，等．系统工程与航天系统工程管理 [M]. 北京：中国宇航出版社，2010.

[169] 袁家军．航天产品工程 [M]. 北京：中国宇航出版社，2011.

[170] 栾恩杰．航天系统工程运行 [M]. 北京：中国宇航出版社，2010.

[171] 刘纪原．中国航天事业为什么能成功（全三卷）[M]. 北京：北京大学出版社，2017.